W0094774

Kate Sedley, geb. 1926 in Bristol, arbeitete zunächst im öffentlichen Dienst, bis ihre Begeisterung für das Mittelalter sie bewog, ihren Beruf aufzugeben und historische Romane zu schreiben. Kate Sedley ist verheiratet, hat zwei Kinder und eine Enkeltochter.

Ihr erster Kriminalroman «Die letzte Rast» wurde im September 1994 im Rowohlt Taschenbuch Verlag veröffentlicht (rororo Nr. 13437), im Januar 1995 erschien «Gefährliche Botschaft» (rororo Nr. 13537); weitere Abenteuer von Roger Chapman werden folgen.

KATE SEDLEY

Der zerrissene Faden

EIN HISTORISCHER KRIMINALROMAN

Deutsch von
Irmela Erckenbrecht

Rowohlt

Die Originalausgabe erschien 1993
unter dem Titel «The Hanged Man»
bei Headline Book Publishing PLC, London

Umschlaggestaltung Walter Hellmann
(Porträt Petrus Aegidius von Quentin Massys, 1517/
Sammlung Lord Radnor, Longford Castle, Wiltshire)

Deutsche Erstausgabe
Veröffentlicht im Rowohlt Taschenbuch Verlag GmbH,
Reinbek bei Hamburg, Mai 1995
Copyright © 1995
by Rowohlt Taschenbuch Verlag GmbH,
Reinbek bei Hamburg
«The Hanged Man» Copyright © 1993 by Kate Sedley
Alle deutschen Rechte vorbehalten
Foto der Autorin auf Seite 2 © by David Grossman
«Die religiöse Entwicklung» (s. Seite 231) aus: *Kurt Kluxen,
Geschichte Englands*. Kröners Taschenbuchausgabe 374.
Copyright © by Alfred Kröner Verlag,
Stuttgart. 4. Auflage 1991
Satz Bembo (Linotronic 500)
Gesamtherstellung Clausen & Bosse, Leck
Printed in Germany
1090–ISBN 3 499 13545 0

Inhalt

Es war ein kalter Wintertag, als ich Lillis und ihre Mutter, Margaret Walker, zum erstenmal sah. Das Weihnachtsfest des Jahres 1473 lag bereits hinter uns. Der «Lord of Misrule» hatte seine Kappe und seine Schellen abgelegt, und die Chorknaben, die man in der Weihnachtszeit zu Kinderbischöfen erkoren hatte, waren ihre geborgten Bischofsmützen wieder losgeworden. Es war Anfang Januar, doch an vielen geschützten Stellen sah man noch die Reste des Dezemberschnees. Der Graf von Oxford hielt sich auch weiterhin auf dem St. Michael's Mount verschanzt. Die Sheriffs von Cornwall und die wachsamen Kapitäne der königlichen Flotte belagerten ihn, um ihn auszuhungern und zur Unterwerfung zu zwingen. Doch wer irgend konnte, blieb zu Hause in seinem warmen, gemütlichen Heim, um dem naßkalten, stürmischen Wetter zu entgehen, das allen, die sich im Freien aufhalten mußten, das Leben in den letzten Tagen so schwer gemacht hatte.

Unsicheren Schrittes stapfte ich über den verlassenen Marktplatz und schaute zu den gewaltigen Mauern des Schlosses von Bristol auf. Der Burgturm streckte sein häßliches Gesicht über den inneren, von weiteren Mauern umgebenen Ring. Mein Bündel lastete unbequemer als sonst auf meinen Schultern, und die Beine waren mir schwer wie Blei. Nur mein Kopf fühlte sich so leicht an, als wäre er mit Federn gefüllt, genau wie die Gänsefedermatratze meiner Mutter, auf die sie immer so stolz gewesen war. Meine Stirn war glühend heiß.

Es ist sicherlich keine eitle Prahlerei, wenn ich behaupte, daß

ich mich zeit meines Lebens einer guten, kaum zu erschüttern-
den Gesundheit erfreuen konnte. Ich war immer stark und wi-
derstandsfähig, doch wenn mich dann einmal eine Krankheit
packte, traf es mich doppelt hart. Das Fieber, das mich jetzt in
seinen Klauen hielt, hatte vor ungefähr einer Woche begonnen.
Nach einem recht erfolgreichen Herbst, in dem ich meine Waren
in den Dörfern und Weilern rund um Southampton feilgeboten
hatte, war ich westwärts gewandert. Die klaren, sonnigen Ok-
tobertage waren in einen ungewöhnlich milden November
übergegangen, und ich hatte mich froh und zufrieden gefühlt.
Die Erinnerung an meine Reise in die Bretagne verstärkte diese
Zufriedenheit. Es war mir eine große Genugtuung, daß ich der
Verpflichtung, die mir der Herzog von Gloucester auferlegt
hatte, so erfolgreich nachgekommen war. Aber das ist eine andere Geschichte…* Es genügt wohl, wenn ich sage, daß mich
der plötzlich einsetzende Schneefall und die eisigen Regenfälle,
die den Süden Englands um die Weihnachtszeit heimsuchten,
völlig unvorbereitet trafen.

Knapp eine Woche nach dem Geburtsfest unseres Herrn und
Heilands wachte ich eines Morgens in einer einsamen Scheune
irgendwo nördlich von Salisbury vor Fieber zitternd und
schwitzend auf und blickte in das besorgte Gesicht meines Rei-
segefährten, der sich ängstlich über mich beugte. Es war ein
Karmelitermönch, den die eisigen Stürme am Vorabend davon
abgehalten hatten, sich eine bessere Schlafstätte zu suchen, und
der deshalb meine bescheidene Unterkunft und mein Abend-
brot mit mir geteilt hatte. Zum Glück hatte ich sowieso keinen
rechten Appetit – ein Umstand, der allein mir schon hätte sagen müssen, daß mit mir etwas nicht in Ordnung war.

«Du bist krank, mein Sohn», sagte der Mönch und legte eine
schwielige Hand auf meine Stirn.

«Unsinn!» gab ich zurück. «Ich bin niemals krank. Das ist

---

* Erzählt wird sie in dem Roman «Gefährliche Botschaft»

nur ein kleiner Schwächeanfall und wird bald vorübergehen. Sobald ich gefrühstückt habe, mache ich mich auf den Weg.»

Er hockte sich neben mich und sah mich zweifelnd an. Seine weiße Kutte war bis zu den Knien mit Dreck und Schlamm beschmutzt, und sein Haar war voller Heu.

«Ich glaube kaum, daß du kräftig genug bist, um weiterzuwandern. Aber wenn es unbedingt sein muß, solltest du versuchen, so schnell wie möglich zu deinem Winterquartier zu kommen.»

Mühsam versuchte ich, meiner zitternden Glieder Herr zu werden. «Ich habe kein Winterquartier.»

Erstaunt zog er die buschigen Augenbrauen zusammen. «Soll das heißen, daß du sommers wie winters auf der Straße bist?» Als ich nickte, warf er entsetzt die Hände in die Luft. «Aber das ist Wahnsinn! Ich habe noch nie jemanden getroffen, der nicht wenigstens für die Wintermonate eine feste Bleibe hatte. Einen hübschen kleinen Unterschlupf bei der Ehefrau, der Mutter oder der Geliebten, wo er von den Einkünften des Sommers leben und sich ausruhen kann. Du könntest sogar die milderen Tage ausnutzen, in der näheren Umgebung deine Ware anbieten und dir auf diese Weise ein Zubrot verdienen.» Er klopfte mir väterlich auf den Arm. «Hör auf meinen Rat, mein Sohn, und geh heim zu deiner Mutter.»

«Sie ist tot», entgegnete ich.

«Aber du hast doch bestimmt irgendwelche anderen Verwandten, die dich den Winter über aufnehmen können.»

Ich wollte den Kopf schütteln, aber es tat schrecklich weh, und mir wurde sofort schwindelig. «Nein, ich habe niemanden.»

Der Mönch gab nicht so schnell auf. «Und wie ist es mit Freunden?» fragte er weiter. «Mit dem Pfarrer deiner Gemeinde? Erzähl mir, wo du herkommst, Junge.»

«Aus Wells. Mein Vater war Steinmetz und hat am Bau der Kathedrale mitgearbeitet.»

«Dann mußt du doch wenigstens ein paar Bekannte in Wells haben. Fällt dir denn niemand ein, der dich gegen Bezahlung aufnehmen könnte?» Und mit leiserer Stimme fügte er hinzu: «Am besten wäre es, wenn du heiratest, mein Junge. Such dir eine gute Frau, die dir ein warmes Nest bereitet, in das du Winter für Winter zurückkehren kannst und das sie für dich warm hält, während du im Sommer auf Reisen bist.» Mit einem verschmitzten Grinsen stieß er mir den Ellenbogen in die schmerzenden Rippen. «Das wäre doch ein herrliches Leben für dich, geradezu beneidenswert, und ich wundere mich, daß du nicht von selbst darauf gekommen bist. Du hättest beides: die Behaglichkeit eines eigenen Heims und die Freiheit, nach Herzenslust durch die Welt zu ziehen. Eine Frau, die dich verwöhnt und umsorgt, wenn Wind und Regen an den Fensterläden rütteln, und die Welt zu deinen Füßen, wenn Sonnenschein und laue Sommerwinde dich in die Fremde locken.»

Damals drang seine Rede kaum in mein benebeltes Bewußtsein vor. Später sollte ich mich fast Wort für Wort an seinen ziemlich unpriesterlichen Ratschlag entsinnen.

Doch der Gedanke, nach Hause zurückzukehren, spukte mir, auch nachdem sich der Mönch längst verabschiedet hatte und seiner Wege gegangen war, im Kopf herum. Die Vorstellung erschien mir plötzlich sehr verlockend. Der Mönch hatte recht: Es mußte in Wells noch Menschen geben, die sich an mich und meine Eltern erinnern konnten und uns freundlich gesonnen waren. So manche Hausfrau wäre vielleicht dankbar für ein kleines Zubrot, das sie sich durch einen zahlenden Hausgast verdienen könnte, bis das Leben auf der Straße im Frühling wieder erträglicher war.

Von meinem gegenwärtigen Aufenthaltsort aus lag Wells in nordwestlicher Richtung. Breite, ausgefahrene Wege führten in die Stadt mit der berühmten Kathedrale. Daß ich sie dennoch um mindestens zwanzig Meilen verfehlte und schließlich in Bristol landete, war wohl dem dichten Schneefall und meinem fieb-

rigen, sich von Tag zu Tag verschlechternden Zustand zuzuschreiben – einleuchtende Gründe, die kein vernünftiger
Mensch je in Frage gestellt hätte. Ich selbst allerdings konnte
mich des Eindrucks nicht erwehren, daß Gott wieder einmal
Seine Hand im Spiel hatte und mich ein weiteres Mal dazu
zwang, zu einem Werkzeug Seines Willens zu werden. Durch
mein Talent, rätselhaften Vorgängen auf den Grund zu gehen
und Geheimnisse aufzuklären, ließ er mich dazu beitragen, daß
die Schurkerei auf Erden nicht unentdeckt blieb. Warum sonst
hätte ich wohl gerade zu diesem Zeitpunkt krank werden sollen?
Warum hätte mir der Mönch vorschlagen sollen, nach Hause zu
gehen? Und warum hätte ich so weit vom Weg abkommen sollen, daß ich mich plötzlich ganz gegen meine Absicht in Bristol
wiederfand? Wenn meine Kinder je diese Zeilen lesen, werden
sie nur nachsichtig lächeln und über die Grillen ihres alten Vaters
die Köpfe schütteln. Tatsächlich würde ich am liebsten selbst
darüber lachen. Aber solche Ahnungen lassen sich nicht einfach
abschütteln. Ich habe ein Leben lang mit Gott gerungen, mit
Ihm gestritten und versucht, Ihn zu überlisten – alles ohne Erfolg. Und das hat mich in meiner Auffassung natürlich nur be-
stärken können. Schließlich ist es eine unumstößliche Tatsache,
daß ich nur neun Monate, nachdem Robert Herepath für einen
Mord gehängt worden war, den er nicht begangen hatte, in die
Stadt Bristol kam und, ehe ich mich's versah, in mein nächstes
Abenteuer stolperte.

Im Schutz der Schloßmauern wandte ich mich nach rechts,
überquerte die Brücke über den Frome, schleppte mich am
Wehr und an der Mühle vorbei und ging schließlich am Ufer des
Flusses entlang in Richtung Pithay-Tor. Durch den dichten Regen konnte ich gerade noch die Umrisse des Dominikanerklosters auf den Wiesen vor der Stadt erkennen. Der Nachmittag
neigte sich seinem Ende zu, die Dämmerung brach herein. An

den äußeren Mauern des Klosters waren brennende Fackeln angebracht, um den Wanderern den Weg zu weisen, damit sie nicht den Halt verloren und im schlammigen Wasser des Frome versanken. Der Wachsoldat am Pithay-Tor war ungehobelt und mürrisch. Er konnte es kaum erwarten, das Tor für die Nacht zu schließen und in sein warmes Haus zurückzukehren. Bis zum Abendläuten war allerdings noch etwas Zeit.

Er nickte barsch und wollte schon zu den üblichen Fragen nach meinen Geschäften in der Stadt ansetzen, als er innehielt, um mich genauer zu betrachten. «Du siehst krank aus, Junge.» Sein Blick wurde mißtrauisch. «Etwas Ernstes?»

Ich nieste heftig und schüttelte den Kopf. «Nur eine Erkältung, weil ich über Nacht draußen geschlafen habe, das ist alles.»

«Du hast um diese Jahreszeit draußen geschlafen?» Seine Stimme klang ebenso ungläubig wie die des Karmelitermönchs.

«Ich bin Hausierer», gab ich ungeduldig zurück. «Ich biete meine Waren überall im Lande feil.»

«Das ist noch lange kein Grund, in diesem Ton mit mir zu sprechen!» entgegnete er scharf. «Die meisten Hausierer, die ich kenne, verbringen den Winter zu Hause. Jedenfalls wenn sie nur halbwegs bei Verstand sind.» Er unterzog mich einer weiteren Prüfung, kam aber offenbar zu dem Schluß, daß ich tatsächlich unter keiner schlimmeren Krankheit litt. Dann deutete er auf das Tor. «Du kannst durch. Aber wenn ich du wäre, würde ich mir für heute Nacht ein warmes Bett suchen. Sieht so aus, als hättest du es bitter nötig.»

Ich nickte kurz und machte mich auf den Weg. Zu meiner Linken sah ich die Peterskirche, doch anstatt die schützenden Mauern der Abtei aufzusuchen, taumelte ich weiter auf die Stadtmitte zu. Ich erinnerte mich an das New Inn in der Nähe der Allerheiligenkirche, und falls ich dies verfehlen sollte, gab es auch noch das Full Moon ganz in der Nähe von St. James. Ich hielt den Blick fest auf den Kirchturm von St. Ewen gerichtet, das Gotteshaus der reichen Kaufleute und betuchten Bürger. Bristol war damals schon fast so wohlhabend wie heute, obwohl durch die Seereisen der Cabots seitdem noch mehr Geld in die Schatztruhen der Stadt geflossen ist. In den Mauern dieser Stadt wohnte eine eng miteinander verwobene Gemeinschaft, deren Blick weniger auf das restliche Europa als auf Irland gerichtet war. Mannigfaltige Blutsbande und Handelsbeziehungen verbanden Bristol mit der Grünen Insel.

Es war jetzt fast dunkel. Der Nieselregen hatte sich in einen dichten Nebel verwandelt, der sich in feuchten Tropfen auf den Kleidern und Bärten der Männer niederschlug. Überall wurden die Geschäfte und Läden geschlossen, und ihre Besitzer zogen sich entweder in die Wohnräume im hinteren Teil der Häuser zurück oder eilten, wenn sie nur kleine Verkaufsstände hatten, die sie abschließen und verriegeln konnten, über das Kopfsteinpflaster zu ihren bescheideneren, wenngleich nicht minder heimeligen Behausungen in anderen Stadtteilen davon. Endlich sah ich das High Cross vor mir aufragen. Ich zögerte – zum einen, um Atem zu schöpfen, zum anderen, weil ich unschlüssig war. Ich zitterte jetzt von Kopf bis Fuß. Am ganzen Körper war mir der kalte Schweiß ausgebrochen. Zu meiner Linken loderte an einer Hauswand eine Fackel auf und knisterte wie zerreißendes Pergament. Im flackernden Schein der Fackel sah ich zwei Frauengestalten die High Street heraufkommen, doch ob es junge oder alte Frauen waren, hätte ich in diesem Moment nicht sagen können. Ich verspürte nur den überwältigenden Wunsch, mich auf der Stelle niederzulegen und die Augen vor dieser feindlichen Welt zu verschließen, die einfach nicht stillhalten wollte, sondern ständig hin und her schwankte, sobald ich versuchte, den Blick auf etwas zu richten. Ich faßte mit der Hand nach dem Kreuz und lehnte die Stirn an den kühlen Stein.

Eine Hand berührte meine Schulter, und eine hohe, klare, fast noch kindliche Stimme rief: «Mutter! Komm her! Ich glaube, der junge Mann ist krank!»

Hölzerne Pantinen klapperten über das Pflaster, und eine tiefere Stimme fragte: «Was ist los, Lillis? Was hast du gesagt? Es wird bald dunkel, wir haben keine Zeit zu verlieren.» Dann folgte ein Ausruf der Bestürzung. Eine andere Hand, größer und kräftiger als die erste, packte mich an der Schulter. «Was ist mit dir, Junge? Bist du krank?»

Ich konnte nicht sprechen, deshalb nickte ich nur. Ich spürte, wie meine Knie nachgaben, und hielt mich verzweifelt an der Säule des Kreuzes fest, um nicht zu Boden zu sinken.

Die tiefere Stimme fragte weiter: «Wo wohnst du?» Aber die jüngere Frau hatte offenbar mein Bündel gesehen.

«Er ist Hausierer, Mutter. Wahrscheinlich ist er auf der Wanderschaft.»

Ich nickte wieder und öffnete dabei dummerweise die Augen. Die Welt machte einen Purzelbaum, mir wurde schrecklich übel, und ich erbrach das wenige, was ich in den letzten Stunden gegessen hatte. Seufzend sank ich in mich zusammen.

Die ältere Frau gab ihrer Tochter Anweisungen und verscheuchte gleichzeitig das Grüppchen Neugieriger, das sich um uns versammelt hatte. An einem ungemütlichen Winternachmittag wie diesem war den Leuten jede Ablenkung recht.

«Lauf zurück über die Brücke, Lillis, und hol ein paar Männer, die uns beim Tragen helfen können. Wir können den armen Kerl doch hier nicht so einfach liegenlassen. Er hat Fieber. Wir beide werden ihn pflegen, bis es ihm besser geht. – Was gibt es da zu glotzen, Leute? Macht Platz und laßt ihn in Ruhe. Wie soll er denn atmen, wenn ihr euch alle über ihn beugt?» Aus dem unruhigen Gemurmel der Gruppe meinte ich das Wort ‹Pest› herauszuhören. Meine Wohltäterin schnaubte verächtlich. «Um diese Jahreszeit? Nein, nein, mit dem Jungen ist alles in Ordnung. Er leidet bloß unter einer dicken Erkältung, zu der durch Leichtfertigkeit und kalte Nächte im Freien ein Fieber gekommen ist. Ich habe schon so manchen großen, starken Burschen gesehen. Sie halten sich für Samson und achten nicht auf ihre

Gesundheit, bis sich ihr Leichtsinn dann doch einmal rächt. Bei guter Pflege ist er in zwei Wochen wieder kerngesund.»

Damit gaben sich die Gaffer zufrieden, und die Grupppe zerstreute sich. Ich wagte nicht, meine Augen noch einmal zu öffnen, aber ich hörte das Scharren ihrer Füße und spürte, wie es um mich herum freier wurde. Ein Mann mußte jedoch zurückgeblieben sein, denn plötzlich hörte ich eine barsche, tiefe Stimme: «Du solltest lieber vorsichtig sein, Margaret Walker, und keinen wildfremden Mann ins Haus nehmen. Und dann auch noch ausgerechnet einen Hausierer! Eines Tages schneidet er euch die Kehlen durch und macht sich mit eurer Börse auf und davon, während ihr beide noch im tiefsten Schlummer liegt.»

«Mit durchgeschnittener Kehle kann man nicht schlafen, du alter Dummkopf!» erwiderte Margaret Walker. «Glaubst du nicht, daß ich lange genug auf dieser Welt bin, um ein ehrliches von einem unehrlichen Gesicht unterscheiden zu können, Nick Brimble?» Als Antwort hörte ich nur ein Grunzen, das sich als Zustimmung, aber auch als Ablehnung deuten ließ – mit geschlossenen Augen konnte ich das nicht entscheiden. Doch kurz darauf erhob Nick Brimble wieder seine warnende Stimme: «Ich mache mir bloß Sorgen um dich und Lillis. Ihr habt in den letzten zehn Monaten schon genug durchgemacht.»

Margaret Walker hatte sich, ohne an den Dreck auf dem Pflaster zu denken, neben mich gekniet und meinen Kopf an ihre Brust gebettet. Gleichzeitig stützte sie mit den Schultern meinen zusammengesunkenen Körper. Beim Klang ihrer Stimme hatte ich mir – soweit ich in meinem Zustand überhaupt zum Denken fähig war – eine stattliche Frau vorgestellt und war nun von der Zierlichkeit ihres Körperbaus sehr überrascht.

Sie hob entrüstet den Kopf. «In den letzten zehn Monaten? Da hast du aber ein kurzes Gedächtnis, Nick Brimble! Im kommenden Mai bin ich seit siebzehn Jahren Witwe! Habe einen guten Ehemann und meinen kleinen Sohn durch einen Unfall verloren, zu dem es nie hätte kommen dürfen!»

«Es war der Wille Gottes!» murmelte Nick Brimble ergeben.

«Es war der Fehler eines betrunkenen Fuhrmanns, der sein wildes Pferd nicht in den Griff bekam!» Ihre Stimme klang bitter und bebte vor unterdrückter Wut.

«Und dennoch war es der Wille Gottes», beharrte ihr Freund. «Aber dieses letzte Unglück…» Es entstand eine Pause, und er seufzte, ehe er mit ernster Stimme weitersprach: «Da hatte nun wirklich der Teufel seine Hand im Spiel, und ich bezweifle, daß wir jemals erfahren werden, was damals wirklich geschehen ist. Dein Vater war der einzige, der das Rätsel hätte lösen können, doch er hat sein Geheimnis mit ins Grab genommen.»

Ehe Margaret Walker noch darauf antworten konnte, hörte man Lillis nach ihrer Mutter rufen, und ihre Holzschuhe klapperten über das Pflaster. Auch ein paar tiefere Stimmen drangen an mein Ohr. Offenbar hatte sie Helfer mitgebracht. «Wie geht es ihm?» fragte Lillis ihre Mutter.

«Er wird schon wieder auf die Beine kommen. Aber je eher wir ihn in ein Bett packen, in ein paar ordentliche Wolldecken einwickeln und mit heißen Steinen wärmen, desto besser. Ah, ihr habt eine Tragbahre mitgebracht. Das ist gut. Nick, wenn du sowieso nichts Wichtigeres zu tun hast, hilf doch Hob und Burl dabei, den Jungen hochzuheben. Er ist bestimmt nicht gerade leicht. Burl, du nimmst seine Beine, und Hob und Nick, ihr hebt vorsichtig seinen Kopf. So ist es gut. Wir haben ihn.»

Ich spürte, wie mein Körper hochgehoben und auf ein zwischen zwei Stangen gespanntes Tuch gelegt wurde. Ich wagte einen kurzen Blick durch meine halb geschlossenen Augenlider, aber es war jetzt völlig dunkel, und schon von dieser winzigen Anstrengung drehte sich mir wieder der Magen um. Ich hörte, wie Margaret Walker ihrer Tochter die Anweisung gab, mein Bündel zu schleppen und nicht über das Gewicht zu klagen.

«Andere kannst du vielleicht mit deinem zierlichen Aussehen hinters Licht führen, Lillis, aber mir machst du nichts vor. Ich weiß, daß du stark und zäh bist wie ein Maulesel.»

Die Tochter murrte ein wenig, mühte sich dann aber doch folgsam mit meinem Bündel ab, das zum Glück nicht allzu vollgepackt war. Was mich betraf, so war ich schon viel zu weit weg, um irgendwelche Gewissensbisse zu empfinden. Zwei gute Samariterinnen hatten mich gerettet, das war alles, was ich wußte, und daran hielt ich mich fest. Als Hob und Burl die Tragbahre anhoben und wir uns alle zusammen die High Street hinunterbewegten, wobei mein leidgeprüfter Körper heftig hin und her geschüttelt wurde, ließ ich alle meine Sorgen fahren und gab mich ganz der Vorstellung von einem warmen Bett und der Pflege durch diese beiden tüchtigen Frauen hin. Als wir in die dunkle Schlucht der Bristol Bridge mit ihren hoch aufragenden Läden und Häusern eintauchten, wurde mir noch einmal furchtbar übel, ehe ich gnädigerweise das Bewußtsein verlor.

2

In den nächsten Tagen befand ich mich in einer Art Dämmerzustand. Ich schwankte zwischen Schlafen und Wachen, zwischen klaren Gedanken und schrecklichen Alpträumen, in denen die Stimmen des Bösen auf mich einzuwirken versuchten. Ehe das Fieber endgültig zurückging, war ich nur dreimal für kurze Zeit bei klarem Verstand.

Der erste Augenblick der Klarheit muß wohl gleich am Morgen nach meiner Ankunft eingetreten sein. Er dauerte gerade lange genug an, daß ich mir die Geschehnisse vom Vorabend ins Gedächtnis rufen und mich in meiner neuen Umgebung umschauen konnte. Ich trug keine eigenen Kleider mehr, sondern ein sauberes Leinenhemd, das mir ein wenig zu klein war; jedenfalls spannte der Stoff über meiner Brust, und oberhalb des einen Ärmels war bereits ein kleiner Riß zu sehen. Ich lag nahe der Feuerstelle in der Mitte des Raumes auf einer Strohmatratze, zugedeckt mit zwei groben Wolldecken, die nach getrocknetem Lavendel rochen. Im Feuer brannte Treibholz, das die beiden Frauen sicherlich am Ufer des Avon gesammelt hatten, und der Rauch zog durch ein Loch in der Decke des einzigen Zimmers hinaus. Ein verstellbarer Topfhaken hing von der metallenen Querstange über der Kochstelle und hielt einen mächtigen Eisentopf, in dem es verheißungsvoll blubberte, und es roch nach einer guten, kräftigen Suppe. Bei jeder anderen Gelegenheit wäre mir von diesem Duft das Wasser im Munde zusammengelaufen, jetzt wurde mir bloß wieder übel.

Ich schloß die Augen und öffnete sie erst wieder, als sich mein

Magen ein wenig beruhigt hatte. Vor dem einzigen Fenster sah ich ein Spinnrad stehen. Das Fenster war mit Pergament ausgekleidet, so daß ein wenig von dem bleichen Licht des kalten Januarmorgens ins Zimmer drang. In der einen Ecke stand ein Bett, das groß genug für zwei Personen war, an den Wänden standen eine Truhe, ein Tisch, zwei Stühle, eine hölzerne Bank und ein schmales Regal. Obgleich mein letzter Besuch in Bristol nun schon drei Jahre zurücklag, glaubte ich aufgrund der Richtung, in der man mich auf der Bahre getragen hatte, in Redcliffe zu sein, dem Stadtteil, in dem sich die Hütten der Weber rund um die Thomaskirche drängen. Natürlich hatte ich in Redcliffe auch stattliche Häuser gesehen, doch dies hier war eindeutig die Hütte eines armen Webers – oder war es zumindest gewesen, als Margaret Walkers Ehemann noch am Leben war. Es sprach sehr für seinen Herrn, daß er Margaret und ihre Tochter nach dem vorzeitigen Tod ihres Mannes nicht vor die Tür gesetzt hatte. Aber sicherlich war sie als Spinnerin für ihn auch eine wertvolle Arbeitskraft.

Das war mein letzter Gedanke, als ich wieder in meinen Dämmerzustand versank. Die leisen Stimmen der Frauen und das Rascheln ihrer Schritte auf den Binsen, mit denen der Fußboden ausgelegt war, vernahm ich ganz aus der Ferne, und auch ihre sanften Berührungen, als sie mich wuschen und fütterten und mich auch sonst in jeder Hinsicht versorgten, verspürte ich nur ganz schwach. Ich war wieder in die Dunkelheit zurückgekehrt, in eine Welt, in der ich nur noch schwitzte oder fror, und die nie ganz frei von bösen Dämonen war.

Als ich das zweite Mal zu mir kam, war es Abend. Binsenlichter brannten in den Kerzenhaltern, die auf dem Tisch und auf der Truhe standen. Schattenbilder huschten und flackerten über die Wände. Margaret Walker saß am Spinnrad und spann beim Licht des verglühenden Feuers, und Lillis saß bei ihr und sah zu. Voller Schrecken bemerkte ich, daß sie mich auf das bequeme Bett gehievt hatten und die Matratze, auf der ich vorher gelegen hatte, an der Wand lehnte und nun offensichtlich von den beiden Frauen benutzt wurde. War ich so krank gewesen, daß dieses Opfer nötig geworden war? fragte ich mich. So muß es wohl gewesen sein, denn als ich den Versuch machte, mich zu bewegen und etwas zu sagen, verweigerten mir meine Stimme und meine Glieder ihren Dienst. Das äußerste, was ich bewerkstelligen konnte, war eine schwache Bewegung der Hand und ein erbärmliches Krächzen.

Es reichte aus, um Lillis' Aufmerksamkeit auf mich zu ziehen. Sie sprang auf und war sofort an meiner Seite. «Er ist wach, Mutter», sagte sie, und das Spinnrad hörte auf zu schnurren.

In ihrer besonnenen, ruhigen Art durchquerte Margaret Walker den Raum und lächelte mich freundlich an. «Versuch lieber nicht zu sprechen», sagte sie und legte eine beruhigende Hand auf meine Stirn. «Du hast bestimmt großen Durst. – Lillis, hol Wasser und gib noch etwas von dem getrockneten Salatsaft hinein. Davon wird er besser schlafen können, und das ist genau das, was er im Moment braucht. – Du bist sehr krank gewesen», fügte sie, an mich gewandt, hinzu, «und es wird noch ein paar Tage dauern, ehe du wieder kräftig genug bist, um das Bett zu verlassen.» Sie nahm Lillis den Becher ab und hielt ihn an meine Lippen. «Schluck das. Es wird dir guttun.» Sie stützte meine Schultern, während ich trank, dann bettete sie meinen Kopf wieder auf das Kissen. «Kannst du mir deinen Namen sagen?» fragte sie mich. «Es ist ein bißchen schwierig, wenn man nicht weiß, wie man dich anreden soll.»

«Roger», flüsterte ich und schloß die Augen. Es machte mir große Sorgen, daß ich mich so schwach fühlte und von der geringsten Anstrengung gleich völlig erschöpft war. Ich mußte so schnell wie möglich wieder auf die Beine kommen und durfte die Barmherzigkeit dieser guten Frauen nicht länger in Anspruch nehmen.

Margaret schien meine Gedanken lesen zu können. «Mach

dir keine Sorgen», ermahnte sie mich. «Du kannst hierbleiben, bis du wieder völlig genesen bist. Wir brauchen deshalb nichts zu entbehren. Im Gegenteil, es ist uns ein Vergnügen, wieder für einen Mann sorgen zu können. Dieses Gefühl, richtig gebraucht zu werden, hatte ich nicht mehr, seitdem mein Vater gestorben ist...» Sie brach ab, als hätte sie schon viel mehr gesagt, als sie eigentlich preisgeben wollte, und stand abrupt auf. «Versuch jetzt zu schlafen.»

Sie ging zu ihrem Spinnrad zurück und rief nach Lillis, die wohl noch an meinem Bett bleiben und meine Stirn mit ihren kleinen, kühlen Fingern glätten wollte. Ich lächelte dem Mädchen zu und senkte meine Lider, beobachtete sie aber weiterhin aus halb geschlossenen Augen.

Lillis Walker war ein zierliches und dunkles Mädchen. Ihre Erscheinung wirkte schlank und schlicht. Das Auffallendste an ihr waren die großen braunen Augen und die dicken schwarzen Locken. Ihre Haut war blaß, ihr Gesicht elfengleich, und ihr Körperbau besaß noch die spitze Ungelenkigkeit eines Kindes. Ich weiß noch, wie überrascht ich war, als ich erfuhr, daß sie nur knapp zwei Jahre jünger war als ich und ihr zwanzigster Geburtstag kurz bevorstand. Ihre Bewegungen waren flink und leichtfüßig wie die eines Vogels; sie sprang rasch von einer Sache zur anderen und erfaßte alles, was um sie herum vorging, mit wachem, fragendem Blick. Ihr starker keltischer Zug stammte von ihrer Großmutter mütterlicherseits, einer Frau aus Cornwall, und der Familie ihres Vaters, die ursprünglich aus Wales nach Bristol gekommen war. All dies erfuhr ich natürlich erst sehr viel später, als ich bereits genesen war.

Der getrocknete Salatsaft zeigte bald seine Wirkung und lullte mich ein, so daß ich fast schon wieder eingeschlafen war, als es plötzlich an der Haustür klopfte. Die beiden Frauen sahen einander erschrocken an.

«Mach nicht auf», flüsterte Lillis.

Doch das leise, hartnäckige Klopfen wollte nicht nachlassen.

Seufzend stand Margaret auf, schob den Riegel zur Seite und öffnete die Tür einen Spaltbreit. Von meinem Bett aus konnte ich durch die schmale Öffnung einen Schatten und den schwachen Schein einer mit einem schwarzen Tuch teilweise bedeckten Laterne erkennen. Wer auch immer dort draußen stand, er war bemüht, nicht aufzufallen und seine Geschäfte in den nächtlichen, dunklen Straßen zu verbergen. Natürlich hätte diese Heimlichtuerei auch damit zu tun haben können, daß das Abendläuten bereits vorüber war, doch aus irgendeinem Grund kam mir das eher unwahrscheinlich vor. Dem Abendläuten wurde längst nicht mehr soviel Bedeutung beigemessen wie früher, und kaum jemand hielt sich noch an die alten Regeln zur Verhütung von Feuersbrünsten.

Ich hörte leises, unverständliches Gemurmel und dann Margarets klare, feste Stimme: «Nein. Du weißt doch, daß ich dich hier nicht mehr sehen will. Gleich nachdem mein Vater gestorben ist, habe ich es dir klipp und klar gesagt. Du verschwendest nur deine Zeit. Bitte geh jetzt.»

Der Besucher ließ sich nicht so einfach abwimmeln. Ich hörte weiteres Gemurmel, bis Margaret ungehalten ausrief: «Nein! Und nochmals nein! Du und deinesgleichen, ihr habt in diesem Haus nichts mehr verloren. Nimm deinen Fuß aus der Tür, oder ich lasse meine Tochter nach der Wache laufen.» Margaret schaute über die Schulter zurück ins Haus. «Lillis!»

Doch Lillis brauchte sich, wie ihre Mutter wohl schon vermutet hatte, gar nicht erst hinaus in die Dunkelheit zu wagen. Die Drohung allein reichte aus, um den ungebetenen Besucher abzuschrecken, und er zog sich eilig zurück. Ich hörte einen gedämpften Fluch und sah die Laterne ein paarmal auf und ab wippen, bis das Licht endgültig verschwand. Margaret Walker schloß die Tür, verriegelte sie wieder und kehrte an ihren Platz am Feuer zurück. Als sie sprach, klang ihre Stimme eher verärgert als beunruhigt.

«Ich glaube, jetzt haben sie endlich begriffen, daß es mir ernst ist. Ich hoffe, sie werden uns nicht noch einmal belästigen. Sie müssen doch endlich verstehen...»

Doch es war mir an diesem Abend nicht vergönnt zu erfahren, was diese geheimnisvollen Leute endlich verstehen sollten. Das Schlafmittel hatte seine volle Wirkung entfaltet, und ich sah und hörte nichts mehr. Mein Bewußtsein erlosch so abrupt wie eine Kerzenflamme, die von einer Lichtputzschere erstickt wird.

Ich habe gesagt, daß ich während meiner schweren Krankheit drei klare Momente hatte, und bei den beiden, die ich bisher geschildert habe, bin ich mir auch absolut sicher, daß es sie wirklich gegeben hat. Sie haben sich fest in mein Gedächtnis eingeprägt, und noch lange Zeit, nachdem ich aufgestanden war und meine ersten vorsichtigen Schritte durchs Zimmer machte, konnte ich mich ganz deutlich an sie erinnern. Was den dritten Moment angeht, hatte ich gewisse Zweifel, bis Lillis selbst mir, ohne zu erröten, gestand, daß sich alles genauso zugetragen, ich es also nicht geträumt hatte. Sie war tatsächlich nackt in mein Bett geschlüpft, um mich zu wärmen, als mich während meiner Fieberattacken ein schrecklicher Schüttelfrost in seinen Klauen hielt.

«Du hast so sehr gefroren», sagte sie. Sie stützte die Ellenbogen auf den Tisch, legte das Kinn in beide Hände und schaute mich über den schmalen Tisch hinweg so offen und unbekümmert an, als handelte es sich dabei um die natürlichste Sache der Welt. Und genauso hätte ich es bei diesem seltsam entrückten, elfengleichen Wesen, das schon halb Frau, aber auch noch halb Kind war, hinnehmen können – wäre da in ihren großen, dunklen Augen nicht dieser sinnliche Blick gewesen.

Ich spürte, wie mir das Blut in die Wangen stieg, und war dankbar dafür, daß ich noch nicht wieder genug Kraft gehabt hatte, um mich zu rasieren. Die dicken blonden Bartstoppeln, die mir im Laufe einer Woche gewachsen waren, reichten aus, um mein Erröten zu verbergen.

Doch Lillis fuhr unerbittlich fort: «Ich habe dich nur gefragt, ob du dich daran erinnerst, weil du es bisher nie erwähnt hast und ich nicht wußte, ob du es noch weißt. Ich dachte, falls du dich daran erinnerst, plauderst du es vielleicht in Mutters Gegenwart aus und sie... na ja... sie könnte es mißverstehen.»

Das war in der Tat gut möglich. Ich räusperte mich umständlich und antwortete so ruhig wie möglich: «Ja, ich erinnere mich... Aber ehrlich gesagt, ich dachte, ich hätte es nur geträumt.»

Lillis lächelte geheimnisvoll, senkte die langen Wimpern und schenkte mir einen verschwörerischen Blick. «O nein, du hast es nicht geträumt. Es war gleich in der ersten Nacht. Du lagst auf der Matratze auf dem Boden, und Mutter und ich waren im Bett. Mutter und du, ihr schlieft beide fest, aber gegen Morgen bist du ganz unruhig geworden, hast angefangen, vor Kälte zu zittern und mit den Zähnen zu klappern. Ich bin aus dem Bett geschlüpft, um noch ein Stück Torf auf das Feuer zu werfen, und dann... na ja... ich dachte, es wäre eine gute Idee, zu dir unter die Decke zu kriechen und meine Arme um dich zu legen.» Ihr Lächeln wurde breiter, und ihre Augen verengten sich zu funkelnden Schlitzen. «Es hat dich beruhigt. Nach einer Weile hast du aufgehört zu zittern und bist wieder eingeschlafen. Ich bin bei dir geblieben, bis die ersten Lichtstrahlen durch die Fensterläden drangen, dann bin ich zurück ins große Bett geschlüpft. Das war auch allerhöchste Zeit, denn kurz darauf ist Mutter aufgewacht. Aber sie ahnt nichts davon, und ich glaube, es ist auch besser, wenn sie es nicht erfährt.»

«Ich werde es ihr ganz bestimmt nicht erzählen», versicherte ich.

Sie lachte auf. «Du bist verlegen! Ein stattlicher Kerl wie du, der bestimmt schon Dutzende von Mädchen gehabt hat. Warum denn bloß?»

Ich konnte mir selbst kaum erklären, warum der Gedanke an diese nächtliche Begegnung, die ich selbst gar nicht bewußt mitbekommen hatte, mich so verwirrte. Sie hatte völlig recht, ich hatte Mädchen zur Genüge gehabt, seitdem ich vor zwei Jahren als völlig unerfahrener Junge, der gerade erst dem klösterlichen Leben entsagt hatte, am fernen Ufer des Stour zum erstenmal mit einem Mädchen im Gras gelegen hatte. War es, weil mir bereits schwante, daß mich diese ungestüme Jägerin als ihre alleinige Beute betrachtete?

Es war am späten Nachmittag, ungefähr zwei Wochen nachdem ich Bristol durch das Pithay-Tor betreten hatte, und der vierte oder fünfte Tag, an dem ich aufgestanden war, mich selbst gewaschen und angezogen und ein paar vorsichtige Schritte im Zimmer gewagt hatte. Am nächsten Tag wollte ich mich ein für allemal von meinen Bartstoppeln trennen und anschließend so bald wie möglich nach einer anderen Unterkunft umsehen, wo ich bleiben konnte, bis ich kräftig genug war, mein Bündel zu schultern und über die Landstraßen zu ziehen. Ich hatte darauf bestanden, wieder auf der Matratze am Boden zu schlafen, damit die beiden Frauen in ihr bequemes Bett zurückkehren konnten, aber die Enge führte immer öfter zu Peinlichkeiten, und ich fühlte mich wie eingesperrt.

Margaret Walker hatte an diesem Tag früher aufgehört zu spinnen, war mit dem fertigen Garn zu den Weberhütten hinübergegangen und würde in Kürze mit zwei Weidenkörben voll ungesponnener Wolle an der Schultertrage zurückkehren. Das Wetter war eiskalt und naß, der unerbittliche Regen überflutete das Pflaster und machte die Steine schlüpfrig, so daß die Packtiere unter ihren Lasten hin und her schlitterten. Das hatte ich zumindest von der offenen Tür beobachten können, ehe mich Lillis ausschimpfte und zurück ans warme Feuer zog. Schuldbewußt hatte ich auf einem Stuhl Platz genommen und meine Füße zum Feuer hin ausgestreckt, und sie hatte sich neben mir niedergelassen und mich gefragt, ob ich mich daran erinnern könnte, wie sie in der allerersten Nacht zu mir ins Bett gekrochen war.

Inzwischen war unsere Unterhaltung zum Stillstand gekommen. Wir hockten stumm nebeneinander, während Lillis mich auch weiterhin anfunkelte wie eine Katze eine verängstigte

Maus und ich ihrem Blick auswich und unverwandt ins Feuer starrte. So saßen wir beisammen, als Margaret Walker endlich zur Tür hereinkam. Trotz ihrer schweren Last wurde sie von den kalten Windböen fast in die Luft gehoben.

«Ihr seid ja so schweigsam», sagte sie, stellte die Körbe ab und ließ die hölzerne Trage von den Schultern gleiten. Dann schüttelte sie die Wassertropfen von ihrem Umhang, schob die Kapuze zurück und rief in scharfem Ton: «Lillis! Warum hast du denn noch nicht mit dem Kochen begonnen? Du hast ja noch nicht einmal das Wasser übers Feuer gehängt, und das Gemüse ist auch noch nicht geputzt.»

Lillis verzog das Gesicht, doch muß ich zu ihren Gunsten sagen, daß sie ihrer Mutter nie Widerworte gab, so barsch deren Ton auch sein mochte, und manchmal waren Margarets Ermahnungen auch wirklich nicht angebracht. Lillis stand auf, zog den eisernen Topf vom Regal neben der Tür und füllte ihn am Wasserfaß in der Ecke des Zimmers. Als ich ihr helfen wollte, den Topf zum Herd zu tragen, befahl mir Margaret, mich wieder hinzusetzen.

«Du bist noch nicht kräftig genug, um schwere Sachen zu tragen. Und außerdem müssen wir beide, wenn du nicht mehr da bist, auch wieder allein zurechtkommen. Wir sind beide stark und geübt genug.»

Ich mußte zugeben, daß Lillis trotz ihrer dünnen Ärmchen erstaunliche Kräfte besaß und um das Aufhängen des Eisentopfs über dem Feuer nicht mehr Aufhebens machte als um das Aufstellen einer Blumenvase. Ich setzte mich wieder auf meinen Stuhl und sah den beiden Frauen zu, wie sie Kräuter und Wurzelgemüse für das Abendessen putzten. Zum Mittagessen hatte es etwas gesalzenes Hammelfleisch gegeben, doch für unsere Abendsuppe wurde ein Stück Speck als ausreichend erachtet. Zusammen mit einer dicken Scheibe Brot aus Weizen- und Roggenmehl würde er meinen rasch zurückkehrenden Appetit schon im Zaume halten.

Margaret schaute zu mir auf und sagte: «Du bekommst langsam wieder ein bißchen Farbe in die Wangen... das heißt, soweit man das unter deinem Bart erkennen kann.»

«Der wird morgen verschwinden», versprach ich und rutschte unruhig auf meinem Stuhl hin und her, da ich wußte, daß sie meine nächsten Worte nicht besonders wohlwollend aufnehmen würde. «Und dann muß ich weiterziehen, in Richtung Wells. Dahin war ich unterwegs, als ich mich auf dem Weg von Salisbury verirrt habe. Ich bin in Wells geboren und hatte gehofft, dort ein paar alte Bekannte meiner Mutter ausfindig zu machen, die mich den Winter über beherbergen können.»

Das Entsetzen stand den beiden Frauen in den Gesichtern geschrieben.

«Aber du kannst in deinem Zustand unmöglich zwanzig oder gar mehr Meilen wandern», sagte Margaret ärgerlich. «So etwas Törichtes habe ich ja noch nie gehört.»

«Du hast doch einen Platz, wo du bleiben kannst. Hier bei uns!» rief Lillis. «Nach allem, was wir für dich getan haben, kannst du uns doch nicht einfach wieder allein lassen.»

Mit dieser Bemerkung lenkte sie jedoch nur den Zorn ihrer Mutter auf sich. «Was wir getan haben, war bloß unsere Christenpflicht, mein liebes Mädchen, das darfst du nie vergessen! Wir dürfen es nicht dazu mißbrauchen, Roger zu irgend etwas zu zwingen, was er selbst nicht will.» Dann wandte sich Margaret wieder an mich. «Beachte sie gar nicht, Roger, und glaube nicht, daß du uns in irgendeiner Weise verpflichtet wärst. Meine Sorge gilt ganz allein deiner Gesundheit, obwohl ich nicht verhehlen kann, daß wir beide über deine Gesellschaft äußerst glücklich wären, falls du deine Meinung ändern und dich dafür entscheiden könntest hierzubleiben. Uns ist manchmal sehr einsam zumute, wenn wir in den langen, dunklen Winternächten allein sind.»

Lillis nickte zustimmend. «Vor allem, seitdem Großvater gestorben ist und die Leute hinter unseren Rücken über uns tuscheln. Manchmal machen sie sogar in unserer Gegenwart gehässige Bemerkungen. Als wenn das, was passiert ist, unsere Schuld wäre. Dabei hatte es überhaupt nichts mit uns zu tun. Wir kennen die Wahrheit genausowenig wie alle anderen.» Als sie Margarets warnenden Blick auffing, fügte sie ungeduldig hinzu: «Wenn er hierbleibt, wird er früher oder später ohnehin davon erfahren, also kann er es genausogut auch gleich von uns hören. Zumindest werden wir uns auf die Tatsachen beschränken und keine Gerüchte verbreiten.» Sie lachte triumphierend. «Schau! Wir haben sein Interesse geweckt, ich sehe es ganz deutlich an seinem Gesicht. Wer weiß», fuhr Lillis mit einem leicht spöttischen Lächeln fort, «vielleicht kann Roger sogar für uns das Rätsel lösen.»

3

Bei Lillis' letzten Worten empfand ich wieder diese wachsende, mit einem gewissen Unwillen vermischte Erregung, die ich schon zweimal verspürt hatte, als mich das sichere Gefühl beschlich, daß Gott mich als Werkzeug Seiner Vergeltung einsetzen wollte. Als ich drei Jahre zuvor gegen den Willen meiner verstorbenen Mutter das Kloster in Glastonbury verließ, um mich dem freien Leben auf der Landstraße hinzugeben, war mir nicht in den Sinn gekommen, daß Gott möglicherweise im Gegenzug für den Verlust meiner – wenn auch bescheidenen – geistlichen Dienste eine Entschädigung verlangen könnte. Aber Er hat mir einen klaren Verstand, eine feine Empfindsamkeit für Launen und Stimmungen und einen scharfen Blick für scheinbar unbedeutende Nebensächlichkeiten geschenkt, und diese Gaben hatten schon zweimal dazu geführt, daß ich meine eigenen Angelegenheiten stehen und liegen ließ, um mich um die anderer Leute zu kümmern. Und hier saß ich nun und vernahm schon wieder einen unüberhörbaren Hilferuf, diesmal von zwei gutherzigen Frauen, denen ich viel zu verdanken hatte. Denn obgleich Margaret Walker den Vorschlag ihrer Tochter entrüstet von sich wies, war doch deutlich zu sehen, daß sie sich nach einem wohlwollenden Zuhörer sehnte, dem sie ihre Sorgen anvertrauen konnte.

In einem letzten verzweifelten Versuch, meine Freiheit zu verteidigen, sagte ich: «Aber es ziemt sich nicht, daß zwei Frauen ihre Hütte mit einem Fremden teilen. Ihr würdet bald ins Gerede kommen, und daran möchte ich keine Schuld tragen.»

Margaret ließ das Gemüsemesser ruhen und sah mich spöttisch an. «Ich bin alt genug, um deine Mutter zu sein, und außerdem eine ehrbare Witwe. Warum sollte ich aus deiner Suche nach einem warmen Platz für den Winter keinen Nutzen ziehen und die Möglichkeit, an dir ein wenig Geld zu verdienen, irgendeiner Frau in Wells überlassen? Ganz bestimmt bin ich deines Geldes ebenso würdig wie sie. Wie du bereits weißt, gibt es draußen einen Abtritt und hier drinnen einen Vorhang, den wir vorziehen können, um den Anstand zu wahren. Sobald du wieder kräftig genug bist, kannst du deine Hausiererei genausogut auch in Bristol betreiben, und wahrscheinlich wird der Ertrag hier sogar besser sein. Wenn du allerdings entschlossen bist, deinen Abschied zu nehmen, kann ich dich nicht aufhalten und wünsche dir von Herzen eine gute Reise.»

Ihren Worten war nichts entgegenzusetzen, und mein Mut sank. Vor der Tatsache, daß ich ihr und Lillis mehr schuldete, als ich ihnen jemals würde zurückzahlen können, konnte ich nicht die Augen verschließen. Außerdem hatten Lillis' Worte meine Neugier geweckt. Fast konnte ich fühlen, wie meine Spürnase vor Erwartung zitterte – wie die eines Hundes, der einen vergrabenen Knochen gewittert hat. Meine Mutter hatte immer über meine unersättliche Neugier geklagt und mit mir geschimpft, weil ich meine Nase nicht aus den Angelegenheiten anderer Leute heraushalten konnte. Sie hatte mir prophezeit, daß es mir nichts Gutes einbringen würde.

«Also gut», lenkte ich kleinlaut ein, «wenn ihr mich hier aufnehmen wollt, bleibe ich bis zum Frühjahr bei euch. Aber ich möchte dann auch gleich für die letzten beiden Wochen bezahlen. Ich habe genug Geld, um mich ein paar Wochen über Wasser zu halten, obwohl ich meine Rücklagen natürlich auch dafür nutzen muß, meine Waren aufzustocken. Bei den vielen Frachtschiffen, die am Redcliffe-Kai anlegen, dürfte das allerdings keine Schwierigkeit sein. Unter der Bedingung, daß ihr meine Bezahlung annehmt, bleibe ich.»

Obwohl beide keinerlei Zeichen von Triumph erkennen lie-ßen, spürte ich deutlich ihre Erleichterung. Ihre Gesichter ent-spannten sich, und sie machten sich wieder an dem Gemüse zu schaffen.

«Morgen werde ich zu Nick Brimble gehen und ein Rollbett ausborgen», sagte Margaret und warf schwungvoll ein paar Handvoll Lauchstreifen und kleingewürfelte Rüben in den Eisentopf, in dem das Wasser allmählich zu kochen begann.

Ich nickte zustimmend, denn es blieb mir nun keine andere Möglichkeit mehr, als mich in das Unvermeidliche zu schicken. «Und diese Geschichte, die ihr mir vorhin erzählen wolltet?» fragte ich. «Lillis hat recht. Wenn ich hier mit euch zusammen-leben soll, ist es besser, wenn ich über alle eure Schwierigkeiten unterrichtet bin. Und wenn ihr es mir nicht erzählt, werde ich es früher oder später von anderen erfahren.»

«Siehst du, Mutter?» Lillis lächelte mich strahlend an. «Roger ist ganz meiner Meinung. Es ist nur recht und billig, wenn wir ihm erzählen, was geschehen ist.»

Margaret zögerte, nickte jedoch schließlich widerstrebend. «Aber zuerst wird gegessen. Nach dem Abendessen können wir uns gemütlich ums Feuer setzen, und niemand wird uns stören. Vom Fluß bläst ein schneidender Wind herauf und überzieht alles mit Eis. In einer solchen Nacht setzt niemand freiwillig einen Fuß vor die Tür.» Ich fragte mich, ob sie dabei an den geheimnisvollen Besucher dachte, der vor einigen Tagen an ihre Tür geklopft hatte, aber sie zeigte keinerlei Anzeichen von Beunruhigung. «Hier, das ist das restliche Gemüse. Der Eintopf wird bald fertig sein.»

Unsere Mahlzeit war verzehrt, und der Tisch war abgeräumt. Die verschlossenen Fensterläden schützten uns vor der un-freundlichen Nacht, und wir rückten nahe ans Feuer, dessen lo-dernde Flamme von den Torfstücken, die der Torfstecher in den

Feldern der Umgebung gestochen und am Morgen von Tür zu Tür feilgeboten hatte, abgedämpft wurde. Ich hatte dabei ein wenig überheblich gedacht, was den Stadtbewohnern alles abgenommen, von den Menschen auf dem Land jedoch noch selbst gemacht wurde. Margaret Walker hatte selbst in den Wintermonaten keine nennenswerten Vorräte im Haus, sondern ging Tag für Tag auf den Markt, um alles Nötige einzukaufen. Alles andere kaufte sie fahrenden Händlern ab, die an ihre Haustür kamen, und als ich fragte, was denn geschehe, wenn heftige Schneefälle oder Überschwemmungen die Händler daran hinderten, in die Stadt zu gelangen, sagte sie, im Schloß, in der Abtei oder in den wohlhabenden Häusern würde dann Trockenfisch oder Getreide ausgeteilt. Niemand brauchte zu verhungern, auch wenn bei schlechtem Wetter möglicherweise Schmalhans Küchenmeister war.

Lillis hatte meine Matratze so nah wie möglich ans Feuer gezogen und sich darauf wie ein kleines Kätzchen zusammengerollt. Margaret und ich saßen auf den beiden Hockern, stützten unsere Rücken gelegentlich an der Tischkante ab, beugten uns die meiste Zeit aber vornüber zum wärmenden Feuer. Draußen waren ab und zu noch ein Ruf, ein Hundebellen oder ein Befehl der weit entfernt patrouillierenden Wache zu hören, ansonsten war es dunkel und still. Gelegentlich drang ein eisiger Luftzug durch das rauchgeschwärzte Loch in der Decke, und ein paar Regentropfen spritzten herab. Wir aber rückten nur um so näher an das Feuer.

Während Margaret Walker noch nach den passenden Worten suchte, in die sie ihre Geschichte kleiden konnte, hatte ich Zeit, sie zu beobachten. Lillis sah ihrer Mutter ähnlicher, als mir dies auf den ersten Blick aufgefallen war, denn Margaret war ebenfalls schmal und dünn und hatte große, braune Augen, und die Haarlocken, die unter ihrer Haube herausschauten, waren so schwarz wie die ihrer Tochter. Doch der Eindruck der Reife kam nicht nur vom Alter. Margaret besaß viel gesunden Menschenverstand und strahlte eine Zuverlässigkeit aus, die Lillis meiner Überzeugung nach wohl nie erreichen würde. Daraus, daß sie stets ein wachsames Auge auf ihre Tochter hielt, schloß ich, daß Margaret den gleichen Eindruck hatte. Irgend etwas fehlte Lillis – ein Gefühl für Verantwortung vielleicht, ein Gefühl für Moral. Jedenfalls wirkte sie immer auf seltsame Weise weltentrückt.

«Mein Vater», sagte Margaret plötzlich, als hätte sie das Gefühl, daß sie, wenn sie jetzt nicht spräche, niemals damit beginnen würde, «ist zu Beginn des letzten Monats, drei oder vier Wochen vor Weihnachten, gestorben. Sein Name war William Woodward, und er war gelernter Weber.»

Die ganze Geschichte kam nur stückweise heraus. Lillis unterbrach ihre Mutter mehrmals, ich stellte Zwischenfragen, Ereignisse wurden ausgelassen, um später erzählt zu werden, andere wurden zu früh berichtet, so daß sie noch gar nicht verständlich waren, und so kam es immer wieder zu Umwegen und Abschweifungen. Ich will daher die Geschichte so wiedergeben, wie ich sie damals verstanden habe, nachdem Margaret zu Ende erzählt und ich genügend Zeit gehabt hatte, die einzelnen Teile zu einem Ganzen zusammenzufügen.

William Woodward wurde in den letzten Jahren der Regentschaft König Heinrichs IV. in die kleine, festgefügte Gemeinschaft der Weber von Redcliffe hineingeboren. Als Junge war er bei Master Jocelyn Weaver in die Lehre gegangen, dem Oberhaupt einer der wohlhabendsten Familien der Stadt. Sieben Jahre lang hatte William, wie es sich für einen Lehrling gehörte, im Haus der Weavers gelebt, und nach Ablauf dieser Frist war er zum Webergesellen aufgestiegen. Leider wurde sein Meisterstück, als er sich um die Aufnahme in die Webergilde bewarb, wegen unzureichender Qualität abgewiesen, so daß er keine eigene Weberei aufmachen konnte – ein Umstand, der ihn zutiefst verärgerte. Von Natur aus mißgünstig, hatte er den Fehler für sein Versagen anderen in die Schuhe geschoben, anstatt sich selbst und seine unzureichenden Handwerkskünste dafür verantwortlich zu machen.

Im Alter von etwa zweiundzwanzig Jahren – über sein genaues Alter war er sich nie ganz im klaren gewesen – heiratete er Jennifer Peto, eine junge Frau aus Cornwall, die erst wenige Jahre zuvor mit ihren Eltern nach Bristol gekommen war. Von den vier Kindern aus dieser Ehe überlebte nur Margaret, die einzige und älteste Tochter. Jennifer starb, als Margaret Mitte Zwanzig und Lillis etwa sechs Jahre alt war. Margaret, zu dieser Zeit selbst schon verwitwet und außerdem sehr pflichtbewußt, hatte ihren Vater zu sich genommen.

Mit neunzehn Jahren hatte sie den Weber Adam Walker geehelicht. Sie selbst beschrieb ihn als «den gütigsten und freundlichsten Mann, der je auf dieser Erde gewandelt ist». Zwei Jahre nach der Hochzeit wurde Lillis geboren, zwölf Monate darauf Colin, ihr einziger Sohn. Man brauchte keine hellseherischen Fähigkeiten, um zu ahnen, daß dieser Junge Margarets Augapfel gewesen war, und ich schaute verstohlen zu Lillis hinüber, um festzustellen, ob sie etwa auf ihren jüngeren Bruder eifersüchtig war. Aber ihr Gesicht blieb ungerührt. Falls sie je bemerkt hatte, daß ihre Mutter den längst verstorbenen kleinen Bruder vorgezogen hatte, schien sie deshalb keinen Groll zu hegen.

Colin Walker war kaum zwei Jahre alt gewesen, als seine Mutter ihn an einem heißen Sommernachmittag mit zu den Weberhütten nahm, um ihrem Mann eine Flasche Apfelwein zu bringen. Adam durfte zur Tür kommen, um mit seiner Frau zu sprechen, und während sich seine Eltern unterhielten, lief Colin auf die Straße, um den bunten Abfall anzuschauen, der auf dem offenen Abflußkanal schwamm. Genau in diesem Augenblick wurde ein Pferd, das einen Wagen mit Stoffballen zog, von ein paar Gassenkindern erschreckt, scheute und ging durch. Der Kutscher, der die letzten Stunden in einer Schenke verbracht hatte, war sturzbetrunken.

Adam Walker stand der Straße zugewandt und sah als erster,

welche Gefahr seinem kleinen Sohn drohte. In einem vergeblichen Versuch, den kleinen Colin zu retten, warf er sich zwischen das herangaloppierende Pferd und seinen Jungen. Beide starben, der Kleine gleich an Ort und Stelle, der Vater erst nach einigen Stunden Todeskampf. Margaret war untröstlich und trauerte so sehr um ihren Ehemann, daß sie sich nicht entschließen konnte, ein zweites Mal zu heiraten. Alfred Weaver, der mittlerweile das Geschäft seines Vaters Jocelyn übernommen hatte und dem auch das Pferd und der Wagen gehört hatten, erlaubte Margaret und ihrer Tochter Lillis, in der kleinen Hütte wohnen zu bleiben.

Und in diese Hütte zog im Sommer 1460 auch der frisch verwitwete William Woodward – zumindest schätzte ich, daß es im Sommer 1460 war, denn Margaret meinte, es sei zu der Zeit gewesen, als der Herzog von York, der Vater König Eduards – Gott segne ihn! – aus Irland zurückkehrte, um seinen Anspruch auf den Thron geltend zu machen, und später in der Schlacht von Wakefield getötet wurde. William war zu jener Zeit immer noch Webergeselle, hegte einen tiefen Groll gegen alle Welt und zeigte sich, wie ich vermutete, nicht gerade dankbar für das Pflichtbewußtsein und die Aufmerksamkeit, die ihm seine Tochter und seine Enkelin entgegenbrachten.

Er blieb gut neun Jahre lang bei Margaret und Lillis, und seine Tochter glaubte schon, bald ganz für ihn sorgen zu müssen, da er zu alt und schwach wurde, um den schweren Webstuhl und die Schiffchen zu bedienen, als eine Veränderung in seinem Leben William plötzlich neuen Aufschwung gab. Er gab das Weben auf und verließ Margarets fürsorglichen Schutz, um in ein Haus in der Bell Lane, ganz in der Nähe des St. John-Tores, zu ziehen. Das Haus gehörte Edward Herepath, für den William von nun an arbeitete. Edward Herepath war der größte Grundbesitzer der Stadt und hatte William eine Anstellung als Eintreiber seiner Pacht- und Mietzinsen angeboten, weil sein bisheriger Verwalter geheiratet hatte und weggezogen war.

Als Margaret Walker von diesen Ereignissen sprach, ließ ihre Stimme das gleiche Staunen erkennen, das sie auch damals empfunden haben muß. «Du mußt bedenken», sagte sie, «daß mein Vater damals kein junger Mann mehr war. Ja, ich gebe zu, er war groß und stark gebaut – Lillis und ich haben unseren zierlichen Körperbau von meiner Mutter –, aber sein Haar war schon grau, und er hatte bald sechzig Lenze auf dem Buckel. In diesem Alter legen die meisten Männer die Hände in den Schoß und beginnen, über den Tod nachzusinnen. Deshalb konnten auch nur wenige verstehen, daß er als betagter Mann plötzlich sein Gewerbe wechselte. Und noch unverständlicher war den meisten Edward Herepaths Entscheidung, meinen Vater anzuheuern, denn die beiden Männer hatten bis dahin kaum etwas miteinander gemein gehabt und, soweit ich weiß, vor ihrer Übereinkunft kaum ein Wort gewechselt.»

«Erzähl mir mehr über diesen Edward Herepath», forderte ich sie auf.

Margaret legte ein paar neue Scheite aufs Feuer und breitete frischen Torf darüber aus, um die Flammen zu zügeln. «Das hatte ich gerade vor», gab sie zurück. «Edward Herepath und sein Bruder Robert spielen in der ganzen Geschichte nämlich eine große Rolle. Ohne sie wäre es gar nicht soweit gekommen.»

Edward Herepath, inzwischen etwa fünfunddreißig Jahre alt, war der ältere der beiden Söhne des wohlhabenden Seifenfabrikanten Giles Herepath und seiner Frau Adela. Als Edward achtzehn Jahre alt war, starb seine Mutter bei der Geburt ihres zweiten Kindes, Robert. Der von der Trauer gebrochene Giles folgte seiner Frau zwei Jahre später ins Grab. Edward war nun für das Geschäft und die Erziehung des kleinen Robert ganz allein verantwortlich. Aber er hatte offenbar kein großes Interesse an der Seifenherstellung, verkaufte die Fabrik an Peter Avenel, einen Freund seines Vaters, und erwarb mit dem so gewonnenen Geld eine große Anzahl von Grundstücken innerhalb und außerhalb der Stadt. Deren Verpachtung bildete eine sichere Einnahmequelle.

Was seinen kleinen Bruder betraf, so kümmerte er sich nach allgemeiner Meinung mit beispielhafter Hingabe um ihn. Nichts, was den schmerzlichen Verlust der Eltern hätte wettmachen können, wurde Robert verweigert, jeder Wunsch des kleinen Bruders war Edward Befehl. Selbst als Edward längst geheiratet hatte, konnte keines seiner eigenen Kinder Robert den absoluten Vorrang streitig machen.

«Das Ergebnis kannst du dir wohl selbst ausmalen», sagte Margaret verächtlich. «Aus dem eigensinnigen, verwöhnten Kind wurde ein noch ungestümerer und unfolgsamerer Junge, eine ständige Quelle der Sorge für seinen Bruder und vor allem ein Spieler, der aus den Schulden gar nicht mehr herauskam.»

«Aber ein sehr gut aussehender Spieler», seufzte Lillis, und ihre Katzenaugen blitzten. «Einer der hübschesten jungen Männer in der Stadt.»

«Oh, das will ich gar nicht leugnen», stimmte ihre Mutter zu. «Und man muß ihm auch lassen, daß er sich nicht darum scherte, welchen Eindruck er auf Frauen machte. Bis Cicely Ford auf der Bildfläche erschien.»

«Cicely Ford?» fragte ich. Die Vielzahl neuer Namen machte die Geschichte sehr verwirrend.

«Ein bildhübsches Mädchen», sagte Margaret. «Und nicht nur äußerlich.» Lillis schnaubte empört, widersprach ihrer Mutter aber nicht, so daß sie nach einer Weile fortfuhr: «Ihr Vater, John Ford, war einer der reichsten Bürger der Stadt. Er handelte mit Seife, Wein, Tüchern und allen möglichen anderen Waren, ihm gehörten neun Schiffe, mehr als achthundert Menschen standen in seinem Dienst. Sein Handelszeichen, hieß es, war in ganz Europa bekannt, und eines seiner Schiffe, die *Cicely*, hat an der großen Fahrt teilgenommen, bei der die großen Inseln im Westen, von denen die Leute soviel sprechen, ausfindig gemacht werden sollten. Aber die Stürme haben die Schiffe nicht weit von der irischen Küste wieder zurückgetrieben.»

Einen Augenblick lang saß sie schweigend da, starrte ins Feuer und dachte wohl an das ferne Land weit draußen im Atlantischen Ozean, an die sagenumwobenen Ufer, von denen die Seeleute schworen, sie hätten sie mit eigenen Augen gesehen – oder hätten zumindest von den Mannschaften anderer Schiffe gehört, die dort beinahe an Land gegangen wären. (Heute wissen wir, daß es diese fernen, von rothäutigen Menschen bewohnten Länder tatsächlich gibt. Der Italiener Christoph Columbus und Bristols Helden John und Sebastian Cabot haben sie mit ihren Schiffen erreicht.)

In einem der Holzstücke hatte ein Harztropfen Feuer gefangen und versprühte einen kleinen Funkenschauer. Margaret Walker zuckte zusammen, dann lachte sie. «Ich bin wohl ins Träumen gekommen. Wo war ich stehengeblieben?»

«Du hast gerade ein Loblied auf Cicely Ford gesungen», erwiderte ihre Tochter trocken. «Auf die vollkommene, bildhübsche Cicely.»

«Und das war nicht übertrieben!» erklärte Margaret rundheraus. «Cicely ist eines der freundlichsten, liebenswürdigsten, schönsten und gottesfürchtigsten Mädchen, die unsere Erde je gesehen hat.» Ich hatte – zumindest damals – so meine Zweifel, daß jemand wirklich so vollkommen sein konnte, aber ich hielt meine Zunge im Zaum und ließ Margaret Walker mit ihrer Erzählung fortfahren.

John Ford war offenbar vier Jahre zuvor sehr plötzlich an einem Schlaganfall gestorben und hatte Cicely, sein einziges Kind, als Waise zurückgelassen, denn seine Frau war bereits einige Jahre zuvor in die Ewigkeit eingegangen. In seiner Jugend war John Ford eng mit Giles Herepath befreundet gewesen, und er hatte Edward, Giles' ältestem Sohn, stets große Bewunderung entgegengebracht. Trotz der nicht ganz so glücklichen Hand, die Edward bei der Erziehung seines jüngeren Bruders

Robert gezeigt hatte, befahl Meister Ford seine Tochter für die verbleibenden Jahre ihrer Unmündigkeit Edwards Fürsorge an. Wahrscheinlich hatte er dabei auch in Edwards Fähigkeit vertraut, Cicelys großes Vermögen ebenso geschickt zu verwalten wie sein eigenes.

«Außerdem war Meister Edwards Frau eine vernünftige, anständige Frau», sagte Margaret, «eine große Wohltäterin der Kirche und eine angemessene Erzieherin für ein Mädchen wie Cicely Ford.»

«Und sie kränkelte ständig», warf Lillis ein. Ihre hohe Stimme stach scharf wie eine Nadel in die kurze Stille.

Ihre Mutter sah sie mißbilligend an. «Willst du durch deinen Tonfall etwa andeuten, daß sie nur so tat, als wäre sie krank?» Margaret drehte sich zu mir um. «Viele haben so gedacht, als sie noch lebte, aber sie mußten einsehen, daß sie wohl vorschnell geurteilt hatten. Die arme Frau starb, ehe sie dreißig Jahre alt war – weniger als neun Monate, nachdem Cicely in das Haus der Herepaths in der Small Street gekommen war.»

4

Ein Hagelschauer prasselte gegen die Fensterläden, und durch das Loch in der Decke fielen Hagelkörner herein, ließen den glühenden Torf aufzischen und eine kleine Rauchsäule zur Decke steigen. Margaret legte frischen Torf aufs Feuer, während Lillis schauderte, sich aufsetzte und die Wolldecken fester um ihre Schultern zog. Es war kalt im Zimmer, und ich war froh über mein mit scharlachrotem Wolltuch gefüttertes Lederwams, das eine verarmte Witwe mir im Tausch gegen meine Waren angeboten hatte. Es hatte ihrem Mann gehört, und die dicke, mit Koschenille gefärbte Wolle wärmte mich nun so, wie sie früher ihn gewärmt hatte.

«Edward Herepath war also zum zweitenmal für einen jungen Menschen verantwortlich», sagte ich. «Diesmal für ein Mädchen, mit dem er nicht einmal verwandt war. Wie hat er diese Aufgabe bewältigt?»

«Er hat eine gute, ehrbare Frau aus der Stadt als Gesellschafterin für Cicely eingestellt und gehofft, das Mädchen würde auf seinen Bruder einen guten Einfluß nehmen.»

«Und hat sich seine Hoffnung erfüllt?»

Margaret schüttelte den Kopf. «Leider ganz und gar nicht. Robert gab sich auch weiterhin seinem verwerflichen Lebenswandel hin. Aber...» Sie hielt einen Moment lang inne, wohl um ihren Worten noch mehr Bedeutung zu verleihen. «Er hat sich in sie verliebt. Und sie sich in ihn.»

«Und trotzdem konnte sie auf ihn keinen guten Einfluß nehmen?»

«Nein. Er hat weiter getrunken und gespielt und seine Tage vertrödelt. Trotz allem hatte sie nur Augen für ihn. Egal, was er auch anstellte, sie hielt immer zu ihm. Ich bin sicher, zahllose Menschen haben versucht, ihr diese Verbindung auszureden, zumal es so viele andere junge Männer gab, die sich um sie bemühten. Jeder weiß, daß Robin Avenel, dessen Vater Herepaths Seifenmanufaktur gekauft hat, bis über beide Ohren in sie verliebt ist, und das schon seit langem. Natürlich hat Cicely versucht, Robert zu beeinflussen, doch ihre sanften Ermahnungen stießen bei ihm auf taube Ohren, und so sehr er sie auch liebte – oder vorgab, sie zu lieben –, in dieser Hinsicht machte er keinerlei Anstrengung, sie zufriedenzustellen.»

«Woher weißt du das alles?» fragte ich neugierig.

Margaret zuckte mit den Schultern. «Wie erfährt man so etwas? Es spricht sich herum, auf dem Marktplatz, in den Läden erfährt man viele Neuigkeiten. Dame Freda, Cicelys Gesellschafterin, erzählte es ihren Freunden, die es wiederum an ihre Freunde weitergaben und dabei von ihrer Dienerschaft belauscht wurden.» Sie lächelte. «Wenn du glaubst, ich wüßte all dies von meinem Vater, dann irrst du dich sehr. Der einzige Mensch, von dem ich direkte Einblicke in das Leben der Herepaths hätte erwarten können, war in ganz Bristol auch der einzige, der sich nicht die Bohne für dieses Thema interessierte. Aber mein Vater nahm sowieso wenig Anteil am täglichen Leben seiner Mitmenschen. Sein Interesse galt ausschließlich dem Zustand ihrer Seelen.»

«Er war ein frommer Mann?»

Margarets Lippen wurden so dünn, daß sie kaum noch zu erkennen waren. «O ja», antwortete sie kurz.

«Als mein Vater und mein kleiner Bruder ums Leben gekommen sind, wurde Mutters Glaube auf eine harte Probe gestellt», erklärte Lillis.

Margaret schaute sich um, als hätte sie Angst, es könnte uns jemand hören. «Hüte deine Zunge, Mädchen! Oder willst du, daß ich der Gotteslästerung bezichtigt werde?» Sie wandte sich wieder an mich. «Nicht daß sie völlig unrecht hätte. Seit Adams und Colins Tod fällt es mir nicht leicht, an einen gerechten, gütigen Gott zu glauben. Ich habe es unserem Gemeindepfarrer gebeichtet, und er versichert mir immer wieder, daß der Glaube zurückkehrt, wenn ich nur darum bete. Wenn ich ihm vor Augen halte, daß seit dem verhängnisvollen Unfall nun schon fast siebzehn Jahre vergangen sind, antwortet er mir, entweder hätte ich nicht genug gebetet, oder ich hätte meine abtrünnigen Gedanken nicht tief genug bereut. So oder so, es ist auf jeden Fall meine und nicht Gottes Schuld, und damit hat er natürlich recht.»

«Nein, das hat er nicht», sagte Lillis aufgebracht, und ihre Katzenaugen glänzten im Schein des Feuers. «Ein Gott der Liebe würde nicht zulassen, daß so etwas geschieht.»

«Still, du dummes Kind!» rief Margaret verzweifelt aus. «Willst du etwa noch mehr Ungemach über diesem Haus heraufbeschwören? Vor Roger solltest du so etwas nicht sagen.»

Lillis lächelte geheimnisvoll. «Ich vertraue ihm», sagte sie mit ruhiger Stimme. «Auch er hat manchmal so seine Zweifel.»

Bestürzt sah ich sie an. Woher um Himmels willen wußte sie davon? Zwischen uns war nie ein Wort darüber gefallen. War sie eine Hexe? Besaß sie übernatürliche Kräfte und konnte in die tiefsten Winkel meines Herzens schauen? Oder hatte sie nur die seltene Fähigkeit, aus scheinbar nebensächlichen Bemerkungen, Gesten und Taten ihrer Mitmenschen die richtigen Schlüsse zu ziehen? Ich wurde aus Lillis einfach nicht schlau.

Schnell sagte ich: «Ihr könnt euch darauf verlassen, daß ich euer Geheimnis bewahren werde.» Ich vermied es, in Lillis' Richtung zu schauen, und sagte zu Margaret: «Du hast gerade von Robert Herepath und Cicely Ford gesprochen.»

Erleichtert darüber, daß sich die Unterhaltung unverfänglicheren Dingen zuwandte, nahm Margaret ihren Faden wieder auf. «Ja, das stimmt. Aber eigentlich ist dem, was ich bereits über die beiden gesagt habe, wenig hinzuzufügen.» Sie rückte noch ein Stück nach vorn und streckte die Hände aus, um sie am Feuer zu wärmen. «Deshalb kommen wir jetzt zum Kern der Geschichte: zu den seltsamen Begebenheiten, die letztes Jahr zu Mariä Verkündigung ihren Anfang nahmen und erst mit dem Tod meines Vaters kurz vor Weihnachten zu Ende gegangen sind. Obwohl es wohl eher ein frommer Wunsch ist, daß die Geschichte wirklich ein Ende fand, denn ehe nicht das ganze Rätsel gelöst ist, wird es nie ein Ende geben, weder für mich und Lillis noch für Edward Herepath und Cicely Ford. – Lillis, im Krug auf dem Tisch ist noch etwas Ale. Gieß Roger einen Becher davon ein, während ich die Geschichte weitererzähle.»

Lillis tat, wie ihre Mutter sie geheißen hatte, dann kehrte sie zu ihrem Platz auf der Matratze zurück. Wie ein Tier, das in seinen Bau kriecht, vergrub sie sich unter den Decken. Ihre Augen funkelten mich aus dieser Höhle von rauher Wolle geheimnisvoll an. Rasch schaute ich zur Seite und wandte meine gesamte Aufmerksamkeit wieder Margaret Walker zu.

«Es begann zu Mariä Verkündigung, im letzten März», sagte sie. «Mein Vater sammelte alle für das vergangene Vierteljahr ausstehenden Pacht- und Mietzinsen für Edward Herepath ein.»

Edward Herepath hatte für diesen Tag eine Reise nach Gloucester geplant, um sich ein Pferd anzusehen, das er vielleicht von dem Bekannten eines Freundes kaufen wollte. Wegen der langen Reise hatte er sich entschlossen, zwei Nächte in Gloucester zu bleiben. Er wollte am Donnerstag nach Gloucester reiten, sich am Freitag das Pferd ansehen und am Samstag in aller Ruhe wieder nach Bristol zurückkehren. Deshalb hatte er William Woodward beauftragt, die Gelder nicht wie sonst gleich in der Small Street abzuliefern, sondern in seinem Haus in der Bell Lane zu verwahren.

«Seinen Dienern mochte er noch vertrauen», sagte Margaret Walker, «aber seinem eigenen Bruder traute er nicht. Robert war immer in Geldnot, und jedermann wußte, daß er bei seinen

Kumpanen im White Hart in der Broad Street, mit denen er fast jeden Abend würfelte, tief in der Kreide stand.»

Margaret jedoch hatte von dieser Verabredung nichts gewußt, als sie am Samstag morgen losgegangen war, um ihren Vater in der Bell Lane zu besuchen. Sie hatte ihn am Freitag nicht gesehen, aber es war schon öfter vorgekommen, daß sie mehrere Tage lang nicht wußte, wo er gerade war.

«Wir hatten wenig gemeinsam», sagte sie mit leiser Stimme, «und seitdem er das schützende Dach dieses Hauses verlassen hatte, verbrachten wir nicht mehr viel Zeit miteinander. Aber ich kannte meine Pflichten als Tochter, besuchte ihn regelmäßig und schaute nach, daß er genug zu essen hatte und es auch sonst um sein Wohlbefinden gut bestellt war.»

An diesem Samstagmorgen, am Morgen des 27. März, machte sie jedoch eine grausige Entdeckung.

«Ich klopfte an die Haustür, aber niemand machte mir auf. Es war am hellen Vormittag, und mein Vater war um diese Zeit sonst immer längst auf den Beinen, deshalb hatte ich keine Bedenken, den Riegel selbst zur Seite zu schieben und einfach einzutreten. Von meinem Vater war nichts zu sehen. Als erstes fiel mein Blick auf einen kleinen Wandschrank, den er sonst immer fest verschlossen hielt, weil er darin seine wenigen Schätze aufbewahrte. Der Schrank stand offen. Jemand hatte das Schloß gewaltsam aufgebrochen. Aber das Messer mit dem versilberten Griff, das ihm seine Mutter hinterlassen hatte und das in der Familie von Generation zu Generation weitervererbt worden war, eine emaillierte Gürtelschnalle und ein Brautlöffel aus Cornwall, der einst meiner Mutter gehört hatte, waren noch da. Einen Moment lang dachte ich, er hätte den Schrankschlüssel verloren und das Schloß selbst aufgebrochen.»

Doch Margaret hatte bald Anlaß, ihre Meinung zu ändern. Als sie sich ängstlich umsah, bemerkte sie voller Schrecken auf den ausgestreuten Binsen und auf dem Bett ihres Vaters dunkelrote Flecken, die an getrocknetes Blut erinnerten. Außerdem war das Bett nicht gemacht, was für William Woodward, der es, wie Margaret mir versicherte, mit allen häuslichen Dingen sehr genau nahm und jede Nachlässigkeit aus tiefstem Herzen verabscheute, ein ungewöhnliches Versäumnis war. Nachdem sie im ganzen Haus und sogar draußen auf dem Abtritt vergeblich nach ihrem Vater gesucht hatte, war sie davon überzeugt, daß irgend etwas nicht stimmte. Sie fragte bei den Nachbarn an und fand heraus, daß ihn seit dem Dienstagnachmittag, als er in der Nähe der Allerheiligenkirche etwas Fleisch für sein Abendessen gekauft hatte, niemand mehr gesehen hatte. Ein ganzer Tag und zwei Nächte waren vergangen, ohne daß jemand über Williams Verbleib Auskunft geben konnte.

«Um es kurz zu machen: Ich rief die Wache, und die wiederum setzte den Sheriff über das rätselhafte Verschwinden meines Vaters in Kenntnis», fuhr Margaret Walker fort. «Zwei seiner Leute begannen sofort mit der Untersuchung, konnten aber bis zu Master Herepaths Rückkehr aus Gloucester am gleichen Nachmittag auch kein Licht in die Sache bringen.»

Edward hatte nicht lange gefackelt und sofort mit der Suche nach William Woodward und seinem Geld begonnen. Jetzt wurde auch klar, was die aufgebrochene Schranktür zu bedeuten hatte, doch außer Edward wußte niemand darüber Bescheid, daß William dort die eingesammelten Gelder aufbewahrte. Schließlich mußte Edward zähneknirschend eingestehen, daß er seinem Bruder davon erzählt hatte.

Margaret wandte sich vom Feuer ab, als wäre es ihr plötzlich zu warm geworden; gleichzeitig schlang sie beide Arme um den Oberkörper, als würde sie frieren.

«Die beiden Lederbeutel, in denen sich das Geld befunden hatte, und ein paar restliche Münzen, die übriggeblieben waren, nachdem er seine gröbsten Schulden bezahlt hatte, fand man in Robert Herepaths Zimmer in der Small Street», sagte Margaret leise. «Robert gab freimütig zu, das Geld an sich genommen zu haben. Er hatte wohl auf die Nachsicht seines Bruders vertraut und gehofft, er würde keine Anklage gegen ihn erheben. Aber er stritt hartnäckig ab, irgend etwas über meinen Vater zu wissen. Er sagte, er sei nach dem Abendläuten in die Bell Lane gegangen, um bei meinem Vater zu klopfen und ihm zu erzählen, daß sein Bruder Edward im letzten Moment noch seine Meinung geändert und ihn gebeten habe, das Geld bis zu seiner Rückkehr in der Small Street aufzubewahren. Auf sein Klopfen habe ihm jedoch niemand geöffnet. Genau wie ich habe er die Haustür unverschlossen vorgefunden und sei deshalb unbemerkt hineingeschlüpft.»

Als Robert Herepath merkte, daß das Haus leer und William Woodward offenbar nicht zu Hause war, zog er kurz entschlossen seinen Dolch aus dem Gürtel und stemmte die Tür des Wandschranks auf. Durch frühere Besuche im Haus wußte er, daß dies der wahrscheinlichste Aufbewahrungsort für das Geld war. Er wurde nicht enttäuscht und machte sich, nachdem er das Geld an sich genommen hatte, so schnell wie möglich davon. Da er im Dunkeln gekommen war, hatte er nichts weiter gesehen. Er bestritt, im Haus irgendwelche Spuren von Gewalt bemerkt zu haben. Bei dieser Aussage sei Robert Herepath bis zum Ende geblieben, sagte Margaret.

Dieses Ende kam drei Monate später, an einem heißen Junitag. Robert Herepath starb durch den Strick des Henkers.

«Robert Herepath wurde für den Mord an deinem Vater gehängt?» fragte ich erstaunt. «Aber du hast doch mehr als einmal erwähnt, daß er erst vor gar nicht allzu langer Zeit hier in diesem Haus gestorben ist.»

Margaret nickte, den Blick fest auf das Feuer gerichtet. «Ja, und das ist die Wahrheit. Zwei Monate, nachdem Robert gehängt worden war, genau zu Mariä Himmelfahrt, überschritt mein Vater zu Fuß die Stadtgrenze Bristols. Er lebte, auch wenn er nicht mehr der alte war.»

Von dem Moment an, als Robert zugab, das Geld gestohlen zu haben, hat man ihn auch des Mordes an William Woodward verdächtigt. An der Außenseite des einen Lederbeutels und an der linken Seite von Robert Herepaths Lederwams, an die er vermutlich den Lederbeutel gedrückt hatte, fand man getrocknetes Blut. Einige Tage später angelten Jungen, die für das Mittagessen ihrer Familien ein paar Fische fangen wollten, Williams blutbefleckten Hut aus dem Frome. Man vermutete, daß seine Leiche direkt an der Stadtseite des Frome-Tors in den Fluß geworfen worden war.

Margaret Walker hob die Hand an die Stirn und schloß die Augen, als wollte sie die Geschehnisse, die nun folgten, mit aller Macht von sich fernhalten. Schließlich ließ sie die Hand wieder sinken und fuhr fort: «Ein merkwürdiger Wahn hat plötzlich die ganze Stadt ergriffen. Robert Herepath hatte sich viele Feinde geschaffen, denn er war stets hochmütig und verschwenderisch gewesen. Alle, die er vorsätzlich beleidigt oder durch seine Gedankenlosigkeit vor den Kopf gestoßen hatte; alle, bei denen er seine Schulden nie bezahlt hatte; und alle, die Cicely Ford den Hof gemacht und einen Korb bekommen hatten – sie alle sahen plötzlich die Gelegenheit, an ihm Rache zu nehmen. Ich will nicht behaupten, daß diese Menschen wissentlich gelogen haben. Sie redeten sich selbst ein, Dinge gesehen oder gehört zu haben, von denen wir inzwischen wissen, daß sie sich so niemals zugetragen haben. Bei der Gerichtsverhandlung gab es Zeugen, die schworen, sie hätten in der Nacht, in der mein Vater verschwand, Schreie aus dem Haus vernommen. Ein Zeuge erklärte, er habe in den frühen Morgenstunden aus dem Fenster gesehen und eine Gestalt erblickt, die ein großes Bündel zum Ufer des Frome schleppte. Selbst Cicely Ford wandte sich von Robert ab und weigerte sich, ihn im Gefängnis zu besuchen.» Margaret schauderte. «Es war, als hätte das Böse über uns alle Macht gewonnen und alles daran gesetzt, Robert Herepaths Untergang herbeizuführen. Natürlich wurde die Leiche meines Vaters nie gefunden. Dennoch befand das Gericht Robert Herepath für schuldig. Seinen Unschuldsbeteuerungen schenkte niemand Gehör.»

Ich spürte, daß Margaret innerlich sehr erregt war, und beugte mich zu ihr, um sanft ihren Arm zu drücken. «Damals wußtest du noch nicht, was du jetzt weißt», sagte ich. «Alle Beweise sprachen dafür, daß Robert Herepath deinen Vater ermordet hat. Wäre die Leiche deines Vaters tatsächlich in den Fluß geworden worden, und darauf deuteten ja alle Anzeichen hin, wäre sie in den Avon und mit der Flut ins Meer hinausgetragen worden. Außerdem hatte Robert zugegeben, das Geld gestohlen zu haben. Es gab Zeugen, die sich einredeten, Dinge gesehen und gehört haben, von denen du jetzt weißt, daß sie sich so nicht zugetragen haben können. Aber das Gericht wußte das damals nicht.» Nach einer Pause fragte ich: «Was geschah, nachdem dein Vater zurückgekommen war?»

Margaret biß sich auf die Lippen. «Ich saß gerade am Spinnrad. Es war Mariä Himmelfahrt, ein herrlich warmer Nachmittag im August. Ich war allein zu Haus, Lillis war fortgegangen, um Wolle vom Färber zu holen, und ich weiß noch, daß ich ein Liedchen trällerte. Ganz allmählich erholte ich mich von dem Schrecken, den mir der gewaltsame Tod meines Vaters und Robert Herepaths Verurteilung versetzt hatten. Das Leben schien gerade wieder ein wenig ins Lot zu kommen. Da es sehr heiß war, stand die Tür offen, und ich entsinne mich noch an den Lärm der Kinder, die auf der Straße spielten; ein halbes Dutzend Jungen versuchten, eine aufgeblasene Schweinsblase zwischen zwei Pfosten durchzuschießen.» Margaret holte tief Luft. «Ich hatte den Blick auf mein Spinnrad gerichtet und zupfte gerade ein paar verfilzte Wollklumpen von der Spindel, als plötzlich ein Schatten über die Türschwelle fiel.»

Zuerst hatte sich Margaret nichts weiter dabei gedacht; im Laufe des Tages schauten viele Leute bei ihr vorbei. Sie sah lächelnd auf, um den Besucher zu begrüßen. Aber das Lächeln wich ungläubigem Staunen und bald darauf blankem Entsetzen. In der offenen Tür stand ihr Vater. William Woodward, für dessen Ermordung man einen anderen Mann verurteilt und hingerichtet hatte, war noch am Leben.

Wenn auch vielleicht mehr tot als lebendig. Nach Margarets Schilderungen war ihr Vater nur noch ein Schatten seiner selbst, ein gebrochener Mann, dessen Erinnerungsvermögen ihm ständig Streiche spielte – offenbar die Folge mehrerer starker Schläge auf den Kopf, deren inzwischen verheilte Narben noch deutlich auf der Stirn und auf der Kopfhaut unter dem schütteren Haar zu sehen waren. Er wurde nie wieder richtig gesund und wollte keinen Fuß mehr vor die Tür setzen. Den größten Teil der ihm noch verbleibenden kurzen Lebenszeit verbrachte er zusammengekauert vor dem Feuer, weil er unabhängig vom Wetter ständig fror.

«Aber was hat er gesagt?» fragte ich aufgeregt. «Wo war er in all den Monaten zwischen März und August geblieben? Konnte er dir darüber nichts sagen?»

Margaret zuckte verzweifelt mit den Schultern. «Alles was ich und die Leute des Sheriffs nach vielen, vielen Stunden eindringlichen Fragens aus ihm herausbekommen konnten, war, daß er von Sklavenhändlern gefangengenommen und nach Irland verschleppt worden war. Etwas anderes konnten wir nicht aus ihm herausbringen.»

«Aber hätte das nicht auch wahr sein können?» Ich wußte, daß der Sklavenhandel zwischen Bristol und Dublin seit vielen Jahrzehnten verboten war, aber heimlich noch immer florierte. Wie jeder andere Handel mit Schmuggelware blühte er im Dunkeln und versprach hohe Gewinne.

Margaret hob den Kopf und schaute mir direkt ins Gesicht. Unter ihren Augen lagen dunkle Ringe. «Er war ein alter Mann», sagte sie, «um die sechzig Jahre. Welcher Sklavenhändler würde sich wohl mit so einem Greis abmühen, der dazu noch aus einer angesehenen Familie stammte und bei einem Herrn in

Diensten stand, der bei seinem Verschwinden mit Sicherheit ein lautes Geschrei anstimmen und sofort umfangreiche Nachforschungen einleiten würde? Es gibt doch so viele kräftige junge Leute, die entweder kein Zuhause haben oder von ihren Eltern bereitwillig in die Sklaverei verkauft werden. Junge Männer bringen den Sklavenhändlern viel Geld ein. Bei einem alten Mann wie meinem Vater hätten sich nicht einmal die Kosten für die Überfahrt nach Irland ausgezahlt.»

5

Eine tiefe Stille legte sich über das Zimmer, und der Ruf der Wache in einer nahen Straße klang plötzlich so laut, als stünde sie direkt neben uns. Margaret und ich schreckten hoch, nur Lillis rührte sich nicht.

Dennoch brach sie als erste das Schweigen, indem sie an die letzte Bemerkung ihrer Mutter anknüpfte. «Das denken alle. Auch die Leute des Sheriffs und der Sheriff selbst.»

Margaret schauderte. «Ja, Lillis hat recht. Keiner glaubte meinem Vater, und obgleich einige verständig genug waren, um zu erkennen, daß er für seine Worte nicht verantwortlich gemacht werden konnte – sein Geist war völlig benebelt und verwirrt –, gaben sich andere der Vermutung hin, er hätte bloß die Spuren seiner eigenen Untaten verwischen wollen.» Margaret preßte die Hand an die Stirn. «Und wer will es den armen Seelen verdenken, daß sie ihre eigene Schuld auf meinen Vater abwälzen wollten? Auf einmal erinnerten sie sich nur noch äußerst ungern daran, welche verheerenden Folgen ihre Worte für Robert Herepath hatten, auch wenn sie nicht selbst vor Gericht ausgesagt hatten. Ist es da ein Wunder, daß sie jemanden brauchten, dem sie die ganze Schuld in die Schuhe schieben konnten?»

«Und als er dann gestorben ist», war wieder Lillis' Stimme zu hören, «fingen sie an, auch uns komisch anzusehen und hinter uns herzutuscheln. Sie taten so, als hätten wir ihnen nicht alles gesagt, was wir wußten.»

«Ist das wahr?» fragte ich Margaret.

Sie nickte. «Natürlich haben wir auch Freunde, wahre

Freunde wie Nick Brimble, die uns beistehen und aufpassen, daß uns kein Leid geschieht. Aber es gibt auch Leute, die uns nicht einmal mehr guten Tag sagen, und Ladenbesitzer, die sich weigern, uns zu bedienen.»

Ich schnaubte empört. «Und was ist mit Edward Herepath und Cicely Ford? Wie behandeln die euch?»

«In der Hinsicht können wir uns eigentlich nicht beklagen», räumte Margaret ein. «Sicherlich empfinden sie Bitterkeit und großen Zorn, aber sie lassen ihre Gefühle nicht an uns aus, auch wenn Edward Herepath sich nie überwinden konnte, meinen kranken Vater zu besuchen. Cicely Ford dagegen ist mehrmals gekommen, und als sie sah, wie schlecht es um ihn stand, hat sie ihm aus der Küche ihres Hauses der Small Street sogar etwas zu essen mitgebracht. Sie macht sich große Vorwürfe, weil sie Robert nicht geglaubt hat. In letzter Zeit ist sie so dünn, blaß und schweigsam geworden, daß es mir schier das Herz bricht, wenn ich sie sehe.»

Lillis murmelte etwas, das ich nicht verstehen konnte, wahrscheinlich aber auch nicht verstehen wollte. Sie zeigte wenig Mitgefühl mit den Sorgen anderer Menschen, machte jedoch auch um die eigene Person wenig Aufhebens. Sie gehörte nicht zu den Mädchen, die sich dem Selbstmitleid hingeben, und reagierte unwirsch, wenn ich mit ihr und ihrer Mutter Mitleid zeigte. Dennoch spürte ich, daß die beiden dringend einen guten Freund gebrauchen konnten.

«Ich sehe, daß ihr in einer schwierigen Lage seid», sagte ich. «Die Menschen tun sich schwer damit, die Verantwortung für eine Tragödie zu übernehmen. Lieber suchen sie nach einem Sündenbock. Aber habt ihr selbst eine Erklärung für William Woodwards plötzliches Verschwinden? Etwas, was auch die Blutspuren in der Bell Lane begründen könnte? Seine Geschichte scheint immer noch die einzige zu sein, die alle Geschehnisse zu erklären vermag.»

Ich schaute nicht in Lillis Richtung, hörte aber, wie sie Luft holte, als wollte sie etwas sagen. Doch Margaret ließ es nicht dazu kommen. «Nein, wir haben nicht die geringste Idee», sagte sie rasch – und vielleicht ein wenig zu heftig? «Ich selbst bin mir allerdings sicher, daß man ihn nicht nach Irland gebracht hat, und zwar aus den Gründen, die ich dir bereits genannt habe. Und Ratsherr Weaver, der in Dublin und Waterford viele Leute kennt, hat sich für mich überall erkundigt. Niemand dort erinnert sich daran, meinen Vater je gesehen zu haben.»

«Ratsherr Weaver?» fragte ich erstaunt. «Der aus der Broad Street?» Aber natürlich hatte sie schon vorher in Verbindung mit ihrem Vater von einem Alfred Weaver gesprochen. Ich hätte sofort begreifen müssen, wen sie damit meinte. Schließlich gehörten ihm viele der Weberhütten auf dieser Seite des Avon. Als sie verwundert nickte, erklärte ich: «Ich kenne den Ratsherrn. Vor zwei Jahren, als sein Sohn auf rätselhafte Weise plötzlich verschwunden ist, hatte ich die Ehre, ihm einen wichtigen Dienst zu erweisen. Ich erzähle euch ein andermal davon, denn die Geschichte ist zu lang, um sie jetzt hier auszubreiten.★ Es mag genügen, wenn ich sage, daß ich mit seinem Segen möglicherweise weitere Erkundigungen für euch einholen kann – natürlich nur, falls ihr das möchtet.»

Einen Augenblick lang schienen die beiden Frauen geneigt, nachzuhaken und meine Beziehung zum Ratsherrn genauer zu erforschen, doch zum Glück waren ihnen ihre eigenen Sorgen näher, und sie ließen bald von ihren halbherzigen Fragen ab.

«Wenn du tatsächlich etwas herausfinden könntest, wäre das für uns natürlich eine große Erleichterung», sagte Margaret. «Vielleicht könnten wir dann zumindest beweisen, daß Lillis und ich keine Ahnung hatten, wer meinen Vater in jener Nacht aus dem Bett geholt und so grausam verwundet hat.» Aber in ihrer Stimme schwangen Zweifel mit – als wüßte sie, daß die Wahrheit nicht immer nur angenehm ist.

★ Rogers erstes Abenteuer wird in dem Roman «Die letzte Rast» erzählt.

Lillis schien solche Bedenken nicht zu hegen. «Wir müssen alles erfahren, was Roger herausfinden kann, Mutter, auch wenn es Großvaters gutem Namen vielleicht schadet. Er muß versuchen, alles herauszubekommen.»

Margaret erhob sich und legte noch zwei Torfstücke aufs Feuer, damit es die Nacht über glomm, ohne daß Funken entweichen und die Hütte in Brand setzen konnten.

«Roger weiß bereits alles, was wir beide ihm berichten können», erwiderte sie sanft. In ihrem Tonfall glaubte ich dennoch eine gewisse Warnung zu erkennen. «Wenn uns noch irgend etwas einfällt, haben wir genügend Zeit, unsere Geschichte zu ergänzen. Im Augenblick sind wir alle drei ziemlich müde und brauchen unseren Schlaf. – Lillis, steh auf, leg die Decken zusammen und schieb die Matratze zur Wand.» Die Tochter folgte ihren Anweisungen, und Margaret zog das verblichene rotgrüne Tuch vor, lächelte mir zu und verschwand mit Lillis hinter dem Vorhang. «Schlaf gut», rief sie noch, ehe sie sich schlafen legte.

Ich zog mich bis aufs Hemd aus und schlüpfte unter die Decken, den Kopf auf das weiche, mit Federn gefüllte Kissen gebettet. Ich war von meiner Krankheit noch immer geschwächt, und alle Glieder taten mir weh. Trotzdem wollte der Schlaf nicht kommen. Ich wälzte mich unruhig hin und her und ging in Gedanken immer wieder die merkwürdigen Geschehnisse um William Woodwards Verschwinden durch. Daß er mit Gewalt aus seinem Haus entführt worden war, schien offensichtlich, denn warum sonst hätte man dort Blutspuren gefunden? Außerdem hatte Margaret von Narben gesprochen, die von Verwundungen am Kopf herrührten. Auch daß man seinen Hut im Fluß gefunden hatte, deutete darauf hin, daß man ihn tatsächlich auf einem Sklavenschiff nach Irland verschleppt hatte. Und in dem Fall machten auch die Aussagen der Zeugen Sinn, die in Williams Haus Schreie gehört oder dunkle Gestalten am St. John-Tor gesehen hatten.

An dieser Version der Geschichte hatten jedoch zu viele Menschen Zweifel geäußert, als daß ich sie für die wahrscheinlichste Erklärung halten konnte. Und ehe ich nicht mit dem Ratsherrn gesprochen hatte, mußte ich mich ohnehin jedes Urteils enthalten. Ich nahm mir vor, ihn gleich am nächsten Morgen aufzusuchen, und vertraute darauf, daß es mir aufgrund unserer früheren Bekanntschaft ohne Schwierigkeiten gelingen würde, zu ihm vorgelassen zu werden.

Doch welche andere Erklärung könnte es für Williams angebliche Ermordung und wundersame Auferstehung geben? Und warum hatte ich das seltsame Gefühl, daß Margaret Walker mir irgend etwas verschwieg? Diese und andere ungelöste Fragen im Kopf, fiel ich schließlich in einen unruhigen Schlaf. Als ich am nächsten Morgen aufwachte, fühlte ich mich noch immer wie zerschlagen. Ich wußte, eigentlich hätte ich mir noch ein paar Tage Ruhe gönnen sollen, ehe ich wieder größere Kraftanstrengungen unternahm, doch ich vertraute auf meine natürliche Widerstandskraft und meine robuste Gesundheit und wollte mich unverzüglich daran machen, weitere Erkundigungen einzuziehen. Denn obgleich ich mich bereit erklärt hatte, den Winter über bei den Walkers zu bleiben, war ich doch bestrebt, meine Schuld so rasch wie möglich abzutragen und auf diese Weise meine Freiheit wiederzuerlangen. Nicht daß ich die beiden nicht gemocht hätte. Im Gegenteil, ich empfand freundschaftliche Zuneigung zu Margaret Walker, die mich in gewisser Weise an meine Mutter erinnerte. Nur in Lillis' Gegenwart war mir unbehaglich zumute. Das zu allem entschlossene, raubkatzenhafte Funkeln, das in ihren Augen aufblitzte, sobald sie in meine Richtung sah, sagte mir, daß sie mich als ihre Beute betrachtete und über eine Möglichkeit nachsann, mich in eine Falle zu locken. Auch wenn sie viel jünger aussah, war sie zwanzig Jahre alt und reif für einen Ehemann.

Noch ehe sich die beiden Frauen regten, stand ich auf, zog mein Beinkleid an, öffnete die Tür und ging durch die schmale Gasse am Haus entlang in den hinteren Hof. Nach dem Gang auf den Abtritt holte ich Wasser aus dem Brunnen, der alle umliegenden Häuser mit frischem Wasser versorgte, und wusch mir den Kopf. Ein wohldosierter Einsatz des Blasebalgs erweckte das glimmende Feuer wieder zu neuem Leben. Ich schob den Torf beiseite, um mein Rasierwasser heiß zu machen. In der Hoffnung, daß ihr schwaches Licht die beiden Frauen nicht stören würde, hatte ich zwei kleine Binsenlichter angezündet. Doch gerade als ich die Hand zufrieden über mein glattes Kinn gleiten ließ, schlüpfte Lillis hinter dem Vorhang hervor.

Sie trug nichts weiter als ihr langes, dünnes Leinenhemd und hob, als ich mich zu ihr umschaute, die Arme, um sich zu strecken. Sie lächelte hinterlistig.

«Ohne Bart siehst du noch hübscher aus», sagte sie. «Das heißt, falls das überhaupt möglich ist.»

Ich gab keine Antwort. Was hätte ich auch sagen sollen? Ich war kein eitler Junge mehr, aber falsche Bescheidenheit war auch nicht meine Sache. Ich wußte, daß die Frauen an mir Gefallen fanden, und hatte mich oft darüber gewundert, daß die Natur es mit mir so gut gemeint hatte, denn mein Vater war, soweit ich mich an ihn erinnern kann, klein und dunkelhäutig und hatte ein wettergegerbtes Gesicht. Meine Mutter hatte immer behauptet, daß ich nach meinem Großvater kam. «Ein wahrer Sachse», pflegte sie schwärmerisch von ihm zu sagen. Sie selbst war hellhäutig, ihr Haar so honigfarben wie meines, doch auch sie hatte nicht meine tiefblauen Augen.

«Ich hole noch etwas Wasser fürs Frühstück», bot ich rasch an, griff nach der Kanne und war schon auf dem Weg hinaus, als Lillis sich behende zwischen mich und die Tür schob.

«Hast du Angst vor mir?» fragte sie, ein herausforderndes Lächeln auf den Lippen.

«Warum sollte ich?» entgegnete ich und betete innerlich, daß

Margaret zu meiner Rettung erscheinen würde, denn ich ahnte, wenn sie nicht sofort käme, würde es nur noch wenige Augenblicke dauern, bis Lillis ihre dünnen Arme um meinen Hals geschlungen und ihren schlanken, sinnlichen Körper an mich gepreßt hatte.

Mein Gebet wurde erhört. Obgleich ich mit dem Rücken zum Vorhang stand, konnte ich an Lillis Gesichtsausdruck erkennen, daß Margaret auf der Bildfläche erschienen war. Der Ausdruck der Begierde wich einem kindlichen Schmollmund, und die schmalen Schultern versteiften sich, als Margarets strenge Stimme erklang.

«Lillis! Zieh dich sofort an! Stell dir vor, es käme jemand herein. Was sollen die Leute von uns denken? Es gibt schon genug Gerüchte über uns, da brauchst du nicht noch Öl auf ihr Feuer zu gießen.»

Das Frühstück – Porridge und Trockenfisch – nahmen wir in gedrückter Stimmung ein. Lillis war mürrisch und schlechter Laune, und Margaret schien mit ihren eigenen Gedanken beschäftigt zu sein. Wahrscheinlich fragte sie sich, ob sie die Situation nicht noch verschlimmert hatte, indem sie mich einlud, die Wintermonate in ihrem Haus zu verbringen. Auch ich machte mir deshalb Sorgen. Ich bekräftigte innerlich meinen Entschluß, so rasch wie möglich alles herauszufinden, was über William Woodward zu erfahren war, und anschließend Lebewohl zu sagen. Voller Sehnsucht betrachtete ich mein Reisebündel und konnte den Wunsch, es an mich zu reißen und davonzulaufen, nur schwer unterdrücken.

Margaret mußte meinem Blick gefolgt sein, denn als ich mich zu ihr umwandte, sah ich, daß sie mich ängstlich beobachtete. Ich lächelte ihr beruhigend zu. «Sobald es hell ist, mache ich mich auf den Weg in die Broad Street», versprach ich ihr.

Genau wie vor zwei Jahren näherte ich mich dem Haus des Ratsherrn von der Rückseite, also von der Tower Lane her. Der kleine, ummauerte Garten mit den kahlen Birn- und Apfelbäumen und den im tiefen Winterschlaf liegenden Kräuter- und Blumenbeeten sah noch genauso aus, wie ich ihn in Erinnerung hatte. Nur die stattliche Matrone mit dem großen Schlüsselbund am Gürtel, die auf mein Klopfen hin an der Küchentür erschien, war eine andere. Marjorie Dyers Tage waren seit langem vorbei.

Meinem Ansinnen, zum Ratsherrn vorgelassen zu werden, begegnete die Haushälterin mit großem Mißtrauen, und meine Behauptung, er würde mich kennen, rief offene Entrüstung hervor. Hinter ihrem Rücken sah ich zwei kleine Küchenmädchen, die mich, entzückt über die unerwartete Abwechslung, mit großen Augen anstarrten. Ich überlegte schon, wie lange es wohl dauern würde, bis man mir die Tür vor der Nase zuschlagen würde, als jemand in den Garten trat und sich an mir vorbei in die warme Küche schlängelte.

«Ned!» rief ich dankbar aus. «Ned Stoner! Ich muß dringend den Ratsherrn sprechen. Sag doch der Haushälterin bitte, daß er mich kennt.»

Der grobschlächtige Bursche beäugte mich argwöhnisch, dann verzog sich sein wettergegerbtes Gesicht zu einem breiten Grinsen. «Zum Teufel, wenn das nicht Roger Chapman ist! Wie geht's denn, alter Knabe? Und was machst du hier in Bristol?» Ohne eine Antwort auf seine Fragen abzuwarten, wandte er sich an den Drachen, der mir den Weg versperrte. «Das geht schon in Ordnung, Dame Judith, den könnt Ihr ruhig dem Ratsherrn melden. Er wird ihn ganz bestimmt empfangen. Schließlich hat er unserem Freund, dem Hausierer, eine ganze Menge zu verdanken.»

Mit ungerührter Miene zog sich die Haushälterin zurück und kehrte einige Minuten später mit der Nachricht wieder, daß Ratsherr Weaver mich tatsächlich empfangen wolle.

Der Widerwille, mit dem sie mir diese Nachricht überbrachte, wurde wohl noch dadurch verstärkt, daß ich inzwischen Neds Einladung gefolgt und in ihre Küche getreten war, wo die beiden Mädchen ihre Pflichten vernachlässigten, mich verschämt anschauten und verlegen kicherten. Meine Beziehung zu ihrem Herrn war ihr ganz offensichtlich ein Rätsel, und ich fragte mich, ob ihr Stolz es wohl zulassen würde, sich bei Ned danach zu erkundigen, sobald ich gegangen war.

Der Ratsherr hatte gerade sein Frühstück beendet und empfing mich in der großen Halle mit den geschnitzten, üppig bemalten Türpfeilern und Deckenbalken. Die Glasfenster, die mich bei meinem ersten Besuch so beeindruckt hatten, waren jetzt vom Schmutz des Winters fast blind, ließen aber immer noch viel Tageslicht herein. Den ebenfalls mit reichen Schnitzereien verzierten Schrank mit dem Zinn und Silber hatte man in eine andere Ecke gerückt, doch sonst sah alles ganz genauso aus wie bei meinem ersten Besuch. Auch der Ratsherr, der sich von einem der prächtigen Sessel vor dem Kamin erhob, um mich freundlich zu begrüßen, war ganz der alte – nur ein wenig älter vielleicht, ein wenig mehr von den Sorgen des Lebens gezeichnet, doch von der gleichen untersetzten Statur und in die gleichen altmodischen Gewänder gekleidet.

Er deutete mit der Hand auf den anderen Sessel. «Roger Chapman!» rief er aus. «Was kann ich für dich tun?»

Ich erklärte ihm mein Anliegen, und während ich sprach, lag ein schwaches, von Traurigkeit getrübtes Lächeln auf seinen Lippen.

«Du nutzt also noch immer dein außergewöhnliches Talent, um anderen Menschen zu helfen, genau wie damals, als du mir einen unschätzbaren Dienst erwiesen hast», sagte er, als ich meine Erzählung beendet hatte. «Leider besteht allerdings auch diesmal wenig Aussicht auf ein glückliches Ende», fügte er nach einigem kummervollem Nachdenken hinzu. «Oder vielleicht ist die Aussicht sogar noch schlechter, denn ich hatte zumindest die Genugtuung, die Übeltäter ihrer wohlverdienten Strafe zuführen zu können. Darauf wird es in diesem Fall wohl keine Hoffnung geben, denn das fragliche Verbrechen haben wir uns alle anzulasten, alle Bürger Bristols waren daran beteiligt. Wir haben unserer Abneigung gegen den jungen Mann nachgegeben und uns zu einem voreiligen Urteil hinreißen lassen. Wir haben zugesehen, wie Beweise und Aussagen gegen ihn erfunden wurden, und wir haben uns selbst eingeredet, diesen Aussagen zu glauben, weil wir wollten, daß der Junge schuldig ist. Mit dieser Schande müssen wir bis an das Ende unserer Tage leben.» Er sah mich an und hob beschwichtigend die Hand. «Oh, ich kann erraten, was du jetzt denkst. Was geschehen ist, hat Robert Herepath nicht zu einer geringeren Bürde für seinen gutherzigen Bruder gemacht – und natürlich auch nicht für uns, die wir seine Unverschämtheit, seine Spielleidenschaft, seine Schulden und seine Trinkerei erdulden mußten. Aber kein Mensch, und sei er auch noch so mit Fehlern behaftet, hat es verdient, durch den Strick eines Henkers für einen Mord zu sterben, den er nicht begangen hat.»

Ich nickte und sagte: «Ich stimme Euch voll und ganz zu. Aber ebenso wenig sollten zwei unschuldige Frauen für etwas leiden, für das sie nicht verantwortlich sind. Deshalb möchte ich auch unbedingt herausfinden, wo sich William Woodward in der Zeit zwischen März und August letzten Jahres, von Mariä Verkündigung bis Mariä Himmelfahrt, aufgehalten hat.»

Der Ratsherr runzelte die Stirn. «Ein unmögliches Unterfangen, wenn du meine Meinung hören willst. Der einzige Mensch, der in diese Angelegenheit Licht hätte bringen können, ist tot.»

«William Woodward hat behauptet, von Sklavenhändlern nach Irland gebracht worden zu sein, aber keiner scheint ihm geglaubt zu haben. Der im Fluß gefundene Hut und die Zeugenaussagen bei Robert Herepaths Prozeß scheinen diese Behauptung aber zu unterstützen. Warum wurde William Woodwards Geschichte rundheraus abgelehnt?»

Ratsherr Weaver seufzte. «Weil die Sklavenhändler sich in aller Regel nicht mit alten Leuten abgeben. Mit denen läßt sich einfach kein Geld verdienen. Und wenn sie sich doch einmal an alten Menschen vergreifen – es gibt genug ruchlose Männer und Frauen, denen es ein hübsches Sümmchen wert ist, ihre alten Verwandten loszuwerden –, dann sind sie nicht dumm genug, ihre Opfer so fest auf den Kopf zu schlagen, daß sie den Verstand verlieren. Was für einen Nutzen hätten sie davon? Nein, die Wahrheit über Williams Schicksal muß irgendwo anders liegen. Und jetzt, junger Mann, mußt du mich entschuldigen. Ich muß heute vormittag noch zu den Weberhütten hinübergehen. Der Aulnager kommt, um die Tücher zu prüfen, ehe sie an den Londoner Stalhof gehen.»

6

Der Ratsherr wollte schon aufstehen, aber ich streckte die Hand aus. «Nur noch ein paar Minuten, lieber Herr, wenn es Euch möglich ist. Ich bitte Euch.»

Er zögerte, dann sank er in den Sessel zurück, doch seine Miene verriet Ungeduld.

Rasch fuhr ich fort: «Vergebt mir die Frage, aber habt Ihr sichere Beweise dafür, daß William Woodwards Geschichte nicht der Wahrheit entspricht?»

Ratsherr Weaver dachte einen Augenblick nach, dann sagte er mit fester Stimme: «Nein, sichere Beweise habe ich nicht, und das wäre wohl auch gar nicht möglich. Aber wenn du mich fragst, ob ich mir trotzdem sicher bin, lautet meine Antwort ja.» Er seufzte. «Ich habe immer gehofft, daß Mistress Walker wieder heiraten würde, aber irgendwie hat sie sich wohl nie dazu entschließen können, und ich habe mich in gewisser Weise für sie und ihre Tochter verantwortlich gefühlt. Obwohl es nun schon fast zwanzig Jahre zurückliegt, war es doch damals einer meiner Fuhrleute – ein Trinker, den ich schon längst hätte entlassen müssen –, der den Tod ihres Mannes und ihres Kindes verschuldet hat. Es war ihr einziger Sohn.»

Es entstand eine quälende Stille, in der die Gedanken des Ratsherrn, wie ich vermutete, nicht zu Colin Walker, sondern zu Clement, seinem eigenen Sohn wanderten. Doch er faßte sich wieder und fuhr mit ruhiger Stimme fort: «Und als dann plötzlich William Woodward von den Toten wiederkehrte und sich diese ganzen Schwierigkeiten über Mistress Walker zusammen-

brauten, fühlte ich mich verpflichtet, Williams Geschichte nach-
zugehen. Dabei hoffte ich, daß sie sich als wahr erweisen würde,
denn dann hätte weder ihn noch seine Familie irgendeine Schuld
getroffen.» Er sah mich ernst an und beugte sich vor. «Ich habe
im Laufe der Jahre viele Geschäfte mit den Iren an der Westküste
gemacht, von Waterford bis hinauf nach Dublin. Viele meiner
dortigen Partner sind gute Freunde geworden, denn die Iren
sind insgesamt sehr freundliche Menschen.»

«Ich bezweifle, daß die Leute, die man nach Irland in die Sklaverei verkauft hat, der gleichen Meinung sind», warf ich ein.

Der Ratsherr lächelte milde. «In den meisten Fällen hättest du
unrecht, Roger Chapman. Natürlich gibt es in Irland auch grau-
same Herren, das will ich nicht leugnen. Welches Land kann
behaupten, frei von Grausamkeit zu sein? Aber im allgemeinen
behandeln die Iren ihre Diener wie Freunde, alle sitzen am gleichen Tisch und essen aus den gleichen Töpfen. Du machst ein
ungläubiges Gesicht, und das steht dir auch zu, aber ich versichere dir, daß es wahr ist. Ich habe es mit eigenen Augen gesehen
und weiß, daß es bei ihnen so Sitte ist. Viele Männer und Frauen,
die in die Sklaverei nach Irland verkauft worden sind, haben dort
ein Glück gefunden, das sie hier gar nicht kannten. Obgleich ich
natürlich», fügte er rasch hinzu, «ein Verbrechen gegen Kirche
und Krone nicht gutheißen kann. Aber die Folgen sind längst
nicht immer so schrecklich, wie man gemeinhin glaubt.»

Mein Einwand hatte ihn veranlaßt, vom Thema abzuschwei-
fen, deshalb warf ich ein: «Ihr habt also bei Euren irischen
Freunden Erkundigungen über William Woodward eingezogen?»

«Ja, das habe ich, und zwar sehr gründliche. Aber niemand
konnte sich erinnern, auf den Sklavenmärkten, die man dort im
letzten März abhielt, eine Person gesehen zu haben, auf die William Woodwards Beschreibung zutraf. Diese Märkte finden natürlich im geheimen statt, aber sie sind stets gut besucht; und
wenn mein Gewährsmann nicht selbst dagewesen war, kannte

er doch eine verläßliche Person, die als Augenzeuge gelten konnte.» Ratsherr Weaver lehnte sich noch weiter zu mir herüber und schlug auf die Armlehne seines Sessels. «Ich bin mir ganz sicher, daß ein alter Mann mit schweren Kopfverletzungen nicht übersehen worden wäre, allein schon deshalb, weil seine Erscheinung den Spott der Besucher auf sich gezogen hätte. Auch von einem Sklaven, der im letzten August entlaufen war, hatte niemand etwas gehört, und ich bin fest davon überzeugt, daß auch diese Nachricht rasch die Runde gemacht hätte.» Sein Blick wurde noch ernster. «Mistress Walker hat dir zweifellos erzählt, in welcher Verfassung ihr Vater zurückgekehrt ist, und ich selbst habe William mehr als einmal danach gesehen. Die Schläge, die er auf den Kopf erhalten hat, haben ihm den Verstand geraubt. Und obgleich ich glaube, daß ein Mensch auch in seinem Zustand den Weg zu Fuß nach Hause finden kann, habe ich doch große Zweifel daran, daß er in der Lage gewesen wäre, einen Kapitän zu finden, der ihn an Bord seines Schiffes genommen hätte. Seeleute sind abergläubische Menschen. Und außerdem hätte William kein Geld gehabt, um die Überfahrt zu bezahlen.»

Nicht ohne eine gewisse Bestürzung gestand ich mir ein, daß ich mir über William Woodwards Heimreise bisher kaum Gedanken gemacht hatte. Ich machte mir wegen dieser Nachlässigkeit große Vorwürfe. Die letzten Ausführungen des Ratsherrn schienen mir aufschlußreicher zu sein als seine früheren Erklärungsversuche. Alles in allem hatten mich seine Worte davon überzeugt, daß ich des Rätsels Lösung an anderer Stelle suchen mußte. Es erschien mir jetzt äußerst unwahrscheinlich, daß William Woodward jemals in Irland gewesen war.

Ich stand auf. «Seid bedankt für Eure Zeit und Geduld», murmelte ich demütig. Insgeheim ärgerte ich mich, daß ich Margaret Walker nicht gründlicher ausgefragt hatte, und ich war fest entschlossen, das Versäumte so bald wie möglich nachzuholen. Die Krankheit muß meinen Verstand benebelt haben, sagte ich mir. Der Ratsherr erhob sich ebenfalls, um zu den Weberhütten und dem wartenden Tuchprüfer zu eilen. Ich sagte: «Wenn ich Mistress Walker wirklich helfen soll, das Schicksal ihres Vaters zu erhellen, muß ich wohl noch weitere Erkundigungen einziehen. Aber ich bezweifle, daß mich Edward Herepath und Cicely Ford empfangen werden. Könntet Ihr . . . Dürfte ich Euch deshalb um ein Empfehlungsschreiben bitten?»

Ratsherr Weaver dachte einen Augenblick lang über meine Bitte nach, dann nickte er zustimmend. «Begleite mich zu den Weberhütten. Wenn ich mit dem Aulnager fertig bin, werde ich meinem Schreiber ein paar Zeilen diktieren. In der Zwischenzeit kannst du zu den Tuchspannern gehen. Es waren Tuchspannerkinder, die Williams Hut aus dem Frome gezogen haben. Vielleicht kannst du von ihnen noch ein paar Einzelheiten erfahren, obwohl ich dir nach all der Zeit, die inzwischen vergangen ist, natürlich keine falschen Hoffnungen machen will. Aber wer weiß, vielleicht findest du noch etwas heraus.»

Er rief nach seinem Diener, der ihm seinen Hut und den warmen Friesmantel brachte, und dann gingen wir gemeinsam die Broad Street entlang, bogen nach einer Weile in die High Street ein und überquerten die Bristol Bridge mit den Läden und hohen, schmalen Häusern, bis wir endlich auf die andere Seite des Flusses kamen. Über die Mitte der Brücke spannte sich eine der Jungfrau Maria geweihte Kapelle, und als wir hindurchgingen, bat ich sie, unser Vorhaben zu segnen. Ich hätte sie auch um einen erfolgreichen Ausgang der Sache bitten können, aber ich hatte schon früh gelernt, daß weder Gott noch Sein Sohn oder die Heilige Jungfrau bereit sind, uns irgend etwas zu schenken, ohne daß wir dafür eine Gegenleistung erbringen. Für einen glücklichen Ausgang würde ich mich selbst ins Zeug legen müssen.

Bei den Weberhütten herrschte um diese Tageszeit reger Betrieb, und ehe wir überhaupt die Thomaskirche erreichten, klang uns schon das Klacken der Webstühle und das Surren der Spinnräder entgegen. Der Aulnager wartete bereits vor dem Kontor auf uns. Ungeduldig trat er von einem Fuß auf den anderen und wehrte alle Versuche des Vormanns ab, die Unpünktlichkeit des Ratsherrn zu entschuldigen. Ein Ratsherr der Stadt Bristol braucht sich aber von einem kleinen Tuchprüfer nicht einschüchtern zu lassen, und so nahm sich Alfred Weaver mehr Zeit als nötig, um mir den Weg zum Platz der Tuchspanner jenseits des Redcliffe-Tors am Ufer des Avon zu erklären.

«Komm anschließend wieder her», sagte er schließlich, «damit ich dir dein Empfehlungsschreiben geben kann.»

Ich dankte ihm und spazierte durchs Redcliffe-Tor zur Stadt hinaus. Zu meiner Linken wachte William Canynges' herrliche Marienkirche über die Häuserreihen, die sich den Redcliffe Hill hinaufzogen. Ich aber wandte mich nach rechts, an den Kiesgruben vorbei, wo die Tuchwalker wohnten, welche die neu gewebten Tücher einweichten und walkten, ehe sie weiter zu den Tuchspannern gebracht wurden. Der Platz der Tuchspanner lag ein Stück weiter flußabwärts. Von dort aus hatte man einen herrlichen Blick über das Umland und den Hafen, wo die großen Schiffe vor Anker lagen, auf die Löschung ihrer Fracht warteten oder neu beladen wurden.

Zum zweitenmal an diesem Tag verfluchte ich mich selbst, als mir einfiel, daß ich den Ratsherrn nicht nach den Namen der beiden Jungen gefragt hatte, aber ich war entschlossen, diesem Mißstand sofort abzuhelfen. Ich sah eine Gruppe von Männern an den hölzernen Rahmen arbeiten. Jeweils zwei von ihnen brachten die Webkante eines bereits gewalkten Tuchs an die Spannhaken einer Querstange an, um anschließend die andere Webkante an einem noch dickeren Holzbalken zu befestigen, der frei hin und her schwang, so daß sie mit Hilfe seines Gewichts den nassen Stoff in Form ziehen konnten. Als sie fertig waren, ging ich auf die beiden Männer zu, die mir am nächsten standen, und brachte meine Frage vor. Ich wußte aus Erfahrung, wie abweisend die eingeschworene Gemeinschaft der Handwerker gegen Fremde sein kann, die zu allem Überfluß noch neugierige Fragen stellen, und war daher nicht überrascht, als sie mir keine Antwort gaben. Doch sobald ich Margaret Walker und Alfred Weaver erwähnte, schwand ihr Mißtrauen, und einer der Männer sagte mir, was ich wissen wollte.

«Scheint so, als suchst du die beiden Jungs von Burl Hodge», meinte er, nachdem er mich lange prüfend angeschaut hatte. «Ich glaube, Burl hat sogar schon von dir gesprochen. Bist du nicht der Hausierer, der kurz nach Weihnachten krank nach Bristol gekommen ist? Burl hat geholfen, dich ins Haus der Witwe Walker zu tragen, wenn ich mich recht erinnere.»

Ich bestätigte es und fragte ihn, wo ich Burls Söhne um diese Tageszeit finden könnte.

«Da fragst du Burl wohl am besten selbst», brummte der Tuchspanner und deutete mit dem Kopf auf das andere Ende des großen Platzes. «Burl ist da drüben. Der mit dem grünen Wams und der braunen Mütze.»

Ich dankte ihm und schlängelte mich durch die vielen Holzrahmen hindurch zu Burl Hodge, der sich gerade eine wohlverdiente Verschnaufpause gönnte. Mit den nassen, schweren Tüchern zu hantieren war äußerst anstrengend, und an einem feuchtkalten Januartag wie diesem wurden einem rasch die Hände klamm. Zunächst sah er mir mit Mißtrauen entgegen, doch dann erkannte er mich, hörte auf, seine von Frostbeulen übersäten Hände anzuhauchen und grinste mich an.

«Ach, du bist's, der Hausierer. Hob und ich haben uns schon gefragt, was wohl aus dir geworden ist, aber wie ich sehe, bist du schon wieder wohlauf. Schien dich ja ganz schön erwischt zu haben, aber bei Margaret Walkers Pflege... Eine gute Frau, ganz egal, was andere Leute hinter ihrem Rücken sagen. Aber manche ziehen ja sogar über ihre eigene Großmutter her. Ein bißchen blaß siehst du allerdings immer noch aus. Laß dich nur ordentlich von ihr durchfüttern. Und was kann ich für dich tun?»

So gut es ging, setzte ich ihm mein Anliegen auseinander. Ich wollte ihn nicht allzu lange aufhalten, denn wie ich sehen konnte, wartete sein Kumpan schon darauf, mit ihm ein Tuch aufzuhängen, das gerade vom Walkplatz gekommen war. «Jedenfalls habe ich gehört, daß es deine Jungs waren», kam ich endlich zum Schluß, «die William Woodwards Hut aus dem Fluß geangelt haben. Der Ratsherr meinte, es könnte nützlich sein, wenn ich mal mit ihnen spreche.»

Burl kratzte sich am Kopf. «Um diese Tageszeit sind sie manchmal zu Hause bei ihrer Mutter. Viel wahrscheinlicher ist allerdings, daß sie durch die Gegend stromern und irgendeinen Unfug aushecken. Zwei richtige Rangen sind das. Jack, der ältere, wird allerdings bald seine Lehre anfangen – der Heiligen Katharina sei Dank! Er soll Weber werden, dann bleibt ihm diese Drecksarbeit hier erspart. Master Adelard oben auf Redcliffe Hill wird sein Lehrherr sein. Aber was William Woodward betrifft, solltest du auf jeden Fall mit ihnen sprechen. Obwohl ich bezweifle, daß Jack und Dick dir mehr sagen können, als sie uns erzählt haben. Trotzdem, mir wär's recht, wenn endlich Licht in die Geschichte käme. Die beiden Frauen haben schwere Zeiten hinter sich.»

«Wo wohnst du?» fragte ich, als er sich wegdrehte, um seinem Partner beim Spannen des nächsten Tuches zu helfen. «Ganz in der Nähe der Temple Church, bei der Seilerbahn. Klopf einfach an irgendeine Tür. Jeder kann dir sagen, wo ich und meine Jenny wohnen.»

Ich bedankte mich, überließ ihn seiner schweren Arbeit und ging zurück durchs Redcliffe-Tor. Hinter dem Tor wandte ich mich sofort nach rechts und wanderte so lange an der Stadtmauer entlang, bis ich zur Seilerbahn kam. Zwei Männer waren gerade dabei, Hanffasern zu einem dicken Seil zusammenzudrehen. Die Temple Church stand an der Ecke Temple Street und Water Lane. Ich fragte nach Burl Hodges Haus und bekam ohne große Umschweife den Weg gewiesen. Auf mein Klopfen öffnete mir eine junge, freundliche Frau die Tür. Sie trug ein braunes Kleid aus selbstgewebtem Stoff. Obwohl sie vom Kochen – offensichtlich bereitete sie gerade das Mittagessen vor – ganz rot im Gesicht war, lächelte sie mich ebenso herzlich an, wie ihr Mann es getan hatte, und bat mich herein.

Jenny Hodge bot mir einen Krug Ale und frisch gebackene Haferplätzchen an, dann lauschte sie meiner Geschichte. Als ich fertig war, sagte sie: «Du hast Glück. Die Jungs sind gerade zum Bäcker gelaufen, um unser Brot abzuholen. Eigentlich müßten sie jeden Augenblick zurück sein.» Und als Erklärung fügte sie hinzu: «Donnerstags ist nämlich Backtag in der Water Lane.»

Da ging auch schon die Tür auf, und zwei Jungen mit einem großen, mit Tüchern bedeckten Korb traten herein. Der Duft des frischen Brotes erfüllte die Küche, und so kam es, daß Jack und Dick mich zuerst gar nicht sahen, sondern lautstark nach einer Scheibe Brot verlangten.

«Gleich», erwiderte die Mutter streng. «Aber erst, nachdem ihr mit diesem Herrn gesprochen habt. Hört zu, was er euch zu sagen hat, und antwortet ihm ehrlich.»

Zwei runde, mit Sommersprossen übersäte Gesichter, deren Ähnlichkeit mit dem Gesicht ihres Vaters geradezu verblüffend war, drehten sich fragend zu mir um. Die Jungen nahmen neben mir auf der Küchenbank Platz, und ich wiederholte meine Geschichte zum drittenmal.

Jack erkundete ausführlich mit dem Zeigefinger das Innere seiner Nase, während er über seine Antwort nachdachte. «Es war ein ganz gewöhnlicher Hut, oder was meinst du, Dick?» sagte er schließlich. «Es waren bloß Blutflecken dran.»

«Blutflecken dran», wiederholte sein Bruder, nicht ohne eine gewisse Genugtuung über ihren schaurigen Fund.

Jack fuhr fort: «Eigentlich angeln wir ja nur ganz selten im Frome. Mutter hat es nicht gern, wenn wir quer durch die ganze Stadt laufen, deshalb bleiben wir meist hier beim Avon.

Aber an dem Tag hatten wir Lust auf eine Abwechslung, stimmt's Dick?»

«Lust auf eine Abwechslung», bestätigte Dick.

«Und habt ihr irgend etwas gefangen?» fragte ich. «Abgesehen von dem Hut, meine ich?»

Die beiden Jungen nickten gleichzeitig. «Einen Kabeljau, und der war so lang.» Jack hielt die Hände weit über einen halben Meter auseinander, um mir zu zeigen, wie groß der Fisch gewesen war. Sein kleiner Bruder ließ sich nicht lumpen und streckte die kleinen Ärmchen noch weiter auseinander. «Und als nächstes haben wir dann den Hut aus dem Wasser gezogen. Er hing am Ende meiner Angelschnur.»

«Am Ende der Angelschnur», sagte Dick und lächelte mich an.

«Was für ein Hut war das denn?» fragte ich, Dicks Lächeln erwidernd.

Jack zuckte mit den Schultern – eine Geste, die sein kleiner Bruder sofort nachahmte. Ich fragte mich, was aus dem Kleinen werden sollte, wenn Jack bei Weber Adelard in die Lehre ging.

«Ein ganz einfacher Hut», sagte Jack, «mit einer breiten Krempe. Er war völlig durchnäßt, aber man konnte ein paar dunkle Stellen erkennen. Damals wußten wir natürlich noch nicht, daß es Blutflecken waren», gab er zögernd zu.

«Aber ihr wußtet, wem der Hut gehört?»

«Wir haben es uns gedacht. Wir hatten ja gehört, daß Master Woodward ganz plötzlich verschwunden war.»

«Und was habt ihr dann mit dem Hut gemacht?»

«Wir wollten ihn Mistress Walker bringen, aber zufällig kam gerade Master Herepath vorbei, also haben wir ihm den Hut gegeben.»

«Master Edward Herepath?»

Jack staunte über meine Dummheit. «Natürlich. Sein Bruder saß doch schon längst im Newgate-Gefängnis.»

«Im Newgate-Gefängnis», ertönte das unvermeidliche Echo.

Ich stellte ihnen noch ein paar weitere Fragen, doch wurde mir ziemlich schnell klar, daß sie nicht mehr wußten. Was sie mir erzählten, hatten sie auch schon den Männern des Sheriffs gesagt, und viele Einzelheiten verblaßten bereits in ihrem Gedächtnis. Für sie steckte jeder neue Tag voller neuer Abenteuer, und was vor fast zwölf Monaten geschehen war, vermochte kaum noch ihr Interesse zu fesseln. Ich bedankte mich höflich bei den beiden Jungen und stand auf, um zu gehen. Erlöst von der schweren Pflicht, artig auf der Bank sitzen zu müssen, sprangen sie schreiend und lachend um ihre Mutter herum und verlangten nach einer Scheibe Brot, am liebsten natürlich mit möglichst viel goldbrauner Kruste.

Mit geübter Hand wehrte Jenny Hodge die Kinder ab und wollte mich gerade zur Tür geleiten, als plötzlich ein Klopfen zu hören war. Draußen stand ein gegen die Kälte fest in einen dikken Mantel eingehüllter Mann. Er hatte die Kapuze so weit nach vorn gezogen, daß sein Gesicht fast bedeckt war. Dennoch erkannte ihn Jenny und zuckte ängstlich zusammen.

«Oh», sagte sie, «du bist es.» Sie warf mir einen kurzen Seitenblick zu und öffnete die Tür. «Burl ist nicht da, aber er wollte zum Mittagessen nach Hause kommen. Du... Du kommst wohl am besten rein und wartest auf ihn.»

«Danke, Mistress.» Ohne mich eines Blickes zu würdigen, schritt der Mann über die Schwelle. Er hielt den Kopf gesenkt, so daß ihm die Kapuze noch tiefer ins Gesicht fiel. Er sagte nichts mehr, bis mich Jenny Hodge hinausgeschoben und die Tür hinter mir geschlossen hatte, und dennoch hatte ich das Gefühl, diese Stimme vor gar nicht allzu langer Zeit schon einmal gehört zu haben. Ich durchforschte mein Gedächtnis, doch je öfter ich in Gedanken die Worte des Unbekannten wiederholte, desto schwächer wurde die Erinnerung. Ich gab auf und sagte mir, daß ich mich vermutlich getäuscht hatte.

Ich kehrte zu Alfred Weavers Kontor zurück, wo der Ratsherr bereits ungeduldig auf mich wartete. Der Aulnager war bereits gegangen, nachdem er sich vergewissert hatte, daß alle Stoffe die erforderliche Breite hatten und keine minderwertige Wolle verarbeitet worden war. Die Ballen mit seinem Siegel warteten nun darauf, vom Fuhrmann abgeholt und nach London gebracht zu werden.

«Ah, da bist du ja endlich», rief mir der Ratsherr zu. «Hier ist der Brief für Master Herepath.» Der Ratsherr hielt mir ein Stück Pergament entgegen, zog es jedoch rasch wieder zurück. «Er hat in letzter Zeit viel gelitten. Du mußt mir versprechen, daß du ihn nicht weiter belästigst, falls er sich weigern sollte, dich zu empfangen.»

Ich gab ihm bereitwillig mein Wort darauf, denn wenn Gott nicht wollte, daß ich dieses Geheimnis löste, konnte ich guten Gewissens wieder über die Landstraßen ziehen. Ohne den Bruder des Gehenkten und dessen Hilfe glaubte ich nicht, viel Licht ins Dunkel dieser Geschichte bringen zu können. Ich verabschiedete mich von Alfred Weaver und dankte ihm für seine Mühe. Mein Magen sagte mir, daß es Zeit fürs Mittagessen war – ein sicheres Zeichen für meine fortschreitende Genesung. Hungrig lenkte ich meine Schritte zurück zu Margaret Walkers Hütte.

Als ich in die St. Thomas Street einbog, wurde mir plötzlich klar, wo und unter welchen Umständen ich die Stimme des geheimnisvollen Besuchers im Haus der Hodges schon einmal gehört hatte. Bis dahin hätte ich es für unmöglich gehalten, daß es sich um die gleiche Stimme handelte, denn als es spätabends an Margaret Walkers Haustür klopfte, war ich schwerkrank gewesen und hatte kaum mehr als ein unverständliches Murmeln vernommen. Jetzt begriff ich, daß die Stimme klarer gewesen sein mußte, als ich es angenommen hatte, denn ich wußte mit absoluter Sicherheit, daß es sich um denselben Mann handelte.

7

Zum Mittagessen gab es eine dicke Lauchsuppe, die, um den Mangel an anderen Geschmacksnoten in dieser spärlichen Jahreszeit wettzumachen, mit reichlich Knoblauch gewürzt war. Zusammen mit ein paar dicken Scheiben Haferbrot wärmte und füllte sie unsere Mägen. Zum Trinken gab es Ale für mich und Most aus den Holzäpfeln der letzten Herbsternte für die Frauen. Beim Essen erzählte ich von meinen Erlebnissen am Vormittag, ohne jedoch den geheimnisvollen Besucher im Haus der Hodges zu erwähnen. Mein Gespür sagte mir, daß sie mir gar nichts mehr verraten würden, wenn ich ihnen davon erzählte. Ja, vielleicht würden sie sogar abstreiten, den Mann jemals an ihrer Haustür gesehen zu haben, und meine Erinnerungen als Fiebertraum abtun.

Ich fragte Margaret Walker, ob ihr bei der überraschenden Rückkehr ihres Vaters irgend etwas aufgefallen sei, und sie antwortete mir bereitwillig auf alle meine Fragen.

«Seine Schuhe waren mit Staub bedeckt», sagte sie. «Es sah aus, als wäre er tagelang auf der Landstraße herumgeirrt. Aber ich habe dir ja schon gesagt, daß es so gut wie unmöglich war, aus ihm irgendeine vernünftige Antwort auf die Frage herauszubekommen, wo er all die Monate gesteckt hatte. Wenn er überhaupt sprach, wiederholte er immer wieder, er sei von Sklavenhändlern gefangengenommen und nach Irland verschleppt worden. Darüber, wo in Irland er gewesen war, wie er aus der Sklaverei entfliehen konnte und welches Schiff ihn nach Hause gebracht hatte, war ihm keine Aussage zu entlocken.» Sie zuckte mit den Schultern und lächelte bitter. «Aber das brauchte uns ja wohl auch nicht zu wundern. Er ist nie in Irland gewesen. Zu dieser Schlußfolgerung mußten wir am Ende alle kommen.»

Ich nickte. «Das glaubt auch der Ratsherr, und er ist wie du der Meinung, daß niemand einen alten, verwundeten Mann als Sklaven kaufen würde. Kein Sklavenhändler, sagte er, würde einem Gefangenen so fest auf den Kopf schlagen, daß er den Verstand verliert.»

Lillis, die kaum etwas gegessen hatte, weil sie zu sehr damit beschäftigt gewesen war, mich mit funkelnden Katzenaugen anzuschauen, fragte laut: «Aber wo ist er dann gewesen? Und warum hat er geglaubt, man habe ihn nach Irland verschleppt?»

Um mir die unangenehme Situation zu ersparen, die Worte ihres Vaters anzweifeln zu müssen, warf Margaret ein: «Vielleicht hat er es gar nicht geglaubt. Vielleicht wußte er ganz genau, wo er gewesen ist, wollte aber aus irgendeinem Grund mit niemandem darüber sprechen.» Als sie das spöttische Lächeln ihrer Tochter sah, fügte sie hinzu: «Allerdings neige auch ich zu der Ansicht, daß sein Gedächtnis stark in Mitleidenschaft gezogen war. Selbst an das, was vor seinem Verschwinden geschehen war, konnte er sich nur dunkel erinnern, und man mußte viele, viele Jahre zurückgehen, um bei ihm auf einigermaßen verläßliche Erinnerungen zu stoßen. Er wußte, daß er mit Lillis und mir in diesem Haus gelebt hatte, und das war auch der Grund, warum er hierher und nicht in sein Haus in der Bell Lane gegangen war, in dem er zu der Zeit schon mehr als vier Jahre gewohnt hatte.»

Als ich meine Suppe aufgegessen hatte, legte ich meinen Löffel beiseite. Margaret wollte mir noch einmal auftun, aber ich lehnte dankend ab und nahm statt dessen noch einen ordentlichen Schluck von meinem Ale, ehe ich fragte: «Und sonst gibt es nichts, was ihr mir erzählen könntet, um zur Lösung des Rätsels beizutragen?»

An Margarets Gesichtsausdruck sah ich, daß sie bei der Rückkehr ihres Vaters doch noch etwas anderes beobachtet hatte. Sie fuhr mit der Zunge über die Zähne, befreite sie von Essensresten und starrte in die Luft. Ich wartete geduldig, bereit, ihr für die Antwort Zeit zu lassen.

«Es waren die Kleider», sagte sie schließlich, wandte mir den Kopf zu und schaute mir direkt in die Augen. «Es waren nicht seine eigenen. Diese Kleider hatte ich noch nie gesehen.»

«Vielleicht hat jemand seine Kleider gestohlen», meinte ich, als sie nicht weitersprach. «Oder seine eigenen Kleider waren so zerfetzt und blutig, daß man ihm neue geben mußte. Dafür kann es jede Menge Gründe geben.»

Sie nickte zögernd. «Vielleicht. Aber es waren gute Kleider, die Gewänder eines reichen Mannes. Die Hose war aus reiner Wolle, das Wams aus Samt, das Hemd und die Unterhose aus feinem, gebleichtem Leinen. Die Schuhe waren zwar staubig und abgewetzt, aber sie waren aus spanischem Leder. Und dann trug er noch einen Umhang mit einer Kapuze, die mit Seide gefüttert und mit einem Bogenrand verziert war.»

«Du hast den Mantel vergessen», warf Lillis ein.

«O ja, den Mantel.» Gedankenverloren rührte Margaret Walker mit dem Löffel in der hölzernen Suppenschale. «Es war ein Friesmantel, aber er war mit Fell gefüttert, und zwar nicht mit gewöhnlichem Schaf-, Dachs- oder Katzenfell, nein, mit Eichhörnchenfell. Es hatte eine herrliche graue Farbe und war wunderbar weich.»

Ich war beeindruckt. «Was ist mit den Kleidern geschehen, nachdem dein Vater gestorben ist?»

«Ich habe sie aufbewahrt. Sie erschienen mir zu wertvoll, um sie einfach so wegzugeben, deshalb habe ich sie mit Lavendel bestreut und in der Truhe verstaut.» Sie deutete mit dem Kopf auf die schwere Eichentruhe, die an der hinteren Wand des Zimmers stand. «Wenn du willst, kann ich sie dir zeigen.»

Sie stand auf, wählte einen Schlüssel aus dem Bund, der an

ihrer Taille hing, steckte ihn in das eiserne Schloß der Truhe und hob den Deckel. Sofort breitete sich ein Duft von Moschus, Veilchen und Lavendel aus. Nachdem sie ihre und Lillis' Sonntagskleider zur Seite gelegt hatte, hob sie fast ehrfürchtig den darunterliegenden Stapel aus der Truhe.

Ich ging zu ihr. Gemeinsam schlossen wir die Truhe wieder und legten die Kleider auf den Deckel. Vorsichtig hob ich die einzelnen Stücke auf, schüttelte sie aus und hielt sie gegen das Licht, das durch das mit Pergament verkleidete Fenster fiel. Das samtene Wams hatte eine matte, bernsteingelbe Farbe und war aus sehr gutem Stoff gearbeitet, hatte aber keine enge Taille, wie dies bei den reichen Leuten in den letzten Jahren Mode geworden war. Die Unterkleider waren, wie Margaret es gesagt hatte, aus feinem, gebleichtem Leinen genäht, die Kapuze und der Umhang mit scharlachrotem Zindeltaft unterlegt. Und der Friesmantel hatte tatsächlich ein Futter aus Eichhörnchenfell. Es waren die Kleider eines Gentleman – und falls ich noch einen weiteren Anhaltspunkt dafür gebraucht hätte, daß William Woodward niemals als Sklave in Irland war, lag er jetzt vor mir ausgebreitet. Leider gab es keinerlei Hinweis darauf, woher die Kleider stammten und wie sie in Williams Besitz gelangt waren. Eine Kleinigkeit entdeckte ich allerdings doch noch bei näherer Betrachtung. Die Nähte der Kleider waren stark gedehnt und an manchen Stellen gerissen. Auch die Schuhe waren dem Träger wohl ein wenig zu klein gewesen. Das weiche spanische Leder war von den Zehen stark ausgebeult und hatte seine ursprüngliche Form verloren. Diese Schuhe und Gewänder hatten einem großen, stattlichen Mann gehört – wenn auch keinem so großen und stattlichen wie William Woodward.

Mehr verrieten mir die Kleider allerdings nicht, und so half ich Margaret, sie wieder in der Truhe zu verstauen und mit den Kleidern der beiden Frauen zu bedecken. In der Truhe bewahrte sie offenbar noch andere Dinge auf: ordentlich zusammengefaltete Laken und eine Wolldecke, die, der, mit der ich mich nachts zudeckte, sehr ähnlich war, ein Paar alte Schuhe, eine Kniehose und einen Mantel aus dicker, rauher Wolle. Darunter blitzte etwas auf, das wie die Ecke eines Buches aussah. Ich erhaschte einen kurzen Blick auf einen abgegriffenen Samteinband und die hervorstehenden Ränder einzelner Pergamentblätter. Doch ehe ich mich vergewissern konnte, hatte Margaret auch schon die Kleider zurückgelegt, den Deckel der Truhe zugeschlagen und den Schlüssel im Schloß gedreht. Vielleicht hatte ich mich getäuscht?

Ich fragte nach, und Margaret Walker lachte, doch in meinen Ohren klang ihr Lachen ziemlich schal. «Was sollten arme Leute wir wir, die weder lesen noch schreiben können, mit einem Buch anfangen?» spottete sie. «Warum sollten wir unser gutes Geld für Dinge verschwenden, für die wir gar keine Verwendung haben?»

Lillis, die über dem Feuer das Wasser für den Abwasch heiß machte, sagte nichts. Ich glaubte, auf ihren Lippen ein spöttisches Lächeln zu sehen, doch ob es mir oder ihrer Mutter galt, vermochte ich nicht zu sagen. Und je länger ich darüber nachdachte, was ich gesehen hatte, desto blasser wurde die Erinnerung. Tatsächlich wäre es sehr ungewöhnlich gewesen, in einem Haus wie ihrem ein Buch zu finden. Aber mir fiel auf, daß sie mir nicht anbot, die Truhe noch einmal zu öffnen und den Sachverhalt aufzuklären. Mein Verdacht bestand daher weiter fort, aber ich hatte keine Möglichkeit, ihn zu prüfen.

«Was wirst du jetzt tun?» fragte mich Lillis.

Ich zog den Brief heraus und hielt ihn ihr hin. «Ratsherr Weaver war so gütig, mir ein Empfehlungsschreiben für Master Herepath auszustellen. Ich werde heute nachmittag bei ihm vorsprechen, und falls er nicht da ist, werde ich es morgen noch einmal versuchen.»

Es beeindruckte die beiden Frauen, daß sich meine Behauptung, ich würde Ratsherr Weaver persönlich kennen, tatsächlich bestätigt hatte. Gleichzeitig glaubte ich, bei Margaret Walker wieder ein gewisses Unbehagen wahrzunehmen – so als wünschte sie zwar, die Wahrheit über das Schicksal ihres Vaters herauszubekommen, hätte aber trotzdem Angst vor meinen Entdeckungen. Sie erhob jedoch keine Einwände gegen meine Pläne, sondern sagte nur, Nick Brimble wolle irgendwann im Laufe des Tages das Rollbett für mich bringen und könne dabei möglicherweise Hilfe gebrauchen.

«Sag mir, wo er wohnt, und ich hole es heute nachmittag selbst ab», bot ich sofort an.

Margaret schüttelte den Kopf. «Lillis kann Nick helfen, wenn sie mit der neuen Wolle vom Färber zurückkommt. – Beeil dich mit den Töpfen, Lillis!» schimpfte sie. «Ich brauche Platz, damit ich spinnen kann.»

Lillis' Gesicht wurde dunkelrot vor Zorn, und ich sah einen der gewaltigen Kräche heraufziehen, die das Leben von Müttern und Töchtern bereichern mögen, für Außenstehende aber alles andere als erheiternd sind. Feige trat ich die Flucht an, mummelte mich dick in meinen guten Friesmantel ein, zog dankbar die Tür hinter mir zu und trat hinaus auf die Straße.

Trotz des Empfehlungsschreibens in meiner Tasche wagte ich nicht, an Edward Herepaths Vordertür zu klopfen. Nachdem ich herausgefunden hatte, welches sein Haus war, ging ich bis zum Ende der Small Street und bog in die Bell Lane ein. Dorthin war William Woodward gezogen, nachdem Edward Herepath ihn in seinen Dienst genommen hatte. Neugierig schaute ich zu den Häusern zu beiden Seiten der Straße auf, hatte an diesem Nachmittag aber nur Zeit für einen flüchtigen Blick. Ich ging weiter in die schmale Gasse, die sich an der Rückseite der Small Street entlangschlängelte. Hohe Mauern umschlossen die Grundstücke, und starke, eisenbeschlagene Eichentore führten in die einzelnen Gärten.

Beim dritten Tor hielt ich an und schob den Riegel zur Seite.

Das Tor war nicht verschlossen. Ich öffnete es und trat in den winterlichen Garten. Ein Apfelbaum streckte seine nackten, knorrigen Äste in den bewölkten Himmel, und auf der harten braunen Erde, die immer noch Spuren des morgendlichen Frostes trug, war nichts Grünes zu erkennen. Im Sommer war dieser Garten sicherlich voller Blumen und süßer Düfte; jetzt war er so schwarz und kahl wie die Jahreszeit.

Zu meiner Linken, gleich hinter dem Gartentor, stand ein kleines Steingebäude. Zwei seiner Außenwände bildeten zugleich die Gartenmauer, die Edward Herepaths Grundstück zur Gasse und zum Nachbargarten hin begrenzte. Das schräge Dach war mit dicken Bleiplatten gedeckt, und in die Wand war eine eisenbeschlagene Eichentür eingelassen. Ich schaute zu Edward Herepaths Wohnung auf, doch vor den Fenstern, die zum Garten zeigten, waren die Läden gegen die Kälte fest geschlossen, und so hatte mich bisher noch niemand gesehen. Vorsichtig drückte ich auf die Türklinke des Gartenhauses, das trotz des großen Schlüssellochs zu meiner großen Verwunderung nicht verschlossen war. Wie ein Dieb schlüpfte ich hinein.

Drinnen war es dunkel und kalt. Die offene Tür bildete die einzige Lichtquelle. An der Wand lehnten ein paar Gartengeräte, auf einem Regal standen Kerzenleuchter, Feuerstein und Zunder sowie ein Mörser mit Stößel. In einer Ecke sah ich einen Stuhl und auf dem gestampften Erdboden einige vertrocknete Blütenstengel. Ich trat wieder hinaus in den Garten.

Ich klopfte an die Küchentür, doch es kam niemand, um mir zu öffnen. Erst auf ein zweites, lauteres Klopfen hin war eine Frauenstimme zu hören, die zwar sanft und leise, aber mit Nachdruck sprach. «Laß nur, ich werde selbst nachsehen, wer draußen ist. Du brauchst dich nicht zu bemühen. Die Sauce wird klumpig, wenn du nicht weiterrührst.»

Die Tür ging auf, und eine junge Frau trat auf die Schwelle. Sie hatte ein nahezu vollkommenes, wohlgeformtes Gesicht mit wunderbar glatter, zarter Haut, und die blauesten Augen, die ich je gesehen habe, schauten mich fragend an. Sie trug ein blaues Wollkleid mit langen, losen Ärmeln, das an der Taille von einem bestickten Gürtel zusammengehalten wurde. Unter einem weißen Gazeschleier war ihr Haar gerade noch zu erkennen. Es hatte die Farbe von reifem Korn und war in zwei langen Zöpfen um den hübschen Kopf geflochten. Zwar habe ich in meinem Leben viele Frauen gesehen, die schöner waren als Cicely Ford, doch keine hat jemals solche Güte und innere Schönheit ausgestrahlt. Von ihr gingen eine solche Kraft und Klarheit aus, daß ich mir nichts sehnlicher wünschte, als meinen Kopf an ihre Brust zu legen und all meine Sorgen bei ihr abzuladen.

«Ich ... ich habe einen Brief für M-Master Herepath», stotterte ich, als ich mich mühsam zusammengerissen hatte. «Von seinem Freund, dem Ratsherrn Weaver.» Ich nahm den Brief aus meinem Lederbeutel und reichte ihn ihr. «Wenn Ihr wohl so gütig sein würdet, ihm den Brief zu geben und ihn zu bitten, die Empfehlung des Ratsherrn zu lesen...» Meine Stimme verlor sich wie die eines kleinen, verschüchterten Jungen.

«Bitte komm doch herein.» Ihre Stimme klang so süß, daß ich merkte, wie mir das Blut in die Wangen schoß, als ich ihrer Einladung folgte und in die Küche trat. Eine rundliche Frau mit einem schwarzen Kleid und einer weißen Haube rührte in einem Topf, der an einem Haken über dem Feuer hing. Sie schaute auf und lächelte vage in meine Richtung, wandte sich dann aber gleich wieder ihrer offenbar sehr schwierigen Aufgabe zu. Ich nahm an, daß sie die Haushälterin war, und stellte zufrieden fest, daß sie genau das Gegenteil von dem Drachen zu sein schien, der jetzt den Haushalt der Weavers führte. Aber ich hatte kaum mehr Interesse an ihr als sie an mir. Ungeduldig fieberte ich Cicely Fords Rückkehr entgegen.

Plötzlich fiel mir ein, daß sie mir ihren Namen noch gar nicht genannt hatte, doch wer sonst hätte sich hinter dieser lieblichen Gestalt verbergen können? Sie entsprach genau Margaret Walkers Beschreibung, und es wunderte mich nicht, daß eine Frau wie Cicely Lillis' Spott auf sich zog. Sie war so blond, liebenswürdig und offen, wie die andere dunkel, listig und verschlossen war.

Als Cicely Ford zurückkam, glaubte ich, ein leichtes Stirnrunzeln wahrzunehmen. Sie betrachtete mich argwöhnisch, und obgleich ihr jede Form von Feindseligkeit von Natur aus fremd zu sein schien, war doch deutlich zu spüren, daß ich ihr nicht mehr ganz so willkommen war wie zu Anfang.

«Master Herepath wird dich empfangen», sagte sie. «Bitte folge mir.»

Sie führte mich durch die Küche, an der Speisekammer vorbei und durch die Halle in Edward Herepaths Herrenzimmer. Die prächtige Halle war mit Tapeten ausgekleidet, die in tiefroten, grünen und blauen Farben verschiedene Jagdszenen darstellten. Unter dem reichverzierten Kaminsims brannte ein hübsches Feuer. An jedem Ende des langgestreckten Tisches, der die Mitte des großen Raumes einnahm, stand jeweils ein wunderschön geschnitzter Sessel. Das Herrenzimmer war kleiner und gemütlicher eingerichtet. Auch hier brannte ein Feuer, dessen Rauch zum großen Schornstein in der Halle geleitet wurde. Vorm Kamin stand ein dritter Sessel, und der breite Fenstersims war mit grünen Samtkissen ausgelegt. Auf einer Fichtentruhe, deren Deckel mit zierlichen Schnörkeln versehen war, stand ein fünffarmiger Kerzenhalter aus Messing, und – welch unvorstellbarer Reichtum! – statt Binsen lagen Teppiche auf dem Boden. Allem Anschein nach war Edward Herepath ein sehr vermögender Mann.

Als wir eintraten, stand er auf, doch ich war nicht so dumm anzunehmen, daß seine Höflichkeit mir galt. Er streckte die Hand aus und zog sein Mündel zu sich heran. «Warum gehst du nicht zu Dame Freda?» fragte er sanft. «Noch heute morgen hat sie sich darüber beklagt, daß deine Stickerei nicht fertig geworden ist.»

Cicely Ford schüttelte entschieden den Kopf. Sie war eine junge Frau, die sehr genau wußte, was sie wollte, und ruhig, aber bestimmt ihren Willen durchsetzte. «Wenn sich dieses Gespräch um Robert dreht, möchte ich es lieber mit anhören.»

«Es wird dich nur aufregen, Liebes. Geh mir zuliebe.»

Sie preßte die hübschen Lippen zusammen und schüttelte noch einmal den Kopf. Tränen standen in ihren kornblumenblauen Augen. «Warum sollte es mich nicht aufregen?» Ihre Stimme klang bitter. «Was habe ich getan, daß ich eher verschont werden sollte als du? Habe ich zu ihm gehalten, als er mich am meisten brauchte? Habe ich ihm eher geglaubt als das Hohe Gericht, als er schwor, keinen Mord begangen zu haben? Habe ich seine Bitte erhört, ihn ein letztes Mal im Gefängnis aufzusuchen? Nein!» Es klang wie der Schrei eines tödlich verletzten Tieres und stach mir mitten ins Herz. Sie vergrub ihr Gesicht in den Händen und schluchzte laut.

Wieder einmal wurde mir klar, daß das Aufdecken der Wahrheit stets schmerzlich ist und manchmal mehr Schaden anrichtet als Gutes tut. Fast war ich entschlossen, umzukehren und Margaret Walker zu erklären, daß die Lösung des Geheimnisses für eines der liebenswertesten Geschöpfe, die ich je gesehen hatte, mit unnötigen Qualen verbunden sei. Ich holte Luft und öffnete den Mund, um Lebewohl zu sagen, doch irgendwie wollten mir die Worte nicht über die Lippen kommen. Irgendeine tiefere Regung ließ mich schweigen – und dahinter steckte weder der Unwille, Lillis' spöttisches Lächeln zu ertragen, noch meine übergroße Neugier. Wie schon bei anderen Gelegenheiten beschlich mich die Ahnung, daß Böses am Werk war und Gott mich erst wieder zur Ruhe kommen lassen würde, wenn ich es gebannt hatte.

Ich schickte mich also in meine Niederlage und schloß die Lippen. Edward Herepath geleitete Cicely Ford zum Fenstersims. Das Gesicht abgewandt, bis sie die Fassung wiedergewonnen hatte, ließ sie sich auf den Samtkissen nieder.

Ihr Vormund nahm wieder seinen Platz am Feuer ein und sah mir ernst ins Gesicht. «Nun, Roger Chapman, du siehst, in welches Hornissennest du hier gestochen hast. Aber ich bin es meinem guten Freund Alfred Weaver schuldig, wenigstens anzuhören, was du mir zu sagen hast.»

8

Edward Herepath war ein gutaussehender Mann, groß und breitschultrig, mit einem starken Unterkiefer und einem kantigen Kinn, das durch den rechteckig gestutzten Bart noch betont wurde. Sein Bart und sein Kopfhaar, das er, der letzten Mode entsprechend, unterhalb der Ohren auf eine Länge geschnitten trug, waren dunkelbraun mit einigen rötlichen Strähnen, und seine Augen zeigten jenes unbestimmte Blau, das man bei anderer Beleuchtung auch für Grau halten kann. Sein Wams aus rostbraunem Wollstoff war nicht so kurz wie das eines jüngeren Mannes – zu jener Zeit betonten die modebewußten Männer auf fast schon unzüchtige Weise Lenden und Gesäß –, aber auch nicht so lang, daß man es als altmodisch hätte bezeichnen können. Seine Schuhe aus feinem grünem Leder waren modisch spitz, doch auch hier hatte er nicht übertrieben, sondern seinen Zehen ausreichend Freiheit eingeräumt. Alles in allem war er also ein Mann, der durchaus Wert auf sein Äußeres legte, sich gleichzeitig aber auch seines Standes bewußt war und dessen Würde nicht durch jugendliche Flausen aufs Spiel setzen wollte.

«Nun?» fragte er, nachdem wir eine Weile geschwiegen hatten. «Du wolltest mit mir über meinen Bruder sprechen. Du wohnst zur Zeit bei Mistress Walker und ihrer Tochter Lillis, wie der Ratsherr schreibt.»

«Ja, als ich vor einigen Wochen nach Bristol kam, wurde ich plötzlich krank. Die beiden Frauen waren so gut, mich aufzunehmen und wieder gesund zu pflegen. Nach einiger Zeit erzählten sie mir dann ihre Geschichte. Es macht ihnen großen Kummer, daß die Leute über sie reden, als wüßten sie, was damals mit Master Woodward geschehen ist. Ich habe ihnen versprochen, die Wahrheit herauszufinden, wenn es denn überhaupt möglich ist.»

Edward Herepath hob die Augenbrauen. «Und dafür möchtest du meinen Segen?» Seine Stimme klang scharf. «Was geschehen ist, ist geschehen, und nichts, was du oder sonst irgend jemand herausfinden kann, wird meinen Bruder wieder lebendig machen. Mistress Ford und ich müssen lernen, mit unserem Unglück zu leben, und wir können nur hoffen, daß die Zeit uns mit den schrecklichen Folgen wenigstens teilweise versöhnen wird. Werden die alten Wunden immer wieder aufgerissen, wird auch unser Kummer aufs neue entfacht.»

Ehe ich ihm noch antworten konnte, stand Cicely Ford von ihrem Platz am Fenster auf, trat hinter den Sessel ihres Vormunds und legte eine zierliche, blaugeäderte Hand auf seine Schulter. «Edward», sagte sie leise, «ich verstehe voll und ganz, wie dir zumute ist. Ja, wer könnte dich besser verstehen? Aber die Wahrheit kann niemandem schaden. Vielleicht würde es auch uns guttun, wenn wir wüßten, was damals tatsächlich geschehen ist. Außerdem dürfen wir nicht untätig zuschauen, wie unschuldige Menschen leiden. Falls Roger Chapman recht hat und die Bruderschaft der Weber Mistress Walker und ihrer Tochter tatsächlich die Schuld an William Woodwards Verhalten gibt, ist das sehr ungerecht. Ich selbst würde mein Leben dafür verpfänden, daß die beiden auch nicht mehr wußten als der arme, verwirrte Alte. Ich wünschte, du hättest dich dazu durchringen können, ihn zu besuchen. Dann hättest du gesehen, wie sehr man ihn mißhandelt hat und daß er nicht mehr wußte, was mit ihm geschehen war. Die beiden Frauen waren genauso ratlos wie wir alle.»

Edward Herepath nahm ihre Hand, sagte aber nichts. Ganz offensichtlich befand er sich in einem Zwiespalt. Seine innere

Stimme riet ihm, keine schlafenden Hunde zu wecken. Gleichzeitig wollte er Cicely ihren Willen lassen. Wenn sie den Mut hatte, noch mehr Leid zu ertragen, um die Not anderer Menschen zu lindern, wollte er in ihren Augen nicht als Feigling dastehen. Hätte er mein Anliegen zurückgewiesen, wäre er gefühllos erschienen – als wäre ihm das Schicksal Margaret Walkers gleichgültig.

Er drehte sich zu ihr um und schaute sie an. «Liebes, bist du dir auch wirklich sicher? Möchtest du tatsächlich, daß das Ganze weitergeht? Bedenke doch: Allein dadurch, daß Roger Chapman heute nachmittag zu uns gekommen ist, hat er bei uns beiden alte Wunden aufgerissen, und vermutlich wird er uns, ehe er wieder geht, noch weiteren Qualen aussetzen. Und wofür? Wir wissen doch gar nicht, ob er überhaupt irgend etwas Neues herausfinden kann. Ja, ich glaube sogar, daß das eher unwahrscheinlich ist. Ich habe damals alles getan, was ich nur konnte, um der Wahrheit auf die Spur zu kommen, und mein Freund Alfred Weaver hat für Mistress Walker und ihre Tochter Erkundigungen eingezogen – alles ohne Erfolg.» Sanft drückte er Cicelys Hand. «Willst du meinen Rat nicht beherzigen und die Sache auf sich beruhen lassen?»

Cicely beugte sich über ihn und küßte ihn leicht auf die Stirn, und während sie dies tat, bemerkte ich, wie Edward Herepaths andere Hand krampfhaft die Stuhllehne umklammerte. Mir dämmerte, daß Edward Herepath ebenfalls im Bann dieses zauberhaften Mädchens stand und daß er ihr möglicherweise mehr Gefühle entgegenbrachte als die beschützende Fürsorge der Vormundschaft. Ich hatte Mitleid mit ihm, denn er war nicht nur um viele Jahre älter als sie, und die Liebe, die sie für ihn empfand, war die Liebe einer Tochter zu ihrem Vater. Nein, selbst wenn es ihm gelungen wäre, diese beiden Hindernisse zu überwinden, hätte er sich doch nie mit einem Toten messen können – einem Toten, dem Cicelys ewige Buße und Hingabe galten. So unzulänglich Robert Herepath zu seinen Lebzeiten auch gewesen sein mochte, in welches Elend er leichtfertig andere Menschen gestürzt hatte, die Umstände seines Todes hatten ihn in ihren Augen auf ewig zu einem Märtyrer gemacht. Die nicht mehr zu tilgende Schuld lastete schwer auf ihren zarten Schultern. Wie sollte Edward Herepath jemals gegen all dies antreten?

Cicely ging um den Sessel herum und kniete vor ihrem Vormund nieder. «Lieber Edward», sagte sie ernst, «ich verstehe deine Befürchtungen, aber ich bitte dich, laß mir in dieser Sache meinen Willen. Ich möchte über Roberts Todesumstände alles wissen, was es darüber zu erfahren gibt. Die Geschichte hat soviel Unerklärliches, und manchmal habe ich das Gefühl, der Teufel selbst ist in uns alle gefahren und hat uns gegen Robert aufgehetzt. Oh, ich weiß, was du sagen willst! Daß Robert durch sein Betragen alle Welt gegen sich eingenommen hat und deshalb an seiner Verurteilung selbst die Schuld trägt, aber ich weigere mich, das zu glauben. Zum Teil hast du sicherlich recht. Er war wild und ungestüm, er hat sich wenig darum gekümmert, wen er durch sein Benehmen beleidigte. Aber das erklärt noch lange nicht, warum wir uns alle gegen ihn gewendet und geglaubt haben, daß er eines Mordes schuldig war, obwohl es noch nicht einmal eine Leiche gab. Du und der Ratsherr, ihr habt euer Bestes getan, um die Wahrheit aufzudecken, aber ihr hattet keinen Erfolg. Gib daher diesem jungen Mann die Möglichkeit, sein Talent unter Beweis zu stellen! Der Ratsherr spricht in seinem Brief davon, daß er das rätselhafte Verschwinden seines Sohnes Clement aufklären konnte. Vielleicht kann er ja auch unser Rätsel lösen.» Sie drückte Edwards Arm so fest, daß sich ihre Knöchel weiß gegen den rostbraunen Stoff abhoben. «Bitte, Edward. Um meinetwillen, gib deine Einwilligung, daß er es versuchen darf.»

Ich weiß nicht, wer ihren flehentlichen Bitten und ihren tränennassen, kornblumenblauen Augen hätte widerstehen können. Ich sicherlich nicht – und Edward Herepath erst recht nicht.

Jedenfalls stieß er einen traurigen Seufzer aus und streichelte ihre Wange. «Trockne deine Tränen, mein liebes Kind. Wenn es dir soviel bedeutet, gebe ich dem Hausierer meinen Segen, wenn ich auch zugeben muß, daß es mir äußerst schwer fällt.»

Cicely stand auf, lächelte schwach und tupfte sich die Augen mit einem bestickten Leinentuch ab. Es war das erste Mal, daß ich jemanden ein Taschentuch benutzen sah, obwohl es seit seiner Einführung durch König Richard vor fast hundert Jahren bei feinen Leuten gang und gäbe war. Ich stellte mir vor, wie Lillis aussehen würde, wenn sie weinte, rotnasig und laut schniefend, und ich konnte nicht anders, als dieses Bild mit den beherrschten Gefühlen dieses Mädchens zu vergleichen, das nun vor mir stand. Cicely Ford hatte mich völlig verzaubert.

Edward Herepath beugte sich vor, legte die Fingerspitzen beider Hände zusammen und betrachtete mich streng. «Also gut, junger Mann. Da Mistress Ford darauf besteht, hast du meine Einwilligung, das Geheimnis um Master Woodwards plötzliches Verschwinden zu ergründen und dein Möglichstes zu tun, um dem wahren Geschehen auf die Spur zu kommen. Gibt es etwas, das du mich gerne fragen würdest?»

Cicely zog sich wieder auf ihren Platz am Fenster zurück. Voller Bedauern löste ich den Blick von dem schönen Kind und wandte mich wieder dem Vormund zu.

«Ich habe mich gefragt, Sir, wie es wohl dazu gekommen ist, daß William Woodward als Pachteintreiber für Euch arbeitete, da er doch sein ganzes Leben lang Weber gewesen war und darüber hinaus so viele Lenze auf dem Buckel hatte, daß selbst seine Tochter ihn für diese Arbeit als zu alt erachtete.»

Edward Herepath runzelte die Stirn. «Sind solche Fragen wirklich notwendig? Nun gut, nun gut! Ich habe mein Wort gegeben», lenkte er ein, als Cicely unruhig wurde. In etwas gereiztem Tonfall fuhr er fort: «Ehrlich gesagt, ich kann mich kaum noch an die genauen Umstände erinnern. Schließlich ist das alles schon fast fünf Jahre her. William Woodward war nie mehr als ein durchschnittlicher Weber gewesen. Sein Meisterstück wurde von der Gilde abgelehnt, und so blieb er Zeit seines Lebens Geselle. Der Mann, den ich eingestellt hatte, damit er für mich die Pacht- und die Mietzinsen eintrieb, hatte ein Mädchen aus Keynsham geehelicht und mir den Dienst quittiert, um mit ihr in ihr Heimatdorf zu ziehen. Er hat mich erst in letzter Minute davon in Kenntnis gesetzt, und so kam es, daß ich dringend einen neuen Eintreiber brauchte.»

«Aber warum ausgerechnet William Woodward?» beharrte ich.

Edward zuckte unwirsch mit den Schultern. «Wenn ich mich recht erinnere, hat er mich selbst gefragt, ob er in meine Dienste treten kann. Er war es leid, bei seiner Tochter zu leben. Es gab Unstimmigkeiten zwischen den beiden, und er wußte, daß mir das Haus in der Bell Lane gehörte und es meinem Eintreiber kostenfrei zur Verfügung stand. Er schätzte seine Unabhängigkeit und traute sich die Arbeit trotz seines Alters ohne weiteres zu.»

«Und Ihr?» hakte ich weiter nach. «William Woodward war tatsächlich kein Jüngling mehr. Mistress Walker meint, ihr Vater sei zu der Zeit mindestens neunundfünfzig Jahre alt gewesen, und die Aufgabe, Mieten und Pachtzahlungen einzutreiben, kann durchaus anstrengend sein. Hat das bei Euren Überlegungen keine Rolle gespielt?»

Edward Herepath runzelte wieder die Stirn und rutschte ärgerlich auf seinem Sessel hin und her. Mir wurde klar, daß meine Fragen zu forsch gewesen waren, womöglich sogar tadelnd geklungen hatten. In dem Fall war er mit Recht ärgerlich. Er hatte sich entgegenkommend gezeigt und mir angeboten, ihn zu befragen. Ich nahm mir vor, von nun an vorsichtiger zu sein.

Im Tonfall seiner Antwort war jedoch kaum ein Anflug von Widerwillen zu spüren. «William Woodward war zwar schon ergraut, aber er war ein großer, starker Mann von stattlicher Statur. Die Menschen hatten immer ein bißchen Angst vor ihm, zeigten fast eine Art Ehrfurcht vor seiner Größe und Stärke. Zumindest war das mein Eindruck. Ja, ich habe ihm die Arbeit zugetraut, und meine Zuversicht war voll und ganz berechtigt, denn in den vier Jahren, in denen er in meinen Diensten stand, hatte ich weniger Außenstände als je zuvor. Wahrscheinlich hast du gehört, daß ich sowohl in Bristol als auch in der Umgebung viel Land besitze, und William war sehr geschickt darin, Pachtzinsen und Mieten einzutreiben. Welche Methoden er dabei anwendete, hat mich nicht gekümmert. Ich war einfach dankbar dafür, daß mir die unangenehme Aufgabe, den Sheriff zu rufen, um säumige Zahler anmahnen oder festsetzen zu lassen, immer öfter erspart blieb.»

Wieder runzelte Edward Herepath die Stirn, doch diesmal war nicht ich die Quelle seines Mißfallens. «Vielleicht war es ein Fehler, daß ich kein strengeres Auge auf William gehabt habe. Vielleicht hat er sich noch ganz andere Feinde gemacht als diesen Miles Huckbody, der ihm, wie ich weiß, mehr als einmal Rache geschworen hat.»

«Miles Huckbody?» hakte ich nach, als er gedankenverloren innehielt.

Edward Herepath stieß mit dem Fuß ins schlummernde Feuer, um es zu neuem Leben zu erwecken. Die Flammen züngelten auf und warfen kleine, tanzende Schatten. Die blauen und ockergelben Farben auf den Wandteppichen verblaßten, und die Rottöne verschmolzen miteinander wie frisches Blut.

«Wie bitte? Ach so, Miles Huckbody. Er und seine Familie hatten in der Nähe von King's Wood ein paar Felder und eine Kate von mir gepachtet, aber der Mann wurde krank und konnte das Land nicht mehr bestellen. Seine Frau rackerte sich noch eine Weile allein ab, bis das Getreide immer weniger wurde, das Schwein starb und die Ernte schließlich nicht mehr genügte, um das Überleben der Familie zu sichern.» Edward Herepath seufzte. «Anstatt sich an mich zu wenden, ließ William die Familie eigenmächtig verhaften, und als ich endlich davon erfuhr, war es zu spät. Die Familie hatte die Gegend bereits verlassen. Miles Huckbody aber ist später wieder in Bristol aufgetaucht. Seine Frau und sein Kind waren gestorben, er selbst war krank und völlig verarmt. Er wurde von der Bruderschaft der Bons-Hommes aufgenommen, die das Gaunt-Hospital in der Nähe der Augustinerabtei leiten. Dank der mildtätigen Freigebigkeit von Maurice und Henry de Gaunt und ihrem Neffen, Robert de Gourney, vor zwei oder mehr Jahrhunderten, geben sie einigen hundert armen Seelen Obdach und Essen.» Und nicht ohne Stolz fügte er hinzu: «Wir in Bristol kümmern uns um unsere Leute.»

Aber wohl doch nicht gut genug, um ihre Verhaftung zu verhindern, dachte ich im stillen. Andererseits, Geschäft ist Geschäft, wie einem jedermann in Bristol, damals und heute, versichert. Laut fragte ich: «Und Miles Huckbody hat Master Woodward öffentlich Rache geschworen?»

«So hat es mir zumindest William selbst erzählt. Er sagte mir, er sei dem Mann draußen vor der Stadt in der Nähe des Dominikanerklosters begegnet, und Huckbody habe ihn beschimpft und ihm Gewalt angedroht. Seine Freunde vom Hospital hätten ihn nur mit größter Mühe zurückhalten können. Nicht daß William sich tatsächlich in Gefahr wähnte. Miles Huckbody sei viel zu schwach, um ihm ein Leid anzutun, sagte er, seine Drohungen würden ihm nicht den Nachtschlaf rauben.»

«Immerhin hatte William Woodward mindestens einen Feind, der ihm Böses wollte», sagte ich.

Edward Herepath zuckte mit den Schultern. «Mehr als einen, vermute ich. Er gehörte nicht zu denen, die sich bei anderen beliebt machen. Er hegte einen Groll gegen die ganze Welt, weil sie ihn seiner Meinung nach ungerecht behandelt hatte. Er war ziemlich grantig, aber ich bin immer gut mit ihm ausgekommen. Vielleicht lag es daran, daß auch ich mein Kreuz zu tragen hatte.»

Bitterkeit mischte sich in seine Stimme. Offenbar hatte er

Cicelys Anwesenheit vergessen. Erst als ein leiser Aufschrei vom Fenster zu hören war, erinnerte er sich an sie, sprang auf und streckte ihr beide Hände entgegen. «Mein liebes Kind! Ich wollte nicht... Verzeih mir! Du weißt, ich würde deinen Schmerz nie willentlich vergrößern.»

Cicely ließ ihre Stickerei fallen und ergriff seine ausgestreckten Hände. «Nein, nein! Da gibt es nichts zu verzeihen. Ich weiß, wieviel du durch Robert ertragen mußtest, wie ungehörig und ungehorsam er war. Ich weiß auch, wie dankbar er dir hätte sein müssen, weil du dich um ihn gekümmert und seit seinem zweiten Lebensjahr ganz allein für ihn gesorgt hast. Niemand hätte sich einen gütigeren, nachsichtigeren Bruder wünschen können. Im Innersten seines Herzens wußte er das natürlich auch, er hätte es bloß niemals offen zugegeben. Du und ich, lieber Edward, wir beide wissen, daß unter seiner rauhen Schale ein gütiger, freundlicher Kern verborgen lag. Nach der Heirat mit mir wäre sein wahres Wesen zum Vorschein gekommen. Ich hätte ihn zähmen können. Ich weiß es!»

Edward Herepath drückte ihre Hände und sah ihr in die Augen. «Wer will das bezweifeln? Deine Sanftheit und deine Schönheit hätten jeden Mann bezwungen.»

Er beugte sich über sie und küßte ihre Hände, ehe er sie schuldbewußt losließ und sich abwandte. Der Schmerz der unglücklichen Liebe stand ihm ins Gesicht geschrieben. Er tat mir leid, denn ich verstand, was er durchmachen mußte. Cicely Ford hatte ihr Zauberband bereits auch um mein Herz gewoben, erfüllte meinen Geist mit einem seltsamen Verlangen, und in mir wurden Träume wach, von denen ich wußte, daß sie niemals Wirklichkeit werden konnten.

Edward Herepath nahm seinen Platz am Kamin wieder ein und schaute mich an. Da er mir keinen Stuhl angeboten hatte, taten mir allmählich die Beine weh. «Möchtest du noch irgend etwas anderes wissen?» fragte er mich.

Ich zögerte, denn ich spürte, daß seine Geduld allmählich zur

Neige ging. Andererseits wollte ich nicht gehen, bevor ich meine Neugier vollends befriedigt hatte. Daher wagte ich zu fragen: «Ihr wart in Gloucester, als der vermeintliche Mord an William Woodward geschah?»

«Ja, da hast du völlig recht. Ich wollte mir in Gloucester ein Pferd kaufen. Master Shottery, ein Bekannter meines Freundes Peter Avenel, hatte mir bei einem Besuch in Bristol erzählt, daß er das Pferd verkaufen wolle. Das Tier schien genau meinen Wünschen zu entsprechen, daher wollte ich so rasch wie möglich nach Gloucester reisen. An Mariä Verkündigung ritt ich los und quartierte mich für zwei Nächte in einem Gasthaus ein. So hatte ich einen ganzen Tag Zeit, mir das Pferd anzusehen und mich für oder gegen den Kauf zu entscheiden, und einen dritten Tag, um bequem wieder nach Bristol zurückzukehren. Genauso ist es dann auch geschehen.» Kummer verzerrte seine feinen Züge. «Wie sich herausstellte, hätte ich jedoch genausogut einen Tag früher zurückkehren können, da der Kauf schon am Freitagmorgen abgeschlossen war. Master Shottery konnte mich nicht länger bewirten, weil seine Frau krank gewesen war. Dennoch entschloß ich mich, an meinem ursprünglichen Plan festzuhalten und bis zum nächsten Tag in Gloucester zu bleiben.»

Vom Fensterplatz war Cicelys Stimme zu hören: «Lieber Edward, du darfst dir keine Vorwürfe machen. Deine frühere Rückkehr hätte nichts verhindern können. Keiner von uns ahnte, daß das Unheil längst seinen Lauf genommen hatte.»

Abrupt fragte ich: «Hattet Ihr denn keine Bedenken, Master Herepath, daß in Eurer Abwesenheit etwas hätte geschehen können, zumal Ihr, wie mir Mistress Walker sagte, Eurem Bruder Robert erzählt hattet, daß William Woodward Euer Geld bis zu Eurer Rückkehr bei sich aufbewahren würde?»

Ich sah, wie Edwards Gesicht unter dem Bart dunkelrot anlief. Ich hielt den Atem an und rechnete schon fest damit, wegen meiner Unverfrorenheit vor die Tür gesetzt zu werden. Statt dessen schenkte er mir nur ein schwaches, wenn auch etwas frostiges Lächeln. «Du scheinst deinen Auftrag ja sehr ernst zu nehmen, Roger Chapman. Mistress Walker und ihre Tochter haben eine kluge Wahl getroffen. Ja, ich gebe zu, daß mir die Sache nicht ganz geheuer war. Aber mein Bruder hat zeit seines Lebens soviel Ärger heraufbeschworen, daß ich mich an dieses leicht mulmige Gefühl schon gewöhnt hatte – wie jemand, der sich an eine alte Wunde gewöhnt und mit der Zeit lernt, sie zu vergessen. Genügt dir diese Antwort? Ich hoffe es, denn es ist die einzige Entschuldigung, die ich vorbringen kann.»

Ich machte eine kleine Verbeugung. «Ihr seid mehr als großzügig gewesen, Master Herepath, und ich danke Euch, daß Ihr meine Fragen so geduldig ertragen habt. Mit Eurer Erlaubnis möchte ich mich jetzt verabschieden.»

Er stand auf. Durch die Aussicht auf meinen Rückzug schien seine gute Laune wiederhergestellt. Und wer hätte es ihm verdenken können? Meine Fragen hatten schmerzhafte Erinnerungen wachgerufen, die er vergeblich zu vergessen suchte.

«Mistress Ford und ich hoffen, daß wir dir nützlich waren. Hast du schon irgendeine Vorstellung davon, was William Woodward zugestoßen sein könnte?»

Ich schüttelte den Kopf. «Ich gebe zu, daß ich nach wie vor im dunkeln tappe. Aber als nächstes werde ich diesen Miles Huckbody aufsuchen und ihn befragen. Lebt wohl und vielen Dank. Gott sei mit Euch. Wenn es Euch nicht zu anmaßend erscheint, werde ich Euch in meine Gebete einschließen.»

9

Cicely Ford stand von ihrem Platz am Fenster auf und begleitete mich zur Tür. Ich glaubte, in Edward Herepaths Gesicht eine Spur von Mißfallen zu sehen. Ihre Bereitschaft, anderen zu Diensten zu sein, schien ihm gegen den Strich zu gehen. Er wollte sie für sich haben, von anderen Menschen fernhalten und vor allen Unbilden des Lebens schützen, doch das entsprach nicht ihrem natürlichen Wesen. Es bereitete ihr einfach Freude, sich nützlich zu machen, und sie weigerte sich, in dem Haus, in dem sie, wie ich annahm, seit dem Tod der Frau ihres Vormunds vor drei Jahren praktisch die Hausherrin war, alles der Dienerschaft zu überlassen.

Als sich die Tür des Wohnzimmers hinter uns schloß, legte sie eine Hand auf meinen Arm und zog mich aus der Zugluft, die aus der Speisekammer hereindrang und die Binsen auf dem Boden aufwirbeln ließ. Sie zeigte auf das Feuer im großen Kamin. «Am besten wärmst du dich noch ein wenig auf, ehe du wieder hinausgehst», sagte sie. «Auf den Straßen ist es heute bitterkalt.»

Ich folgte ihrer Einladung nur allzugern, denn jede Verzögerung erlaubte es mir, einige Augenblicke länger in ihrer Gesellschaft zu verweilen. Ich rieb die Hände und hielt sie über das wärmende Feuer. Nach einer Weile nahm ich meinen ganzen Mut zusammen und fragte leise: «Hättet Ihr Robert Herepath wirklich geheiratet?»

Ihre blauen, tränennassen Augen öffneten sich weit, und ich sah darin solche Pein, daß es mir schier das Herz zerriß. Rasch schaute ich zur Seite, denn mir war schmerzlich klargeworden, daß ich zu tief in ihr Innerstes eingedrungen war und gesehen hatte, was zu sehen mir nicht bestimmt war. Doch ehe ich sie noch um Verzeihung bitten konnte, sagte sie leise: «Ja.»

Ein Holzscheit knackte und spie einen Funkenregen in die Luft. «Vergebt mir...», begann ich, doch sie hörte mich gar nicht, so versunken war sie in ihren Kummer. Dann fing sie plötzlich zu sprechen an, und die Worte schienen wie ein Sturzbach aus ihrem übervollen Herzen zu sprudeln. «Weißt du, wie es ist, wenn man den Menschen, den man mehr geliebt hat als sein eigenes Leben, in der Stunde der Not im Stich gelassen hat? Ihn für fähig gehalten hat, ein abscheuliches Verbrechen zu begehen? Sich voller Grauen von ihm abgewendet hat? Kennst du dieses Gefühl?» Sie rang die Hände, und fast sah es so aus, als würden ihre zarten Finger zerbrechen, doch sie schien den Schmerz gar nicht wahrzunehmen. «Nein, du kennst es nicht! Bete zu Gott, Er möge dir gnädig sein und es dir ersparen, so daß du es nie erleben wirst!» Sie rang nach Luft und warf verzweifelt den Kopf zurück. «Ich habe Robert Herepath von dem Moment an geliebt, in dem ich ihn zum erstenmal gesehen habe. Ich war damals ein Kind, mein guter Vater war noch am Leben und hatte mich noch nicht Edwards Fürsorge anvertrauen müssen. Ich wußte: So verzogen, rücksichtslos und undankbar Robert nach außen auch immer erscheinen mochte, innerlich war er ein ganz anderer Mensch. Er war bloß nie richtig erwachsen geworden. Er brauchte Güte, Verständnis und sehr viel Zuneigung. Natürlich hat Edward ihn auf seine Weise ebenso geliebt wie ich. Aber er war immer beschäftigt und hatte zuwenig Zeit für seinen kleinen Bruder.» Sie sah mich mit traurigen Augen an. «Glaube nicht, daß ich Edward irgendeinen Vorwurf mache. Er war gerade mal zwanzig Jahre alt, als Giles Herepath starb und er seinem zwei Jahre alten Bruder plötzlich Vater und Mutter ersetzen mußte.» Ein scheues Lächeln stahl sich auf ihre Lippen. «Das war im gleichen Jahr, als ich geboren wurde, aber mein Vater hat oft von der großen Bürde gesprochen, die Edward ohne zu murren auf sich genommen hatte, und wie sehr er ihn dafür bewundert hat.»

Ich gewann den Eindruck, daß ihre übergroße Liebe sie für Robert Herepaths wahren Charakter blind gemacht hatte. Natürlich behielt ich meine Meinung für mich, wagte aber, sie zu fragen: «Warum wart Ihr Euch dann ebenso sicher wie alle anderen, daß er William Woodward ermordet hatte? Immerhin ist die Leiche nie gefunden worden, und man hat nur Williams Hut aus dem Frome gefischt.»

Trotz des warmen Feuers zitterte Cicely Ford und schlang die Arme um den schlanken Körper, als würde ihr nie wieder richtig warm werden. «Ich weiß es nicht! *Ich weiß es nicht.* Im nachhinein erscheint mir alles wie ein böser Traum.» Sie runzelte die Stirn, als versuchte sie angestrengt, diesem Alptraum irgendeinen Sinn abzuringen. «Vielleicht... Vielleicht weil Edward sich so sicher war, daß sein Bruder hinter dem Mord steckte. Edward ist ein Mann, der sich nicht so leicht täuschen läßt, und doch hat er mir selbst erzählt, daß er, sobald er über alle Tatsachen Bescheid wußte, von Roberts Schuld völlig überzeugt gewesen sei. Er hat sich bittere Vorwürfe gemacht, daß er Robert in Versuchung geführt hatte, aber daß William Woodwards Leiche nicht gefunden wurde, konnte ihn nicht dazu bringen, den Unschuldsbeteuerungen seines Bruders Glauben zu schenken. Seine unerschütterliche Sicherheit hat auch mich beeinflußt und mich für die Wahrheit blind gemacht.»

«Robert hat zugegeben, daß er das Geld gestohlen hatte?» fragte ich, um mir Margaret Walkers Erzählung bestätigen zu lassen.

«O ja. Er ist immer ehrlich gewesen und hat sowohl seine Schwächen als auch seine Stärken offen eingestanden.» Wieder rang sie die Hände und sagte mit qualvoll verzerrtem Gesicht: «Ich wußte das, und diese Tatsache allein hätte mir genügen müssen, um seinen Worten Glauben zu schenken. Dennoch habe ich mich dazu verleiten lassen, ihn für einen Mörder zu halten.»

Zwischen den Holzscheiten zischte es, und eine kleine blaue Flamme züngelte den Schornstein empor. «Ihr wart bereit, ihm soviel zu verzeihen», sagte ich vorsichtig. «Hättet Ihr ihm nicht auch einen Mord verzeihen können?»

Die kornblumenblauen Augen sahen mich voller Entsetzen an. «Einem anderen Menschen das Leben zu nehmen, um sich an ihm zu bereichern? Nein, das könnte ich niemandem verzeihen.» Ihre Stimme war jetzt fast nur noch ein Flüstern. «Daß Menschen im Krieg oder durch das Gesetz zu Tode kommen, müssen wir wohl billigen. Alles andere aber liegt allein in Gottes Hand.»

Ich hätte gern noch weiter mit ihr über diese Frage gesprochen, hätte darauf hingewiesen, daß das Gesetz in diesem Fall ja ganz offensichtlich eine falsche Entscheidung getroffen hatte, doch in dem Augenblick klopfte es an der Vordertür, und eine Frau erschien auf der Treppe, die von der Halle in die oberen Stockwerke führte. «Das wird bestimmt Master Robin sein», sagte sie mit sichtlich zufriedener Miene.

Die hochgewachsene, lebhafte Frau zählte vielleicht vierzig Lenze. Bis auf den schneeweißen Schleier und das Hütchen war sie ganz in Schwarz gekleidet. Ihre durchdringenden, grauen Augen standen in einem seltsamen Gegensatz zu ihren weichen Gesichtszügen, den runden Wangen, der Stupsnase und ihrem vollen Mund. «Ich lasse ihn herein.»

Cicely Ford schien leicht verärgert zu sein. Dennoch zwang sie sich zu einem nachsichtigen Ton. «Dame Freda, es wird ihm nicht schaden, ein Weilchen vor der Tür zu warten, bis einer der Diener Zeit hat, auf sein Klopfen zu antworten.»

Das war also die Gesellschafterin, die Edward Herepath für sein Mündel eingestellt hatte. Auf Anhieb konnte ich mich nicht so recht entscheiden, ob ich sie mochte oder nicht. Ich kam zu dem Schluß, daß ich sie erst besser kennenlernen mußte, ehe ich mir über sie ein Urteil erlauben konnte. Dame Freda warf mir einen kurzen Seitenblick zu, während sie, die Bemerkung ihrer Herrin mißachtend, an uns vorbei zur Tür eilte, um den Besucher hereinzulassen. Der junge Mann, der kurz darauf mit einem kalten Windstoß ins Zimmer geweht kam, sah aus wie alle Stutzer jener Zeit und erinnerte mich sehr an Alfred Weavers Schwiegersohn, den ich vor drei Jahren kennengelernt hatte. Sobald er den mit Zobelfell gefütterten Mantel betont lässig von den Schultern geworfen hatte, spreizte sich Master Robin vor uns in aller Herrlichkeit seines bunten, aufreizend kurzen Wamses, das kaum über seine Hüften reichte und den gefütterten, mit gold- und silberfarbenen Troddeln besetzten Hosenbeutel sehen ließ. An der Taille wurde das Wams von einem Gürtel aus feinstem scharlachrotem Leder zusammengehalten, dessen Schnalle mit Granaten und Jadesteinen verziert war. Dazu trug er scharlachrote Schuhe, deren Spitzen mindestens zwei Zoll lang waren – vielleicht nicht so lang wie die Schuhspitzen manch anderer junger Männer, doch mit Sicherheit viel zu lang, um damit bequem gehen oder reiten zu können. Noch auffälliger als die Schuhe und der Gürtel war jedoch der rote Haarschopf des jungen Mannes, der über der Stirn zu kurzen Fransen gestutzt war und an den Seiten lockig auf die Schultern fiel. Seine Augen waren braun, und seine Haut wies jene rosige Färbung auf, wie man sie bei Menschen mit roten Haaren häufig findet. Auf seinem Gesicht lag das selbstzufriedene Lächeln eines Mannes, der von sich und seinem Eindruck auf andere völlig überzeugt war und deshalb auch gar nicht wahrnahm, wie zurückhaltend Cicely Ford sich in seiner Gegenwart verhielt.

«Master Avenel», sagte sie mit tonloser Stimme und deutete einen Knicks an, ohne ihm die Hand zu reichen. Das war also der Sohn des Mannes, der Edward Herepath die Seifenmanufaktur abgekauft hatte. Margaret Walker hatte mir erzählt, daß er Cicely schöne Augen machte und hoffte, sie eines Tages heiraten zu können. Mir war vom ersten Augenblick an klar, daß seine Hoffnung vergebens war.

Doch für mich war es nun höchste Zeit, mich zurückzuziehen. Ich murmelte Mistress Ford ein paar höfliche Abschiedsworte zu und ging zurück in die Küche, wo mir die Haushälterin, die noch immer mit ihren Töpfen beschäftigt war, freundlich zunickte. Durch die Hintertür trat ich hinaus in den Garten.

Zwischen den düsteren Wolken waren am Himmel ein paar blaue Fleckchen zu sehen, aber es war immer noch sehr kalt, und ich blieb stehen, um mich fest in meinen Friesmantel einzuhüllen. Dabei überlegte ich, was ich Neues in Erfahrung gebracht hatte. Was William Woodwards Verschwinden betraf, wußte ich kaum mehr, als mir Margaret Walker schon erzählt hatte. Aber ich hatte gesehen, daß Edward Herepath – ebenso wie der junge Robin Avenel – in Cicely Ford verliebt war, und das vielleicht schon seit vielen Jahren. Außerdem schien Dame Freda eine große Bewunderung für Master Robin zu hegen, was nahelegte, daß sie Robert Herepath eher feindlich gesonnen gewesen war. Andererseits hätte wohl jeder, dem Cicelys Wohlergehen am Herzen lag, ihr von einer Ehe mit Robert Herepath abgeraten. Was Robin Avenel selbst betraf, so hatte dieser mit übergroßem Selbstvertrauen gesegnete – oder gestrafte – junge Mann für Cicelys Liebe zu einem Taugenichts sicherlich wenig Verständnis gehabt. Vielleicht hatte er sogar geargwöhnt, Robert Herepath habe einen Liebestrank oder, noch schlimmer, Schwarze Magie ins Spiel gebracht, um Cicelys Zuneigung zu gewinnen.

Bei diesem Gedanken schauderte ich und schritt langsam den Gartenweg hinab. Die Hand schon am Riegel, hielt ich wieder inne. Ich sah William Woodwards Verschwinden und Robert Herepaths Tod plötzlich nicht mehr als zwei verschiedene Ereignisse, die nur durch Roberts Habgier miteinander verknüpft waren, sondern begann, hinter beiden Ereignissen einen teuflischen Plan zu erkennen, mit dem Ziel, sich des jungen Mannes zu entledigen. Und hätte es dafür einen besseren Grund geben können, als die Liebe eines Mädchens wie Cicely Ford zu gewinnen, dessen Bild sich in der einen Stunde, in der ich mit ihr zusammen gewesen war, so unauslöschlich in mein eigenes Herz eingegraben hatte, daß ich keine andere Frau begehrte? Und wenn es nicht um ihre Liebe ging, dann doch wenigstens um ihr Wohlergehen und ihr Lebensglück, das ihr im Falle einer Eheschließung mit Robert Herepath mit Sicherheit verwehrt geblieben wäre.

Doch für eine vorsätzliche Entführung von William Woodward wären mindestens zwei weitere Männer nötig gewesen, denn daß William selbst in den Plan eingeweiht war, schien mir undenkbar. Und da alle ihn als großen, kräftigen Mann beschrieben hatten, hätte er sich trotz seines fortgeschrittenen Alters nicht so leicht von einer einzigen Person überwältigen lassen. Vielleicht stimmte seine Geschichte, er sei von irischen Sklavenhändlern verschleppt worden, ja doch – bloß daß der Auftrag der Entführer gelautet hatte, ihn nicht in die Sklaverei zu verkaufen, sondern gleich nach der Landung in Irland umzubringen. Womöglich hatte er diesen bezahlten Anschlag auf sein Leben auf wunderbare Weise überlebt und sich mühsam bis nach Bristol durchgeschlagen, während seine Entführer glaubten, er sei längst tot. Vielleicht hatten sie Geld dafür bekommen, ihn in seinem Haus zu überfallen und seinen Hut in den Fluß zu werfen, um den Verdacht auf Robert Herepath zu lenken...

Wie ein Schlafwandler trat ich auf die Gasse hinter der Small Street hinaus. In meinem Kopf drehte sich alles, und ich wußte den wilden Strom neuer Gedanken kaum zu fassen. Wenn meine Vermutung tatsächlich Bestand haben sollte, mußte ein kluger Ränkeschmied am Werk gewesen sein, der wußte, daß das Geld in William Woodwards Haus in der Bell Lane aufbewahrt werden sollte. Als erster fiel mir Edward Herepath ein. Aber er war sicherlich nicht der einzige Mensch, der von seiner bevorstehenden Reise nach Gloucester wußte. Durch geschickte Fragen hätten auch andere herausfinden können, daß William Woodward den

Auftrag bekommen hatte, das Geld bis zur Rückkehr seines Herrn in der Bell Lane aufzubewahren. Doch mir war klar, daß es nicht nur töricht, sondern auch gefährlich gewesen wäre, irgendwelche weiteren Vermutungen über den Mörder anzustellen, ehe ich nicht mehr Erkundigungen eingezogen hatte. Ich beschloß, so bald wie möglich zum Gaunts Hospital zu gehen und dort mit Miles Huckbody, William Woodwards ärgstem Feind, zu sprechen.

Inzwischen hatte ich das Ende der schmalen Gasse erreicht und wollte gerade in die Bell Lane einbiegen, als ich hinter mir ein Tor ins Schloß fallen und Schuhe übers Pflaster klappern hörte. Wenige Sekunden später legte sich mir eine Hand auf die Schulter und drehte mich mit erstaunlicher Kraft herum. Vor mir stand Robin Avenel, die Wangen von der Anstrengung des Laufens noch roter als sonst. Er hatte nicht einmal den Mantel übergeworfen, schien die Kälte aber gar nicht wahrzunehmen, so aufgeregt war er.

«Ich habe gerade mit Master Herepath gesprochen», sagte er wütend und packte mich am Kragen. «Ich möchte dir einen guten Rat geben, Hausierer. Steck deine Nase nicht in Angelegenheiten, die dich nichts angehen!» Sein Griff wurde noch fester. «Robert Herepath war ein Halunke und ein Taugenichts. Auch wenn er den alten Mann nicht ermordet hat, den Strang hat er allemal verdient. Ich warne dich! Wage es nicht noch einmal, dich hier blicken zu lassen, Master Herepath zu belästigen und Mistress Ford zu beunruhigen, indem du in den alten Wunden herumstocherst. Was geschehen ist, ist geschehen, und so wie es gekommen ist, war es am besten.» Er versetzte mir einen festen Stoß, mit dem er mich, da die Pflastersteine naß und schlüpfrig waren, fast zu Boden warf.

Als ich mein Gleichgewicht wiedererlangt hatte, schaute ich ihm fest in die Augen und ballte meine rechte Hand zur Faust. Nur mit Mühe vermochte ich der Versuchung zu widerstehen, diesem eingebildeten Bürschchen eine Lehre zu erteilen, die er so schnell nicht wieder vergessen würde. Doch es gelang mir, mich zusammenzureißen und so höflich wie möglich zu antworten: «Diesen Wunsch kann ich Euch leider nicht erfüllen. Ich habe Master Herepaths Segen für den Versuch, William Woodwards Schicksal zu ergründen. Und außerdem stehe ich unter dem persönlichen Schutz des Ratsherrn Weaver. Ich wünsche Euch noch einen guten Tag, Master Avenel.»

Ich drehte mich auf dem Absatz um und ließ ihn stehen. Innerlich verspürte ich natürlich große Genugtuung darüber, daß ich ihn mit meinen Worten aus der Fassung gebracht hatte. Andererseits wurde mir aber auch schmerzlich klar, daß ich mir damit einen Feind geschaffen hatte. Als ich die Broad Street in Richtung High Cross hinaufwanderte, fiel mir ein, daß William Woodward nicht in seinen eigenen Kleidern, sondern in den Gewändern eines Gentleman nach Bristol zurückgekehrt war – eine Tatsache, die gegen meine Vermutung sprach, daß man ihn tatsächlich nach Irland gebracht hatte. Ich tröstete mich mit dem Gedanken, daß ich mit meinen Erkundigungen gerade erst begonnen hatte und daß sich die vielen Mosaiksteine, die ich jetzt in Händen hielt, eines Tages zu einem Bild zusammenfügen und die Lösung des Rätsels ergeben würden.

Als ich zurück in Margaret Walkers Hütte kam, saß die Hausherrin noch am Spinnrad. Erst als das große Bündel frisch gefärbter Wolle fertig versponnen war, holte sie den Topf vom Feuer und füllte die Suppe in unsere drei hölzernen Schüsseln. Lillis beobachtete mich heimlich aus den Augenwinkeln.

«Bist du bei Master Herepath gewesen?» fragte sie, als ihre Mutter neben uns Platz genommen hatte. Als ich nickte, fuhr sie fort: «Hast du irgend etwas Neues herausgefunden?»

Ich hatte gerade den Mund voller Brot, deshalb konnte ich meine Gedanken ordnen, ehe ich antwortete: «Nichts, was ihr beide mir nicht schon erzählt hättet.»

Margaret seufzte, doch ohne Bedauern. «Ich habe mir gleich gedacht, daß ein Besuch bei ihm vergeblich ist.»

«Nicht ganz.» Ich nahm einen großen Schluck von dem roten Wein, den mir Lillis vom Weinhändler mitgebracht hatte. «Ich habe erfahren, daß dein Vater einen Feind namens Miles Huckbody hatte, der inzwischen im Gaunts Hospital lebt.»

Margaret lachte und schüttelte den Kopf. «Mit dem wirst du nicht weit kommen. Er kann nichts mit dem Verschwinden meines Vaters zu tun haben. Natürlich war er wütend auf ihn, das stimmt schon. Aber Miles Huckbody ist viel zu gebrechlich, um noch irgend etwas anderes zustande zu bringen, als den Rest seiner kümmerlichen Tage an einem Feuer oder unter einem Baum im Obstgarten des Gaunts Hospital zu fristen.»

«Trotzdem werde ich ihn aufsuchen», beharrte ich.

Margaret Walker zuckte mit den Schultern. «Tu, was du nicht lassen kannst. Aber ich warne dich, du verschwendest deine Zeit.»

Lillis tat ihren Löffel beiseite, stützte beide Ellenbogen auf den Tisch und legte das Kinn in ihre Hände. «Und hast du auch Mistress Ford gesehen?» fragte sie in einem derart hämischen Ton, daß mir das Blut in die Wangen schoß. «Ja! Ich sehe, daß du ihr begegnet und ihr ebenso verfallen bist wie jeder andere Mann, der sie je zu Gesicht bekam. Wenn ich auch nur ein Wort gegen sie sagte, würdest du sie sofort verteidigen.»

«Mistress Ford ist eine entzückende junge Dame», antwortete ich vorsichtig, denn ich wollte meine Gefühle für Cicely auf jeden Fall vor Lillis' spöttischen Blicken verbergen. «Entzückend in jeder Hinsicht, denn sie hat nicht nur ein angenehmes Äußeres, sondern offenbar auch ein sanftes und gütiges Wesen.»

Lillis machte ein zorniges Raubkatzengesicht und zeigte ihre weißen, ebenmäßigen Zähne. «Sie ist also ganz anders als ich», fauchte sie. «Zugegeben, ich bin weder sanft noch gütig, aber für einen Menschen, den ich liebe, würde ich bis aufs Blut kämpfen. Meinen Liebsten würden sie nicht aufhängen, ohne daß ich nicht vorher Himmel und Hölle in Bewegung gesetzt hätte, um seine Unschuld zu beweisen. Und wenn mir das nicht gelänge, würde ich ihm zur Flucht verhelfen und so sein Leben retten. Aber dieses fromme, zimperliche Frauenzimmer ist ja schon beim ersten Windstoß umgefallen.»

«Du redest wie ein kleines Kind!» rief ich erregt und bemerkte nicht ohne Genugtuung, wie das Blut in ihre sonst so blassen Wangen schoß.

«Sei still, Lillis», befahl ihre Mutter. «Roger hat recht. Cicely Ford ist ein ganz reizendes Mädchen. Jeder weiß das – außer dir.»

«Und Roger hat sie auch schon eingewickelt.» Lillis stand vom Tisch auf, um in einer Ecke zu schmollen. Ihre Augen schimmerten feucht, und sie verzog beleidigt den Mund.

«Beachte sie gar nicht», sagte Margaret zu mir. «Solche Launen bekommt sie öfter, das war schon so, als sie noch ein Kleinkind war. Iß deine Suppe auf, und wenn du willst, kannst du anschließend zum Hospital gehen. Ich muß mich beeilen, denn ich muß heute noch ein großes Bündel Wolle spinnen.»

10

Das Gaunts Hospital steht außerhalb der Stadtmauern auf der anderen Seite des Frome, ganz in der Nähe der Augustinerabtei. Dahinter steigt das Land steil zu den Hügelketten an, die sich bis zur tiefen Schlucht des Avon erstrecken. Das Hospital selbst besteht aus der Markuskirche, der großen Halle, der Küche und der Vorratskammer, den Schlafsälen und verschiedenen Nebengebäuden. Der berühmte Obstgarten erstreckt sich ostwärts bis zum Land der Karmeliter, deren große Zisterne über viele Jahrhunderte hinweg die Stadt Bristol mit Wasser versorgte; es wurde in Rohren über den Frome bis zum Kanal bei der Johanniskirche geführt. Im Frühling schäumt der Obstgarten über vor weißen und rosafarbenen Blüten, und im Herbst leuchten die Äpfel wie runde, rote Laternen zwischen den grünen Zweigen. Doch an dem kalten Januartag, an dem ich das Hospital besuchte, waren die Äste schwarz und kahl, und das Gras war von gelblich-braunem Laub bedeckt.

Der Pförtner am Tor hörte mein Begehr freundlich an und empfahl mich dann in die Obhut eines seiner Glaubensbrüder, der mich in die große Halle führte. Die meisten Insassen hockten auf Steinbänken, Stühlen und Hockern rund um ein Feuer, das im großen Kamin fröhlich vor sich hin züngelte. Mit getrockneten Sommerblumen vermischte Binsen bedeckten den Boden, wohl um den eher unangenehmen Geruch zu mildern, der unweigerlich entsteht, wenn eine Vielzahl alter und gebrechlicher Menschen an einem Ort zusammenkommt.

Der Mönch deutete auf einen Mann und sagte, das sei Miles

Huckbody, der Mann, den ich suchte. Miles Huckbody war noch nicht alt, obwohl er auf den ersten Blick so wirkte. Sein Haar war weiß, und das lange, hagere Gesicht war von tiefen Falten durchzogen. Er spielte mit einem seiner Kumpane Five-Stones, und als ich zu ihm trat, sah ich seine Hand beim Werfen der Kieselsteine zittern. Ich zog meinen Mantel aus, hockte mich neben ihn und erzählte ihm, was mich zu ihm führte. Schon als ich William Woodwards Namen das erste Mal erwähnte, verzog sich sein Gesicht.

«Dieser Teufel!» rief er haßerfüllt und spuckte auf die Binsen. «Er hat mich und meine Familie auf die Landstraße getrieben, weil wir die Pacht nicht rechtzeitig bezahlen konnten. Auf Anweisung von Master Herepath, hat er gesagt, aber das stimmte gar nicht. Master Herepath wußte nichts davon. William hat selbst den Sheriff gerufen.»

«Bist du dir da ganz sicher?» fragte ich, obwohl seine Geschichte mit Edward Herepaths Angaben übereinstimmte. «Ich glaube kaum, daß er ohne Master Herepaths Zustimmung gehandelt hat.»

«Als ich wieder in Bristol war, habe ich Master Herepath auf der Straße vorbeireiten sehen und sein Pferd am Zaumzeug gepackt. Ich dachte, William hätte auf seinen Befehl gehandelt, aber Master Herepath hat das rundweg abgestritten. Er sagte, er hätte von der ganzen Sache erst erfahren, als wir schon über alle Berge waren, und William hätte ihm unter einem Vorwand die nötigen Papiere zum Unterschreiben gegeben.»

«Und das hast du ihm geglaubt?»

«Warum hätte ich es ihm nicht glauben sollen? Er hat mich hier im Hospital untergebracht, ist ein Freund vom Kaplan. Dachte wohl, er wäre mir was schuldig, als er gehört hat, daß meine Frau und mein Kind ums Leben gekommen sind. Ich habe auf der Straße gelebt, mußte betteln gehen, und dabei habe ich mir diesen Husten geholt. Ich bin ihn seitdem nie wieder losgeworden.» Der Husten, der seine Rede immer wieder unterbrach, rasselte tief in seiner Brust, und sein abgezehrter Körper wurde von den Anfällen regelrecht geschüttelt. «Wenn er von Anfang an Böses mit mir vorgehabt hätte, wäre er doch nicht so gut zu mir gewesen.»

«Aber du warst mit der Pacht im Rückstand. Das läßt kein Grundherr lange durchgehen.»

«Es war ja das erste Mal. Bis dahin hatte ich immer pünktlich bezahlt. Aber dann war ich ein Vierteljahr lang krank, konnte die Ernte nicht einbringen, und schließlich ist uns auch noch das Schwein gestorben.» Er zuckte mit den Schultern. «Meine Frau hat getan, was sie nur konnte, aber um ihre Gesundheit war es auch nicht zum besten bestellt, und das Kind hat vor Hunger ständig geschrien. Was wir hatten, haben wir aufgegessen. Zum Verkaufen ist nichts mehr übriggeblieben.»

«Du meinst also, daß William Woodward und sonst niemand für dein Unglück verantwortlich war?»

«Ja, das meine ich. Dieser Schweinehund!»

«Und du hast ihm Rache geschworen?»

Miles Huckbody sah mich von der Seite an. Ihm war plötzlich klargeworden, in welche Richtung meine Fragen zielten. «Ich muß zugeben, ich war froh, als ich gehört habe, daß ihm jemand eine Tracht Prügel verpaßt hat, und als ich gehört habe, daß er tot ist, hat es mir auch nicht gerade leid getan. Aber wieso tauchst du auf einmal hier auf und stellst mir solche Fragen? Ich habe deinen Namen vorhin nicht ganz richtig verstanden.»

«Ich heiße Roger», antwortete ich. «Ich bin ein Freund von Mistress Walker, Williams Tochter. Sie möchte gerne herausfinden, was mit ihrem Vater tatsächlich geschehen ist, als alle dachten, er wäre ermordet worden.»

«Tja, mit mir hatte das nichts zu tun, da kann ich dir leider nicht weiterhelfen. Aber der Mann hat nichts Gutes im Schilde geführt, soviel kann ich dir sagen. Er war ein böser Mensch. Teufel wie ihn gibt es nur selten.»

Ich versuchte seinen Haß auf William Woodward zu verstehen. Es war klar, daß er William für den Tod seiner Frau und seines Kindes verantwortlich machte. Trotzdem konnte ich mich nur schwer mit dem Gedanken anfreunden, daß William ohne Edward Herepaths Zustimmung den Sheriff gerufen und die Familie Huckbody vertrieben hatte. Was lag für Edward Herepath später, als er auf der Straße dem verbitterten Miles Huckbody gegenüberstand, näher, als die Schuld auf seinen Eintreiber zu schieben? Sein schlechtes Gewissen, vielleicht gefördert durch seine wachsende Liebe zu Cicely Ford, konnte ihn veranlaßt haben, Miles einen Platz im Gaunts Hospital zu verschaffen. Ich seufzte. Jede noch so kleine Hoffnung darauf, daß der kranke, vom Schicksal so hart bestrafte Mann, der neben mir auf der Steinbank hockte, irgend etwas mit William Woodwards rätselhaftem Verschwinden zu tun haben könnte, war dahin. Margaret Walker hatte gesagt, ich würde mit dem Besuch nur meine Zeit verschwenden, und mit dieser Warnung sollte sie wohl recht behalten.

Voller Bedauern stand ich auf und streckte meine steif gewordenen Beine. Miles Huckbody konnte mir nicht helfen. Sein Spielkumpan, der während unserer Unterhaltung etwas zur Seite gerückt war, kam wieder näher. Er hielt noch immer die Kieselsteine in der Hand.

«Ihr habt über William Woodward und diesen Herepath gesprochen», krächzte er mit vorwurfsvoller Stimme. «Meine Ohren sind noch sehr gut. Ich habe ganz genau gehört, was ihr gesagt habt.»

«Und wenn schon. Es gibt kein Gesetz, das es uns verbieten würde», gab Miles Huckbody zurück und fügte, an mich gewandt, hinzu: «Das ist Henry Dando.»

Ich nickte dem alten Mann zu, dessen wäßrige blaßblaue Augen mich eindringlich anstarrten. Ich wertete es als Zeichen der Ermutigung und ließ mich wieder neben Miles auf der Bank nieder, um das große Ereignis, das im letzten Jahr ganz Bristol erschüttert hatte, noch einmal zu besprechen.

«Furchtbare Sache, die da passiert ist», sagte Henry. «Einen unschuldigen Mann zu hängen!»

«So unschuldig war er nun auch wieder nicht», warf Miles Huckbody ein. «Hat seinem eigenen Bruder Geld gestohlen. Nach allem, was die Leute über ihn erzählen, muß Robert Herepath eine ziemliche Landplage gewesen sein.»

«Hast du ihn mal gesehen?» fragte ich interessiert.

Miles schüttelte den Kopf, aber Henry Dando nickte eifrig. «Er war ständig irgendwo in der Stadt unterwegs, um sich zu amüsieren, schon als er noch jünger war. Deshalb ist er auch immerzu in Schwierigkeiten geraten. Sein Bruder mußte ihn mehrmals gegen Kaution aus dem Bridewell-Gefängnis holen. Einmal hat er drei Tage im Newgate-Gefängnis gesessen, weil er eine alte Frau auf der Straße niedergeschlagen hatte. Und einmal hat man ihn sogar im Schloßverlies eingesperrt, nachdem er und seine Kumpane sich wieder mal gehörig ausgetobt hatten.» Henry schniefte. «Aber sein Bruder hat ihn jedesmal wieder rausbekommen. Kannte die richtigen Leute, hat die Stadtväter und den Sheriff bestochen. – Du brauchst gar nicht so ein beleidigtes Gesicht zu machen, Miles Huckbody, mich bringst du sowieso nicht zum Schweigen. Was ich weiß, das weiß ich, und das sage ich auch.» Er grinste. «Ich glaube kaum, daß es für Master Edward Herepath ein großer Verlust war, als er seinen Bruder endlich losgeworden ist.»

Miles nahm seinen Wohltäter sofort in Schutz. «So etwas darfst du nicht sagen, Henry. Was auch immer Robert angestellt haben mag, sie waren vom selben Blut, das verbindet eben. Und außerdem», fügte er so eifrig hinzu, als müßte er Edward Herepath gegen einen echten Verdacht verteidigen, «war er in Gloucester, als das alles passiert ist.»

Henry Dando schaute entmutigt drein. «Ja, das stimmt, in der Stadt war er nicht. Ich habe ihn selbst am Freitagmorgen wegreiten sehen – zwar nur aus der Ferne, aber ich habe den Braunen erkannt, den er immer reitet.»

An diesem Punkt versanken die beiden Männer in Schweigen. Ihr Interesse wandte sich wieder mir zu, und sie musterten mich von oben bis unten. Ihr prüfender Blick machte mich unruhig. Ich dankte ihnen für ihre Hilfe und nahm meinen Abschied, ehe sie mir noch Fragen stellen konnten. Ich verabschiedete mich auch beim Pförtner am Tor und schritt über die Frome Bridge in Richtung Stadt. Zwar hatte ich nichts erfahren, was ich nicht schon vorher gewußt hätte, aber zumindest hatte ich mich persönlich davon überzeugt, daß Miles Huckbody nichts mit William Woodwards rätselhaftem Verschwinden zu tun hatte. Wieder überlegte ich, ob nicht doch irische Sklavenhändler an dem Anschlag beteiligt waren, und beschloß, Ratsherrn Weaver noch ein zweites Mal aufzusuchen. Vielleicht kannte er Leute, die mich mit diesen Männern in Verbindung bringen konnten. Aber das mußte bis zum nächsten Morgen warten. Ich fühlte mich plötzlich sehr müde, mein Kopf war merkwürdig leicht, und meine Glieder zitterten. Offenbar wollte mich mein Körper daran erinnern, daß ich erst vor kurzem vom Krankenlager aufgestanden war und es mir nicht leisten konnte, meine Kräfte über Gebühr zu verausgaben. Ich ging daher an diesem Tag nicht mehr in die Broad Street, sondern lenkte meine Schritte gleich über die Brücke nach Redcliffe und zu den Weberhütten.

Mir taten alle Knochen weh, und ich konnte es kaum erwarten, daß Mistress Walker die Binsenlichter löschte und das große Tuch vorzog, das den Raum in zwei Hälften teilte, so daß ich endlich meine Kleider abstreifen und mich auf mein Rollbett fallenlassen konnte. Ich war todmüde, fand aber keinen Schlaf. Erst waren von der anderen Seite des Vorhangs leise raschelnde Geräusche zu hören, während sich die Frauen auszogen und zu Bett gingen, dann gedämpftes Gemurmel, während sie ihre Gebete sprachen und einander gute Nacht wünschten. Als endlich Stille eintrat, flackerte das Feuer auf und warf tanzende Schattengestalten an die Wand, die sich nur allmählich auflösten, bis der Raum schließlich in tiefes Schwarz getaucht war. Dankbar schloß ich die Augen und freute mich schon auf einen erholsamen Schlummer, als mir plötzlich Cicely Ford vor Augen stand und ich, von unerwiderter Leidenschaft ergriffen, wieder unruhig wurde.

Ich war überrascht von der Stärke meiner Gefühle, von meiner Begierde, dieses Mädchen zu besitzen, das ich kaum kannte, von dem Verlangen, sie in meinen Armen zu halten und sie zu lieben. Daß meine Wünsche völlig aussichtslos waren, vermochte mein Feuer nicht abzukühlen – im Gegenteil, es wurde dadurch noch weiter entfacht. Ohne Zweifel wurde meine Situation auch dadurch verschlimmert, daß ich seit mehreren Monaten nicht mehr mit einer Frau zusammengewesen war. Das rauhe Winterwetter und meine schlechte Gesundheit hatten mir dieses Zölibat auferlegt. Jetzt war ich, trotz meiner Schwäche, auf dem Weg der Besserung, und ich hatte eine Frau kennengelernt, die meine Sinne berauschte.

Ich war gerade zu der Überzeugung gelangt, daß ich in dieser Nacht wohl keinen Schlaf mehr finden würde, als meine Augenlider immer schwerer wurden und meine Gedanken wie schmelzende Eisbrocken langsam miteinander verschwammen. Falls ich die schlanke Gestalt, die hinter dem Vorhang erschien und auf Zehenspitzen auf mich zuschlich, überhaupt bemerkt hatte, dann höchstens als weit entfernten Schatten. Jedenfalls vermochte sie mich nicht aus dem wohltuenden Halbschlaf aufzuwecken, in den ich endlich gefallen war. Erst als ich spürte, wie sich Lillis' nackter Körper an mich schmiegte, merkte ich, was vor sich ging. Aber es war zu spät. Angestachelt von meinem Verlangen nach Cicely Ford, lag ich auch schon auf ihr.

Es war viel zu schnell vorbei, und zu meiner Schande muß ich gestehen, daß Lillis aus unserer kurzen Vereinigung nicht viel Befriedigung gezogen haben kann. Allein die Tatsache, daß sie mich nun trotz meiner beharrlichen Abwehr doch noch verführt hatte, mochte ihr eine gewisse Genugtuung bedeuten. In den letzten Tagen hatte sie ihre Absicht häufig genug durch Blicke und Gesten zu verstehen gegeben.

Ich rollte mich zur Seite, setzte mich keuchend auf und versuchte die Übelkeit, die in mir aufstieg, zu unterdrücken. Zitternd legte ich eine Hand auf meinen Mund, konnte den Brechreiz aber nur mit Mühe beherrschen. Sie sagte nichts, aber ihre schlanken, federleichten Finger streichelten über meinen Rücken.

«Lillis», murmelte ich und drehte mich zu ihr um, aber sie legte mir einen Finger auf die Lippen. «Ist schon gut», flüsterte sie und stand auf. «Ich weiß, daß du dir gewünscht hast, ich wäre Cicely Ford.»

Wieder einmal staunte ich über ihre scharfe Beobachtungsgabe und den blitzschnellen Wandel vom gierigen, unersättlichen Kind zur erwachsenen, wissenden Frau. Fast lautlos schlüpfte sie hinter den Vorhang und nahm wieder ihren Platz neben ihrer sanft schnarchenden, den Schlummer der Unwissenden genießenden Mutter ein. Ich dagegen war verdammt, mich stundenlang unruhig hin und her zu wälzen. Auf mir lastete eine Schuld, für die ich zwar nicht allein verantwortlich war, die sich aber im Laufe der Nacht zu einer immer einsameren Bürde über mir auftürmte. Der Wunsch, einen gehörigen Teil dieser Schuld auf Lillis abzuwälzen, vermischte sich mit der Gewißheit, Margaret Walkers Vertrauen gründlich mißbraucht zu haben. Ich hatte mich von meinem Verlangen nach einer anderen Frau fortreißen, mich von meinen Sinnen völlig überwältigen lassen. Die Tatsache, daß Lillis noch Jungfrau gewesen war – etwas, das ich, hätte ich Zeit gehabt, darüber nachzudenken, nicht erwartet hätte –, machte meine Scham nur noch größer.

Schließlich fiel ich doch noch in einen unruhigen Schlaf, und es war bereits heller Tag, als Margaret mich weckte. Sie war schon auf und hatte leise herumhantiert, um mich nicht zu stören. Das Feuer brannte, und im Eisentopf köchelte eine Linsensuppe. Lillis war blaß und schweigsam und schnitt ein Schwarzbrot in dicke Scheiben.

«Warum hast du mich nicht früher geweckt?» fragte ich ungehalten, kletterte aus dem Bett und zog das Hemd über meine Knie. Ich sah, wie ein leichtes Lächeln Lillis' Lippen umspielte und schaute rasch zur Seite.

«Ich dachte, du könntest den Schlaf gebrauchen», antwortete Margaret Walker fröhlich. «Du sahst gestern abend ziemlich müde aus. Du kannst deine Kleider mit hinter den Vorhang nehmen und dich anziehen.» Sie zeigte auf einen kleineren Eisentopf. «Da ist heißes Wasser, für den Fall, daß du dich vor dem Frühstück rasieren willst.»

Angesichts dieser Freundlichkeit fühlte ich mich noch elender. Hinter dem Vorhang sank ich auf die Kante des zerwühlten Bettes und begrub mein Gesicht in beiden Händen. Aber es war zu spät für jede Reue, und ich hielt mir immer wieder vor, daß ich an dem, was zwischen mir und Lillis geschehen war, nicht die alleinige Schuld trug. Aber ich schwor mir, dafür zu sorgen, daß es nicht noch einmal vorkommen würde – ein Grund mehr, mein Versprechen so rasch wie möglich einzulösen und entweder herauszufinden, was mit William Woodward geschehen war, oder mein Scheitern einzugestehen, weiterzuwandern und zwischen Lillis und mir möglichst viel Abstand zu schaffen.

Das Frühstück nahmen wir schweigend ein. Mistress Walker dachte wohl an die viele Wolle, die sie an diesem Tag verspinnen mußte, und Lillis und ich hingen unseren eigenen Gedanken nach.

«Wohin führen dich deine Erkundigungen heute?» fragte Margaret, als sie ihr Frühstück beendet hatte. Sie stand vom Tisch auf und wies ihre Tochter an: «Lillis, ich brauche dich später, um die Wolle aufzuwickeln und zu den Weberhütten zu tragen, lauf also nicht weg.»

Lillis stapelte die schmutzigen Töpfe und Teller zusammen

und nickte schweigend. Ich hatte mir das Rasieren für die Zeit nach dem Essen aufgehoben und kratzte jetzt mit dem Messer über mein stoppeliges Kinn.

«Wenn es möglich ist, will ich heute noch einmal mit dem Ratsherrn sprechen. Vielleicht kann er mir ja doch noch weiterhelfen.»

Während ich sprach, fiel mein Blick auf mein Bündel, das noch immer in der Ecke stand. Bei diesem Anblick packte mich der unwiderstehliche Wunsch, wieder über die Landstraßen zu ziehen – frei von allen Verpflichtungen, frei von Liebe, Scham und Schuld, frei von dem Gespenst eines jungen Mannes, der für einen Mord gehängt worden war, den er nicht begangen hatte, frei von dem Versprechen, die gedungenen Entführer eines wehrlosen alten Mannes zu finden. Ich spürte schon das Gras unter meinen Füßen, den Wind in meinen Haaren, den Regen auf meinem Gesicht. Ich sah mich auf einem Dorfplatz mein Bündel öffnen, sah die neugierigen Gesichter der Frauen und Mädchen, die sich um mich drängten.

Doch ich war fürs Kloster erzogen worden, und im Abschnitt neunundsechzig der Benediktinerregel heißt es, Wahrheit und Gerechtigkeit seien allen fehlbaren Neigungen vorzuziehen. Ich hatte keinerlei Zweifel daran, daß Gott mich, wie schon zweimal in der Vergangenheit, für die jetzt zu bewältigende Aufgabe vorgesehen hatte.

Margaret war offenbar meinem Blick gefolgt, denn sie sagte plötzlich: «Du brauchst nicht weiterzumachen, wenn du nicht willst. Du bist wieder gesund und kannst getrost zu deiner Hausiererei zurückkehren. Ich werde dich nicht an dein Versprechen binden.»

Lillis war zur Tür gegangen, um Wasser für die schmutzigen Töpfe und Schüsseln zu holen. Sie öffnete die Tür, fuhr aber mit einem entsetzten Schrei zurück. Eine tote Katze, schon halb verwest und voller Maden, lag auf der Schwelle.

«Ist das auch schon früher einmal passiert?» fragte ich und

bückte mich, um den Kadaver am Genick zu packen und in den Abwasserkanal zu werfen.

«Ein- oder zweimal», gestand Margaret Walker ein. «Aber wer kann schon sagen, ob uns jemand absichtlich damit ärgern wollte? Irgendwo müssen die Leute ja ihre toten Tiere loswerden.»

Ich gab keine Antwort, doch innerlich wurde mir klar, daß ich meine Fluchtgedanken fürs erste verbannen mußte. Meine Aufgabe war noch nicht gelöst, und wie auch immer sie enden sollte, ob meine Bemühungen von Erfolg gekrönt sein würden oder nicht – ich hatte noch längst nicht alle Möglichkeiten ausgeschöpft, die mich einer Lösung näherbringen konnten.

11

Bei meinem zweiten Besuch verriet Ratsherr Weaver in seinem Benehmen schon eine Spur von Ungeduld. Ich konnte es ihm nicht verdenken. Nach unserem ersten Gespräch hatte er wohl angenommen, mich glücklich losgeworden zu sein. Daß ich ihm nun ein zweites Mal gegenübersaß, erinnerte ihn nur noch mehr daran, wie tief er in meiner Schuld stand. Niemand ist gern anderen zu Dank verpflichtet, schon gar nicht, wenn der, dem er dankbar sein muß, einem niedrigeren Stand angehört. Ich beeilte mich daher, ihm zu versichern, daß ich nicht vorhatte, ihn ein weiteres Mal zu belästigen, und sofort hellte sich seine Miene auf.

«Ich hätte Euch nicht wieder aufgesucht, lieber Herr, wenn ich nicht in den Besitz gewisser Kenntnisse gelangt wäre, die mich auf den Gedanken brachten, daß vielleicht doch irische Sklavenhändler hinter Master Woodwards rätselhaftem Verschwinden steckten, und daher habe ich mich gefragt...» Ich hielt einen Augenblick inne, um meine Worte sorgfältig zu wählen. «Nun, es schien mir, als hättet Ihr gewisse Verbindungen zu diesen... äh... Gentlemen erwähnt. Ob es Euch wohl möglich wäre, mir zu sagen, wo ich sie antreffen kann?»

Der Ratsherr sah mich verblüfft an. «Aber ich habe dir doch schon erzählt, daß ich Nachforschungen angestellt habe und in Irland niemand Master Woodward gesehen hat.»

«Ihr sagtet mir, Ihr hättet über Eure Freunde Erkundigungen eingezogen. Ich würde aber gerne den Sklavenhändlern selbst ein paar Fragen stellen.»

Mit sorgenvoller Miene beugte sich der Ratsherr zum Feuer vor. Es war wieder ein naßkalter, trister Januartag, und durch die Glasscheiben konnte ich einen Streifen grauen Himmel sehen. Trotz meines dicken Friesmantels hatte ich auf dem Weg in die Broad Street jämmerlich gefroren.

«Ich habe niemals behauptet, Verbindungen zu Sklavenhändlern zu unterhalten», polterte der Ratsherr los. «Ich habe nur gesagt, daß ich Leute kenne, die – vielleicht – zu einigen von ihnen in Verbindung stehen.» Ich antwortete ihm nicht, sondern sah ihm nur fest in die Augen. Eine Weile lang versuchte er, meinem Blick standzuhalten, dann gab er auf. «Also gut! Ich weiß vielleicht, wo man sie finden kann. Aber ich warne dich! Der Umgang mit diesen Männern ist sehr gefährlich. In den Augen des Gesetzes sind sie Verbrecher!»

Ich unterdrückte die Bemerkung, daß sie vermutlich in den Augen Gottes ebenso Verbrecher waren, obgleich ich schon damals trotz meiner Jugend erkannt hatte, daß Gottes Gesetze und die Gesetze der Menschen nicht immer in Übereinstimmung stehen. Die Antworten auf unsere Gebete sind zu vieldeutig, als daß irgend jemand von sich behaupten könnte, im Namen des Allmächtigen zu sprechen. Deshalb bin ich auch zeit meines Lebens nicht mit der strengen Rangordnung der Kirche zurechtgekommen und alsbald zu der Überzeugung gelangt, daß ich für das Klosterleben nicht geschaffen war. Zu Ratsherrn Weaver aber sagte ich nur: «Ich bin bereit, das Wagnis einzugehen. Doch wenn ich mich darauf berufen kann, unter Eurem Schutz zu stehen, kann die Gefahr wohl nicht allzu groß sein.»

Diese Bemerkung schien dem Ratsherrn zugleich zu schmeicheln und ihn zu beleidigen. Beide Regungen kämpften in ihm, und ich fragte mich, welche von beiden wohl die Oberhand gewinnen würde. Schließlich siegte sein Stolz. Vermutlich betrachtete er sich durch meine Augen und sah sich selbst als Mann von Welt, der sowohl bei den oberen als auch bei den unteren Ständen Einfluß und Macht besaß.

«Nun gut. In der Marsh Street gibt es ein Alehaus. Es hat keinen Namen, aber wenn du von der Stephanskirche kommst, liegt es gleich auf der rechten Seite. An der Rückseite grenzt es an den großen Kai, nicht weit von der Stelle entfernt, wo der Frome in den Avon fließt. Der Wirt heißt Humility Dyson. Nenn ihm meinen Namen und frag nach Padraic Kinsale oder Briant von Dungarvon. Wenn sie nicht da sind, kann dir der Wirt sagen, wann sie zurückkommen werden. Aber hör auf meinen Rat und geh nur tagsüber hin. Und geh niemals unbewaffnet in die Marsh Street. Hast du eine Keule?»

Ich nickte. «Sie liegt neben meinem Bündel bei Mistress Walker. Seid von Herzen bedankt, werter Herr. Ich werde Eure kostbare Zeit nicht länger in Anspruch nehmen.»

Der Ratsherr betrachtete mich nachdenklich. «Du wirst nichts herausfinden, fürchte ich. Wie ich dir schon sagte, habe ich bereits gründliche Nachforschungen angestellt. Was auch immer mit William Woodward geschehen ist, er wurde nicht als Sklave nach Irland verschleppt.»

Ich war schon drauf und dran, ihn ins Vertrauen zu ziehen, entschied mich dann aber doch dagegen. Er hätte meine Vermutungen ohnehin verworfen, zumal einer seiner Freunde – oder der Sohn eines Freundes – darin eine unrühmliche Rolle spielte. Daher ließ ich ihn lieber im ungewissen, dankte ihm noch einmal für seine Geduld und ging zur Vordertür hinaus, die ich diesmal – sehr zur Empörung der Haushälterin – auch bei meiner Ankunft benutzt hatte. Allerdings hatte Frau Judith keinen offenen Widerspruch erhoben; vermutlich hatte Ned Stoner sie darüber aufgeklärt, welchen Dienst ich dem Ratsherrn einst erwiesen hatte.

Auf der Broad Street wehte ein eisiger Wind, und die Luft war kalt und klar. Die Straße war im Laufe des Vormittags immer voller geworden, und die Betriebsamkeit der großen Stadt, der zweitwichtigsten im ganzen Königreich, umbrandete mich von allen Seiten. Schwer mit Weinfässern, Stoffballen oder Seifenkisten beladene Fuhrwerke waren zu einem der Stadttore unterwegs – nach Süden in Richtung Southampton, Salisbury oder Exeter, nach Norden in Richtung Chester, Norwich oder Coventry, nach Westen in Richtung Wales und nach Osten in Richtung Oxford oder London. Überall hatten sich Straßenverkäufer postiert und riefen ihre Waren aus – eine schmerzliche Erinnerung daran, daß ich mein Gewerbe in letzter Zeit sträflich vernachlässigt hatte. Laute Rufe schallten von den Kais herüber, wo die Hafenarbeiter Schiffsladungen aus Irland, Cornwall, Spanien, Italien und sogar aus dem weitentfernten Island löschten.

Zum Mittagessen kehrte ich in Mistress Walkers Hütte zurück. Lillis war nicht zu Hause. Als ich nach ihr fragte, sagte Margaret, sie sei zu Nick Brimble gegangen, um mit ihm und seiner alten Mutter, die Lillis sehr gern hatte, zu Mittag zu essen. Ich glaubte, aus Margarets Tonfall eine gewisse Befangenheit herauszuhören, und fragte mich beklommen, ob Lillis ihr vielleicht gebeichtet hatte, was in der letzten Nacht zwischen uns vorgefallen war. Da sie jedoch nichts weiter sagte, schob ich es auf mein schlechtes Gewissen und bemühte mich, freundlich und höflich zu sein.

Nachdem wir eine Weile über dieses und jenes geplaudert hatten, erschien es mir angebracht, Margaret Walker in meine weiteren Pläne einzuweihen. Ich erklärte ihr, warum ich am Morgen bei Ratsherrn Weaver gewesen war. «Ich halte es nämlich trotz allem noch immer für möglich, daß man deinen Vater tatsächlich nach Irland gebracht hat», schloß ich meine Erzählung ab.

Sie sah besorgt von ihrem Teller auf. «Paß bloß gut auf dich auf», warnte sie mich. «Das Alehaus hat einen sehr schlechten Ruf. Die Schurken und Vagabunden der Stadt haben es zu ihrem Treffpunkt auserkoren. Sie grüßen dich freundlich und schneiden dir noch im selben Atemzug die Kehle durch. Ich bin überrascht, daß ein Mann wie Ratsherr Weaver es überhaupt kennt.»

Ich lächelte. «Reichtümer häuft man nicht dadurch an, daß

man sich bei der Auswahl seiner Geschäftspartner zimperlich gibt», sagte ich ihr. «Man kann sich nicht aussuchen, mit wem man Handel treibt, und hält sich an die, mit denen das meiste Geld zu machen ist. Aber ich nehme auf jeden Fall meine Keule mit – meinen ‹Umhang von Plymouth›, wie man diese Art Knüppel im Süden nennt. Ich bin groß und stark, und ich werde wachsam sein. Du brauchst dir um mich keine Sorgen zu machen.»

Margaret runzelte die Stirn. «Du bist noch vor kurzem krank gewesen, erinnerst du dich? Und bist auch jetzt noch ein wenig schwach auf den Beinen. Mußt du denn wirklich dorthin gehen? Ich dachte, Ratsherr Weaver hätte dich davon überzeugt, daß mein Vater unmöglich in Irland gewesen sein kann. Und ich bin der gleichen Meinung. Wäre er von dort mit den Kleidern eines anderen Mannes zurückgekehrt?»

«Ich weiß es nicht. Aber es scheint mir immerhin möglich zu sein, daß jemand die Sklavenhändler dafür bezahlt hat, Master Woodward übers Meer zu bringen und dort zu töten, damit der Mordverdacht auf Robert Herepath fällt.»

Margaret dachte nach. Sie war eine kluge Frau und begriff sofort, was ich damit sagen wollte. «Aber warum hat man meinen Vater dann nicht gleich in seinem Haus getötet und die Leiche dort liegengelassen?» fragte sie.

«Weil das Haus leer sein mußte, als Robert kam, um das Geld zu stehlen. Beim Anblick der Leiche hätte er seinen ursprünglichen Plan womöglich fallengelassen und nach der Wache gerufen. Und wenn der Mord nach dem Diebstahl stattgefunden hätte, wäre dein Vater durch Roberts Besuch womöglich aufgewacht und hätte versucht, den Diebstahl zu verhindern. Dein Vater mußte also weggeschafft werden. Seine eigene Geschichte legt die Vermutung nahe, daß man ihn nach Irland gebracht hat, und seine körperliche Verfassung spricht dafür, daß ihn tatsächlich jemand töten wollte.»

Margaret runzelte die Stirn. «Aber das würde den Verdacht

auf Edward Herepath lenken. Er wußte, daß mein Vater das Geld bis zu seiner Rückkehr aus Gloucester für ihn aufbewahrte, und er hat selbst zugegeben, daß er seinen Bruder davon unterrichtet hat.»

«Das allein ist schon verdächtig», stimmte ich zu. «Denn schließlich hat er deinen Vater ja darum gebeten, das Geld in der Bell Lane aufzubewahren und gut darauf aufzupassen, weil er seinem Bruder nicht über den Weg getraut hat. Erinnerst du dich? Du hast es mir selbst erzählt. Aber das bedeutet noch lange nicht, daß Edward Herepath tatsächlich der Drahtzieher war. Es hat bestimmt noch andere Leute gegeben, die von seiner Reise nach Gloucester wußten – Leute, die vielleicht von ihm selbst oder von deinem Vater davon gehört hatten und die Gelegenheit nutzen wollten, Leute, die Robert Herepath haßten, und von der Sorte scheint es ja in Bristol eine ganze Menge gegeben zu haben.»

Margaret Walker biß sich auf die Unterlippe. Die Hälfte des Essens war auf ihrem Teller kalt geworden. Sie schob es achtlos beiseite. «Aber wer hätte mit Sicherheit voraussagen können, daß Robert das Geld tatsächlich stiehlt?»

Ich zuckte mit den Schultern. «Jeder, der ihn kannte, würde ich sagen.»

Eine Weile lang herrschte gespanntes Schweigen, dann schüttelte Margaret entschieden den Kopf. «Mein Vater ist nie in Irland gewesen», sagte sie mit großem Nachdruck. «Zu diesem Schluß wirst du früher oder später auch noch kommen. Deine ganze Geschichte ist zusammengesponnenes Zeug. Zwischen dem Verschwinden meines Vaters und Robert Herepaths Galgentod gibt es keinen anderen Zusammenhang als einen verhängnisvollen Zufall.»

Mir war klar, daß in dieser Stimmung nicht weiter mit ihr zu reden war. Sie wollte nicht wahrhaben, daß sie sich möglicherweise getäuscht haben könnte. Es lag nun an mir, ihr und allen anderen, die ihrer Meinung waren, zu beweisen, daß sie unrecht hatten. Ich stand auf, nahm meine Keule und wollte mich gerade wieder in meinen Mantel hüllen, als Margaret plötzlich leise meinen Namen sprach. Langsam drehte ich mich zu ihr um.

Sie stand hinter dem Tisch und hielt die Kante so fest mit den Händen umklammert, daß die Knöchel weiß hervortraten. «Roger...» Sie hielt inne, als wüßte sie nicht, wie sie fortfahren sollte. Schließlich sagte sie: «Roger, Lillis ist für ihr Alter noch sehr kindlich... ohne Verantwortungsgefühl. Sie kann die... Folgen ihrer... Handlungen nicht immer abschätzen. Aber bei dir ist das anders. Du bist klug und kennst das Leben. Ich... ich vertraue dir.»

Ich konnte ihr nicht in die Augen sehen. Sie hatte Verdacht geschöpft, hoffte aber, daß er unbegründet war. Lillis hatte nicht gebeichtet, doch irgend etwas an ihrem Betragen hatte Margaret stutzig gemacht. Ich murmelte ein paar unverbindliche Worte, verließ die Hütte und eilte über die Brücke in Richtung Marsh Street davon.

Von St. Nicholas Back aus wanderte ich durch die geschäftige Ballance Street, bis ich die Kirchturmspitze der Stephanskirche über den Hausdächern erkennen konnte. Von da aus war es nur noch ein Katzensprung, bis ich links in die Marsh Street einbiegen konnte. Dort wimmelte es wie immer von Matrosen, verwegenen Vertretern einer Bruderschaft zur See, die nach eigenen Regeln lebt und uns Landratten wenig Beachtung schenkt. Man darf sie dennoch nicht gesetzlos nennen. Später erzählte man mir, daß sie für jede Tonne Fracht, die im Hafen gelöscht wurde, eine Abgabe von vier Pence für Heime zahlten, in denen jeweils ein Priester mit zwölf Seeleuten wohnte, die nicht mehr zur See fahren konnten, und daß diese alten Seebären zweimal am Tag für all diejenigen beteten, die noch auf See arbeiten mußten. Ich wünschte, ich hätte es schon damals gewußt. Dann hätte mein Herz ganz bestimmt nicht so ängstlich gepocht, als ich über die Schwelle des Alehauses trat.

Drinnen war es dunkel, denn es gab keine Fenster, sondern nur Binsenlichter und ein paar Talgkerzen, die sich bei einem unangekündigten Besuch des Sheriffs rasch ausblasen ließen. Auf dem gestampften Lehmboden standen lange hölzerne Tische und Bänke, und an der einen Wand waren die Alefässer aufgereiht. Eine zweite Tür an der Wand gegenüber führte zur Kaiseite hinaus. Das obere Stockwerk, in dem sich vermutlich Humility Dysons Wohnung befand, war durch eine schmale Steintreppe zugänglich. Der Wirt war ein echter Hüne mit einer großen Lederschürze, einem schwarzen Bart und dicken Armen, auf denen sich die Muskeln wie Fäuste ballten. Ratsherr Weaver hatte mir sein Aussehen nicht beschrieben, doch sein Auftreten ließ keine Mißverständnisse darüber zu, wer hier das Sagen hatte.

Während ich noch auf der Türschwelle verharrte, trat im Schankraum eine beängstigende Stille ein. Die Männer, die gerade noch mit ihren Kumpanen krakeelt und gelacht hatten, verstummten mit einem Schlag, und alle Köpfe drehten sich in meine Richtung. Bedrohliche Feindseligkeit lag in der Luft. Da ich im ersten Augenblick wegen der plötzlichen Dunkelheit ohnehin nicht viel sehen konnte, blieb ich jedoch ruhig stehen und verstärkte den Griff um meinen Knüppel, bereit, ihn jederzeit zum Einsatz zu bringen. Doch als die Gäste meine Kleidung und mein Äußeres ausreichend gemustert hatten, setzte wieder Gemurmel ein. Sie schienen mich nicht weiter zu beachten, aber ich wußte: Jede falsche Bewegung konnte mich in Gefahr bringen. Ich wartete daher, bis Humility Dyson mich von sich aus ansprach.

«Und was hast du hier verloren, Master?» grunzte er. «Unser Ale ist gut, das kannst du ruhig probieren, aber dein Abendessen nimmst du besser in einem anderen Gasthaus ein.»

Ich beachtete seine unfreundliche Begrüßung nicht und sagte: «Ich komme auf Empfehlung des Ratsherrn Weaver. Er meinte, daß du mir vielleicht helfen kannst.»

Humility Dyson kratzte sich am Bart und musterte mich von oben bis unten. «Auf Empfehlung des Ratsherrn Weaver?» murmelte er dann. «Auf welche Weise könnte ich dir wohl behilflich sein?»

«Ich suche zwei Männer, Padraic Kinsale und Briant von Dungarvon.»

Die kleinen Augen des Gastwirts schienen sich vor Mißtrauen noch weiter zu verengen, während er mich aufmerksam betrachtete. «Und was willst du von den beiden?» wollte er wissen.

«Das geht nur sie und mich etwas an.» Ich hoffte, es klang unerschrockener, als ich mich tatsächlich fühlte. Meine Hände waren naß vor Schweiß, so daß mir meine Keule zu entgleiten drohte.

Ich wußte nicht, was ich sagen sollte, falls er weiter mit Fragen in mich drang, doch nachdem er mich lange genug beäugt hatte, knurrte er schließlich widerwillig: «Warte draußen, und ich frage die beiden, ob sie bereit sind, mit dir zu sprechen.»

Die Erleichterung darüber, den Aufenthaltsort der Iren tatsächlich gefunden zu haben, wog mein Unbehagen auf, und so trat ich mit einem gewissen Hochgefühl wieder auf die Marsh Street hinaus. Der dicke Ledervorhang, der vor der Tür hing, fiel hinter mir zu. Ein Schwarm Möwen stieß herab und pickte gierig im Abfall der Gosse.

Doch ich mußte nur wenige Augenblicke warten, bis der Wirt den Ledervorhang wieder beiseite schob. «Sie wollen mit dir sprechen. Aber ich warne dich, Fremder. Wenn das nur ein billiger Trick ist, wirst du den Tag nicht überleben. Und das gleiche gilt für deine Komplizen.»

«Ich bin allein gekommen», erwiderte ich. «Und es ist mir auch niemand gefolgt.»

Humility Dyson führte mich in den Schankraum, wartete, bis sich meine Augen etwas an die Dunkelheit gewöhnt hatten und deutete dann auf einen Tisch in der hintersten Ecke. Es war dort so dunkel, daß ich nur die ungefähren Umrisse der Männer erkennen konnte, die auf mich warteten. Niemand schaute auf, als ich zwischen den Tischen hindurchging, doch es kam mir vor, als würden sich Dutzende von Blicken in meinen Rücken bohren, sobald ich die Tische hinter mir gelassen hatte.

Die beiden Iren saßen völlig im Dunkeln, so daß ich ihre Gesichter unmöglich erkennen konnte. Ihre glitzernden Augenpaare und ihr breiter, südirischer Akzent – das war alles, was mir von ihnen im Gedächtnis blieb.

«Nun?» brummte einer von ihnen, als ich ängstlich schwieg. Jetzt, wo der entscheidende Augenblick gekommen war, wurde mir erst richtig klar, auf welchen Wahnsinn ich mich da eingelassen hatte: Ich war drauf und dran, zwei Schwerverbrecher zu fragen, ob man sie dafür bezahlt hatte, einen Menschen zu töten! So etwas konnte wirklich nur einem hirnlosen Idioten einfallen. Aber so ist es mir zeit meines Lebens ergangen. Immer wieder habe ich mich Hals über Kopf in die haarsträubendsten Situationen begeben und hatte oft genug meine liebe Mühe, mich wieder herauszuretten. Immerhin blieb es mir erspart, meine Frage selbst in Worte fassen zu müssen.

«Humility meint, Ratsherr Weaver hätte dich geschickt», sagte einer der Männer. «Deshalb glaube ich, daß du was über den Mann wissen willst, der plötzlich verschwunden ist. Alle dachten, er wäre ermordet worden, und dann ist er eines Tages leibhaftig zurückgekehrt. Wie hieß er doch noch gleich, Padraic?»

«William Woodward», antwortete ich, ehe der andere Ire noch den Mund aufmachen konnte.

«Genau. Nun, Master...?»

«Roger. Roger Chapman.»

«Nun, Roger Chapman, der Ratsherr tat gut daran, dich zu uns zu schicken. Wir sind zwar hier im Sklavenhandel nicht die einzigen, aber weil wir Iren sind, wissen wir doch am besten darüber Bescheid. Wir kennen die Männer, die den Weiterverkauf betreiben, und wir kennen auch ihre Kunden.» Briant von Dungarvon – denn wer sonst sollte mit mir sprechen, da er den anderen mit Padraic angesprochen hatte? – legte die Hände auf den Tisch und wandte den Kopf in meine Richtung, so daß ich seine Augen blitzen sehen konnte. «Deshalb kann ich dir nur sagen, was wir bereits dem Ratsherrn erzählt haben: Es wurde keine Spur von irgend jemandem gefunden, auf den die Beschreibung dieses William Woodward paßt. An einen alten Mann mit einer Kopfwunde hätte sich jeder erinnert, der ihn gesehen hat. Kein Sklavenhändler würde so jemanden verkaufen können.»

Von der anderen Seite des Tisches war ein leises Kichern zu hören. «Ich glaube, unser Freund hier», sagte Padraic, «hegt womöglich den Verdacht, daß uns jemand Geld angeboten hat, damit wir diesen unglücklichen Alten nach Irland bringen und ihn dort beiseite schaffen. Ist es nicht so, Master Chapman?»

«Ich... äh... ich habe mal entfernt an diese Möglichkeit gedacht», stotterte ich.

«In dem Fall», fuhr Briant in demselben sanften Tonfall fort, verlieh seinen Worten aber einen so bedrohlichen Unterton, daß mir das Blut in den Adern gefror, «bist du an die Falschen geraten. Wir haben unsere Grundsätze, nicht wahr, Padraic?»

Der andere nickte. «Aber klar doch, Briant. Und einen alten Mann kaltblütig zu ermorden, das verträgt sich mit diesen Grundsätzen nicht. Natürlich können wir nicht für die anderen Bürger Bristols, diese Bande von Halsabschneidern, sprechen. Aber eines mußt du bedenken.» Padraic lehnte sich über den Tisch zu mir herüber. «Wenn jemand tatsächlich so einen Auftrag bekommen und ihn verpfuscht hat, hätte irgend jemand entlang der Küste einen verletzten alten Mann sehen oder zumindest von ihm hören müssen. Und ich versichere dir», – er schlug auf den Tisch, um seine Worte zu bekräftigen – «daß Briant und ich auf Geheiß des Ratsherrn, der uns immer anständig bezahlt hat, Wochen, ja, sogar Monate damit verbracht haben, uns nach diesem verletzten alten Mann zu erkundigen. Aber niemand hat ihn auch nur von weitem gesehen.» Er hob den Finger. «Und deshalb sagen wir dir, was wir auch schon dem Ratsherrn gesagt haben: Wo immer dieser William Woodward auch gewesen sein mag – in Irland jedenfalls war er nie.»

12

Ich glaubte ihnen. Zwar ist Irland ein wildes Land, und ich weiß nicht, wie viele Meilen man zurücklegen muß, um von Osten nach Westen oder von Norden nach Süden zu gelangen. Aber ich war mir sicher, daß William Woodward, falls er wirklich nach Irland verschleppt worden war, nicht über die von England beherrschten Gebiete an der Ostküste hinausgekommen wäre. Genau in diesen Gebieten aber hatten sich Padraic Kinsale und Briant von Dungarvon erfolglos nach ihm erkundigt. Daß sie mich belogen, hielt ich für ziemlich unwahrscheinlich. Soweit ich es beurteilen konnte, hatten sie keine Veranlassung dazu. Sie verfolgten in der ganzen Sache kein eigenes Interesse und standen offenbar in der Schuld des Ratsherrn. Was sie sagten, hatte Hand und Fuß. William Woodward mußte nach seiner gewaltsamen Entführung in einem Zustand gewesen sein, in dem er fremde Hilfe brauchte. Und da er nicht in seinen eigenen Kleidern nach Bristol zurückgekehrt war, mußten andere Menschen ihm geholfen haben. Falls diese Menschen in Irland lebten, hätten Padraic und Briant sie mit Sicherheit ausfindig gemacht.

Es hatte daher wenig Zweck, das Gespräch unnötig in die Länge zu ziehen. Sie hatten mir alles gesagt, was sie wußten, und ich wollte nun erst einmal in Ruhe über alles nachdenken. Ich stand auf und verneigte mich kurz vor den beiden. «Gentlemen, ich danke Euch. Ihr habt mir alles gesagt, was ich wissen wollte, deshalb werde ich Euch jetzt nicht weiter stören.»

Ich wollte mich schon umdrehen, als mir einer der beiden –

ich glaube, es war Padraic – freundlich die Hand auf den Arm legte. «Einen Ratschlag noch, Roger Chapman. Sei auf der Hut! Es könnte Leute geben, die es gar nicht gern sehen, daß du hier überall herumläufst und neugierige Fragen stellst.»

Der andere nickte. «Es kann ganz schön gefährlich sein, alte Knochen wieder auszugraben. Sieh dich lieber vor!»

Ich dankte ihnen für die Besorgnis, versicherte ihnen, daß ich mich schon zu wehren wüßte, und verabschiedete mich. Diesmal wurde mein Weg zur Tür nicht von feindlichen Blicken begleitet. Die Gäste im Alehaus hatten mich als harmlosen Trottel abgetan. Doch als ich wieder draußen im aufsteigenden Nebel des späten Januarnachmittags stand, lehnte ich mich erst einmal gegen die Wirtshausmauer und atmete erleichtert auf. Die Begegnung mit den Sklavenhändlern hatte mir doch mehr zugesetzt, als ich zunächst erwartet hatte. Vor allem ihre letzten Worte hatten mir einen tüchtigen Schrecken eingejagt. Die Iren hatten recht: Ich war dabei, alte Knochen auszugraben. Vielleicht hätte ich doch häufiger über die Schulter zurückschauen und nach möglichen Verfolgern Ausschau halten sollen.

Doch meine Besorgnis trat rasch hinter der Notwendigkeit zurück, meine Gedanken neu zu ordnen. Wenn man William Woodward nicht nach Irland verschleppt hatte, wo war er dann in den fünf Monaten zwischen Mariä Verkündigung und Mariä Himmelfahrt geblieben? Wer hatte ihn entführt, und aus welchem Grund? Und wer hatte ihm geholfen, seine Wunden gepflegt, ihm neue Kleider gegeben? Mein Kopf begann zu schmerzen. Ein eisiger Wind wehte vom Kai herauf, ich zitterte vor Kälte. Der Geruch nach fauligem Fisch, den der Wind mitbrachte, drehte mir fast den Magen um, und auf meiner Stirn stand kalter Schweiß. Wieder einmal erinnerte mich mein Körper daran, daß ich noch immer nicht ganz genesen war.

Am liebsten wäre ich sofort nach Hause gegangen, hätte mich von Mistress Walker pflegen und verwöhnen lassen. Aber bei der Vorstellung, Lillis gegenübertreten zu müssen, schreckte ich zurück. Trotz der Kälte und der langsam einsetzenden Dunkelheit redete ich mir ein, daß ich mir unbedingt noch an diesem Tag das Haus in der Bell Lane anschauen müsse, in dem William Woodward bis zu seinem rätselhaften Verschwinden gewohnt hatte. Ich zog die Kapuze über den Kopf und schloß die Hand fester um meine Keule.

Die meisten Läden und Verkaufsbuden wurden bereits geschlossen, die Waren von den Ständern geholt und in die Häuser getragen. Kerzen brannten in Haltern und Leuchtern, das Licht der zischenden Fackeln an den Häuserwänden spiegelte sich in den kalten Pfützen. An manchen Häusern waren die Fensterläden bereits geschlossen, und die meisten Straßen sahen verlassen aus. Hier und da flackerte ein Licht hinter den mit Pergament ausgekleideten Fenstern. Je dunkler es wurde, desto vorsichtiger mußte man sein, um nicht auf den feuchten Pflastersteinen auszurutschen. Zweimal wäre ich fast hingefallen, weil ich auf Unrat trat, der nicht im Abflußkanal in der Mitte der Straße gelandet war. Der gesunde Menschenverstand hätte mir befehlen müssen, meine Schritte zu Mistress Walkers trockener, warmer Hütte zu lenken, doch der Gedanke an Lillis ließ mich trotzig weiterstolpern.

Als ich durch die Small Street ging, sah ich die Fenster von Master Herepaths Haus hell erleuchtet, und der Gedanke an Cicely Ford ließ mir den Atem stocken. Mein Herz schlug schneller bei der Erinnerung an ihr sanftes Gesicht und ihre süße Stimme. Nur mit Mühe konnte ich das Verlangen unterdrücken, stehenzubleiben und wie ein liebeskranker Jüngling zu hoffen, daß ich ihren Schatten am Fenster sah. Doch ich zwang mich, weiterzugehen und in die Bell Lane einzubiegen. Alle Häuser waren beleuchtet, nur eines war völlig dunkel, und alle seine Fensterläden waren geschlossen. Ich nahm an, daß dies das Haus von William Woodward war – oder besser: das Haus von

Edward Herepath, das er William Woodward überlassen und seitdem noch nicht wieder vermietet hatte.

Ich sah mich vorsichtig um und versuchte, den Riegel zur Seite zu schieben. Der Riegel ließ sich bewegen, aber die Tür gab nicht nach. Mein Blick fiel auf das Schlüsselloch. Natürlich war das Haus abgeschlossen. Was sonst hatte ich von einem unbewohnten Haus erwartet? Und warum hatte ich mir überhaupt die Mühe gemacht, herzukommen und mir das Haus anzusehen? Hatte ich nicht einfach nur nach einer Ausrede gesucht, um durch die Small Street zu gehen und Cicely Ford wenigstens für einen kurzen Augenblick nahe zu sein? Voller Verachtung für mein eigenes, kindisches Verhalten drehte ich mich um und eilte durch die Gasse davon.

Ich war so mit Selbstvorwürfen beschäftigt, daß ich den Abzweig zur Broad Street verpaßte und mich plötzlich jenseits der Johanniskirche in der Tower Lane wiederfand. Als ich leise fluchend stehenblieb, hörte ich das gedämpfte Stampfen von Hufen und das Schnauben und fröhliche Wiehern zufriedener Pferde. Zu meiner Rechten konnte ich durch ein offenes Tor in den Hof eines Mietstalls sehen. Ein Mann kam mit zwei leeren Kübeln heraus und stellte sie klappernd auf die Pflastersteine. Wahrscheinlich hatte er seine Schützlinge gefüttert und ihnen etwas zu trinken gegeben, ehe er nun den Stall für die Nacht verschloß.

Ich wünschte ihm einen guten Abend, und er verzog das Gesicht. «Wird eine kalte Nacht werden, mein Freund», sagte er und schnupperte die eisige Luft. «Kalt, aber trocken. Ich rieche schon den bevorstehenden Frost. In den nächsten ein, zwei Tagen wird es wohl keinen Regen mehr geben. Kann nicht behaupten, daß mich das traurig macht. Die Feuchtigkeit paßt mir nicht, aber die Kälte kann ich auch nicht vertragen. Ich bin hier gleich fertig und gehe so schnell wie möglich nach Hause. Ich wohne in der Wine Street. Wenn du einen Augenblick wartest, können wir zusammen gehen.»

Ich schüttelte den Kopf. «Ich habe mich verlaufen und muß zurück zur Broad Street. Ich habe in Redcliffe meine Unterkunft.»

«Warte trotzdem, ich begleite dich ein Stück. Für mich ist das kein großer Umweg.»

Ich wartete, bis er die großen Tore von innen verschlossen und verriegelt hatte und schließlich durch eine kleine Pforte auf die Straße trat, die er ebenfalls sorgfältig verschloß. Zweimal ging er zurück, um nachzuprüfen, ob auch alles gesichert war.

«Du nimmst es sehr genau mit deiner Arbeit», bemerkte ich, als wir in die Broad Street einbogen.

Er zog sich die Kapuze seines Umhangs über den Kopf. «Bei all den Dieben, die heutzutage durch die Stadt streichen, bleibt mir ja auch nichts anderes übrig. Ich weiß nicht, was mit diesem Land los ist», brummelte er. «Es ist eben alles nicht mehr so wie früher, als ich noch ein junger Bursche war.»

Ich wollte schon erwidern, daß sein Vater damals vermutlich genau die gleiche Klage geführt hatte, hielt mich aber zurück. Warum sollte ich meine Zeit damit vergeuden, mit einem Fremden zu streiten, den ich sowieso nicht überzeugen konnte? Nach den dünnen Lippen und dem säuerlichen Gesichtsausdruck zu urteilen, war er ein Mann, der sich von den kleinen Ungerechtigkeiten und Ärgernissen des Lebens leicht die Laune verderben ließ.

«Bist du denn selbst auch schon mal bestohlen worden?» fragte ich statt dessen, vielleicht um ihn bei einer Übertreibung zu ertappen. Aber ich lag falsch. Wie schon so oft, hatte ich mich voreiligen Schlußfolgerungen hingegeben und meinen Begleiter für einen Mann gehalten, der ohne Grund an allem und jedem etwas zu nörgeln hatte.

«Na, und ob! Erst letztes Jahr ist jemand in den Stall eingebrochen und hat den Braunen von Master Herepath mitgenommen.»

«Das Pferd von Master Edward Herepath aus der Small Street?» fragte ich, plötzlich hellhörig geworden.

«Natürlich das von Master Edward!» erwiderte er in barschem Ton. «Robert, dieser Taugenichts, hat ja sein ganzes Leben lang nie genug Geld gehabt, um sich selbst ein Pferd leisten zu können. Wenn er eins brauchte, mußte er es von seinem Bruder leihen.»

«Und dieser Diebstahl... war das vor oder nach William Woodwards rätselhaftem Verschwinden?»

Mein Begleiter schenkte mir einen prüfenden Seitenblick.

«Ach, du hast davon gehört? Sieh mal einer an!» Dann zuckte er mit den Schultern. «Na ja, warum auch nicht? Es ist kein Wunder, daß die Leute noch immer darüber reden. So etwas Unheimliches und Schreckliches geschieht Gott sei Dank nur selten. Und da du schon danach fragst, schadet es wohl nichts, wenn ich es dir erzähle. Master Herepaths Brauner wurde in der gleichen Nacht gestohlen, in der William Woodward verschwunden ist.»

«In der gleichen Nacht?» Ich blieb wie versteinert auf der Straße stehen, merkte es aber erst, als mein Begleiter mich ungeduldig am Ärmel zupfte.

«Komm schon, laß uns weitergehen! Es wird immer später, und ich bin nicht sonderlich darauf erpicht, im Dunkeln durch die Stadt zu gehen. Ja, William Woodward und Edward Herepaths Pferd sind in der gleichen Nacht verschwunden. Ein schönes, kräftiges Tier war das. Ein heller Brauner mit schwarzen Flecken und einer Blesse zwischen den Nüstern.»

Wie ein Schlafwandler ging ich weiter und versuchte, die Bedeutung dieser Neuigkeit für die Lösung meines Rätsels zu ergründen. Schließlich kamen wir zum High Cross, wo sich unsere Wege trennten.

«Gute Nacht, mein Freund», sagte mein Gefährte und wandte sich nach links in die untere Hälfte der Wine Street. «An deiner Stelle würde ich schnurstracks nach Hause gehen. Um diese Tageszeit wimmelt es in der Stadt nur so von Wegelagerern und Dieben.»

Ehe ich ihm noch weitere Fragen stellen konnte, war er auch schon fortgeeilt, aber ich wußte ja, wo ich ihn finden konnte. Ich tröstete mich mit der Gewißheit, daß ich an diesem Abend ohnehin nicht mehr aus ihm herausbekommen hätte, weil er so ängstlich darauf bedacht war, vor Einbruch der Nacht in sein eigenes Haus zurückzukehren. Eine Weile starrte ich ihm nach, dann lenkte ich meine Schritte in Richtung High Street.

Daß mir Gefahr drohte, spürte ich erst, als ich die Bristol Bridge bereits zur Hälfte überquert hatte und auf die Kapelle der Heiligen Mutter Gottes zuschritt. Scheinbar ohne Grund sträubten sich mir die Nackenhaare. Ich hielt inne und starrte zurück in die Dunkelheit, konnte aber außer den Häusern und Läden auf beiden Seiten der Brücke nichts erkennen. Trotzdem zog ich den rechten Arm aus den Falten des Mantels und hielt meine Keule bereit. In dem Augenblick fiel mir auf, wie verlassen die Brücke im Vergleich zu den anderen Straßen war. Zwar blinkte hier und da ein Binsenlicht hinter den Fenstern, doch die meisten Bewohner der Brücke schienen sich ihre Kerzen bis zum späten Abend aufzuheben.

Mein Freund vom Mietstall hatte recht gehabt: Das Wetter schlug um. Der naßkalte Nebel, der in den letzten Tagen über der Stadt gelegen hatte, verflüchtigte sich, ein kräftiger Wind riß die Wolkendecke auf, so daß immer wieder einmal der Mond zum Vorschein kam. Auf dem rasch dahinfließenden Wasser des Frome spiegelten sich ein paar einsame Sterne. Die Dunkelheit war nun nicht mehr ganz so tief; Licht und Schatten traten schärfer hervor. Doch obgleich ich mitten auf der Straße stand, konnte ich nichts erkennen. Ich zuckte mit den Schultern und sagte mir, daß ich mir die vermeintliche Bedrohung wohl nur eingebildet hatte.

Törichterweise war ich davon ausgegangen, daß mir nur von hinten Gefahr drohen könnte, und hatte mein Augenmerk ausschließlich auf mögliche Verfolger gerichtet. Daß mir meine Widersacher auch auf dem Heimweg auflauern könnten, war mir gar nicht in den Sinn gekommen. Dabei hätte ich es mir eigentlich denken können, denn es gab keinen anderen Weg, auf dem ich nach Redcliffe hätte zurückkehren können, und erst in dem Moment, als ich zwischen der Kapelle und dem angrenzenden Haus zwei große Schatten sah, wurde mir klar, daß mein natürliches Gespür nicht getrogen hatte. Ich wußte sofort, daß die beiden Halunken es auf mich abgesehen hatten. Der eine hob eine Laterne hoch, um mein Gesicht zu beleuchten, dann stimmte er ein gräßliches Triumphgeheul an.

«Das ist er!» rief er seinem Begleiter zu, und mich fuhr er unfreundlich an: «Du hast dir aber lange Zeit gelassen.»

Ich trat einen Schritt zurück und nahm meine Keule in beide Hände. «Woher wußtet ihr, daß ich noch unterwegs war?» fragte ich.

«Wir haben einfach bei Mistress Walker nach dir gefragt.» Ich sah einen gezückten Dolch aufblitzen.

Rasch wagte ich einen kurzen Blick zurück, doch hinter mir war noch immer niemand zu sehen. Einer der Männer sprang auf mich zu. Ich parierte mit einem kräftigen Schlag und hörte ihn fluchen. Offenbar hatten sie nicht damit gerechnet, daß ich eine Keule bei mir trug, und gehofft, sie könnten mir den Garaus machen, ehe ich Zeit hatte, ein Messer zu ziehen.

Ich überlegte kurz, ob ich nach Hilfe rufen sollte – in den Häusern auf der Brücke hätte mich bestimmt jemand gehört –, aber mein alberner Stolz verbot es mir. Wie töricht wir Männer doch sein können, wenn unser Mut herausgefordert wird! Und wie klug die Frauen sind, weil sie ihre Selbsterhaltung niemals von so unsinnigen Vorstellungen abhängig machen!

Aus dem Augenwinkel sah ich, wie der zweite Angreifer versuchte, sich von hinten an mich heranzuschleichen. Ich drehte mich blitzschnell um, holte mit der Keule aus und zielte mit aller Wucht auf die Hand, mit der er den Dolch umklammert hielt. Er sah den Schlag kommen und duckte sich, war aber nicht schnell genug. Der Knüppel traf ihn an der rechten Wange. Er wankte und schrie vor Schmerz. Ich konnte unmöglich abschätzen, wie schwer ich ihn getroffen hatte, da sich der erste Mann schon wieder auf mich stürzte, ehe ich ein zweites Mal mit meiner Keule ausholen konnte. Er schlang einen Arm um meinen Hals und drückte zu. Sein keuchender Atem war dicht an meinem Ohr.

Ich ließ den Knüppel fallen, stemmte beide Hände gegen seinen Arm und beugte mich so weit wie möglich nach vorn, um ihn mit mir zu Boden zu ziehen. Ich spürte, wie sich seine Muskeln strafften und er versuchte, mich aufzurichten, um mir den Dolch in die Brust bohren zu können. Keuchend rief er nach seinem Gefährten, doch seine Worte konnte ich nicht verstehen. Das Blut pochte in meinem Schädel, und ich wußte, wenn es mir nicht gelang, mich aus dem Würgegriff zu befreien, würde ich in wenigen Augenblicken das Bewußtsein verlieren. Ich war schon auf den Knien, versuchte aber noch immer mit aller Kraft, seinen Arm von meiner Kehle wegzudrücken, als ich sah, daß sich der zweite Angreifer von meinem Keulenschlag erholt hatte und seinem Freund zur Hilfe eilte. Ich schloß die Augen und rechnete mit meinem sicheren Tod.

Daß Rettung nahte, merkte ich erst, als plötzlich ein gespenstisches Geheul erklang. Fluchend ließ mein Gegner von mir ab und versuchte auf die Beine zu kommen. Im gleichen Augenblick flog auch schon meine Keule auf ihn zu. Der Wurf war so geschickt, daß er mich nur knapp verfehlte, ihn aber durch einen glücklichen Zufall in die Magengrube traf. Er ließ den Dolch los, fiel gekrümmt vornüber, hielt sich den Bauch und begann zu würgen. Mühsam nach Luft ringend, richtete ich mich auf. Erstaunt sah ich die zierliche Gestalt, die meinen beiden Angreifern mutig trotzte und dabei genug Lärm machte, um die Bewohner der umliegenden Häuser aufzuwecken. Türen und Fenster öffneten sich, und ein paar Köpfe lugten vorsichtig heraus, um den Grund des Aufruhrs zu erkunden.

«Hilfe!» schrie Lillis. «Mord! Mord! Mord! Holt die Wache!»

Meine beiden Angreifer flohen, der eine noch immer schmerzverkrümmt, so rasch sie konnten von der Brücke. Der Ruf nach der Wache hatte ihnen Beine gemacht. Als sich um Lillis und mich eine kleine Menschentraube versammelt hatte, waren sie schon in der Dunkelheit verschwunden. Es hätte wenig Zweck gehabt, sie zu verfolgen. In dem Labyrinth kleiner Gäßchen rund um die Backs kannten sich solche Gauner und Schurken aus wie in ihrer eigenen Manteltasche.

Lillis wehrte die wachsende Zahl von Schaulustigen ab, die das übliche Klagelied über die unsicheren Straßen und die Unzulänglichkeit der Wache anstimmten.

«Überlaßt ihn mir. Ich werde dafür sorgen, daß er sicher nach Hause kommt. Er wohnt im Haus meiner Mutter.»

Sie hob meine Keule auf, um sie mir zurückzugeben. Einen Augenblick lang schwankte sie unter dem Gewicht des schweren Knüppels. Wie sie es geschafft hatte, ihn meinem Widersacher mit solcher Wucht entgegenzuschleudern, wird mir wohl immer ein Rätsel bleiben. Die Angst um mein Leben muß ihr diese Kraft verliehen haben, und genauso war es wohl auch jetzt, als sie einen Arm um meine Taille schlang und mir befahl, mich auf sie zu stützen.

Ich lächelte schwach. Als wir uns unter zahlreichen Rufen der Anteilnahme und der Bewunderung für Lillis in Richtung Redcliffe in Bewegung setzten, fragte ich sie: «Woher wußtest du, daß ich Hilfe brauchte?»

Sie schnaubte verächtlich. «Die beiden Männer, die vor einer Stunde bei uns waren und nach dir gefragt haben, gefielen mir ganz und gar nicht. Und als du dann immer noch nicht zurückgekommen bist, habe ich angefangen, mir Sorgen zu machen. Ich konnte einfach nicht mehr ruhig dasitzen und war schließlich davon überzeugt, daß irgend etwas Teuflisches im Gange war. Also bin ich losgerannt, um dich zu suchen.» Sie hielt inne. «Ich hatte große Angst, dich nur noch tot zu finden.»

«Ich wäre auch fast tot gewesen. Du bist gerade noch rechtzeitig gekommen. Ich danke dir sehr.»

Sie gab keine Antwort, sondern stützte meinen erschöpften Körper so gut sie konnte, bis wir endlich nach Hause kamen. Margaret wartete schon ängstlich an der Tür. Als sie uns sah, schrie sie entsetzt auf und eilte uns entgegen, um mir ins Haus zu helfen.

«Was ist geschehen?» fragte sie und fügte, ohne meine Antwort abzuwarten, hinzu: «Setz dich lieber hin, Roger. Du siehst aus, als würdest du gleich in Ohnmacht fallen.»

Als wollte ich ihr beweisen, daß sie recht hatte, schwanden mir in diesem Augenblick die Sinne, und ich sank zu Boden.

13

Im Traum stand ich auf dem Hof des Mietstalls. Edward Herepath führte ein hellbraunes Pferd mit schwarzen Flecken und einer Blesse zwischen den Nüstern heraus.

Der Stallmeister stand neben ihm. «Nein, nein!» rief er. «Henry Dando wird nicht zulassen, daß Ihr am Donnerstag den Braunen reitet. Er sagt, es muß unbedingt der Freitag sein, weil er Euch am Freitag gesehen hat.»

Doch Edward Herepath fluchte nur und drängte sich an ihm vorbei, und als er sich zu mir umdrehte, verwandelte sich sein Gesicht plötzlich in das eines sehr viel älteren Mannes. Ich wußte sofort, daß es das Gesicht William Woodwards war. Als ich zurücktrat, um ihn vorbeizulassen, sah ich eine gesichtslose, in einen dunklen Umhang mit Kapuze gehüllte Gestalt stumm vor dem Stalltor stehen. William ging an dem Mann vorbei, ohne ihn zu grüßen, doch irgendwie spürte ich, daß sich die beiden schon einmal begegnet waren, denn in ihren Augen flackerte fast unmerklich ein Zeichen des Wiedererkennens auf. Als nächstes sah ich, wie sich William Woodwards Gesicht wieder in das von Edward Herepath verwandelte. In dem Augenblick faßte mich jemand – vermutlich der Stallmeister – an der Schulter und schüttelte mich...

Mistress Walker stand über mir, ein flackerndes Binsenlicht in der Hand, und hinter ihr war Lillis' besorgtes Gesicht zu sehen.

«Was ist los?» murmelte ich.

Beide Frauen atmeten erleichtert auf. «Du hast so laut gestöhnt, daß wir dachten, du littest Schmerzen.» Margaret stellte den Kerzenhalter auf den Tisch und legte die Hand auf meine Stirn. «Keine Sorge», sagte sie zu ihrer Tochter. «Er hat kein Fieber. Es muß ein Alptraum gewesen sein.»

«Allerdings.» Ich setzte mich im Bett auf und versuchte, die Reste des Traums abzuschütteln. Ich schaute Lillis an. «Und du?» fragte ich. «Hast du auch keine Verletzungen davongetragen?»

Sie schüttelte den Kopf, doch selbst im trüben Schein des Binsenlichts konnte ich das siegessichere Lächeln erkennen, das mir sagte, daß ich von nun an ihr gehörte: Sie hatte mir das Leben gerettet. Und mehr als das: Was in der letzten Nacht zwischen uns vorgefallen war, hatte mich für immer zu ihrem Schuldner gemacht. Ich seufzte und ließ mich wieder zurück in meine Kissen fallen. Als sie mir Wasser aus dem Faß bei der Tür brachte, hob ich folgsam den Kopf und ließ sie den Becher an meine Lippen führen. Und auch als sie mich leicht auf die Stirn küßte, wehrte ich mich nicht. Ich bemerkte den kurzen, neugierigen Blick, den mir Margaret Walker zuwarf, aber sie sagte nichts – ein Schweigen, das ich höchst beunruhigend fand, ließ es doch auf ein heimliches Übereinkommen zwischen den beiden Frauen schließen.

Beruhigt über mein Wohlergehen, zogen sie sich wieder hinter den Vorhang zurück, um weiterzuschlafen. Ich aber lag wach, geplagt von wilden Befürchtungen und Zukunftsängsten. Wie glücklich hätte es mich gemacht, wenn Cicely Ford zu meiner Rettung gekommen wäre! Doch nach und nach wurden diese undankbaren Gefühle von dem Bedürfnis verdrängt, meinen Traum zu verstehen und zu deuten. Aus Erfahrung wußte ich, daß irgendwo in diesem Wirrwarr ein Körnchen Wahrheit stecken mußte. Nur selten in meinem Leben hatte ich gehabt, was meine Mutter «das zweite Gesicht» genannt hätte, doch immer wenn ich in einer besonders schwierigen Lage war, hatte ich Träume, die auf den ersten Blick verwirrend erschienen, in Wirklichkeit aber wichtige Fingerzeige auf die Wahrheit bargen. Wie auch immer die Wahrheit in diesem Fall lauten mochte, irgend jemand wollte mich töten, ehe ich sie herausfinden konnte. Er hatte zwei zu allem entschlossene Halunken angeheuert, um mich umbringen zu lassen, und wäre Lillis nicht so besorgt und tapfer gewesen, hätte ich längst kalt und leblos auf der Bristol Bridge gelegen.

Ich versuchte, diesen Gedanken so schnell wie möglich zu verscheuchen und mir statt dessen meinen Traum zu vergegenwärtigen, ehe die Erinnerung wieder verblich. Henry Dando! Wer war das? Ich legte die Hände übers Gesicht, um jede Ablenkung abzuwehren, und dachte angestrengt nach... Natürlich! Miles Huckbodys Freund aus dem Gaunts Hospital. Er hatte erwähnt, daß er Edward Herepath gesehen hatte. Aber was hatte er genau gesagt?

Miles hatte Edward Herepath mit dem Hinweis verteidigt, er sei in der Nacht, in der William Woodward verschwand, in Gloucester gewesen. «Ja, das stimmt, in der Stadt war er nicht», hatte Henry Dando geantwortet. «Ich habe ihn selbst am Freitagmorgen wegreiten sehen – zwar nur aus der Ferne, aber ich habe den Braunen erkannt, den er immer reitet.» Trotzdem hatten mir sowohl Margaret Walker als auch Edward Herepath erzählt, er sei schon an Mariä Verkündigung nach Gloucester geritten. Entweder hatten sie gelogen, oder Henry Dando hatte einen anderen auf Master Herepaths Pferd davonreiten sehen.

Vorsichtig streckte ich in dem schmalen Bett meine Glieder aus. Meine Gelenke schmerzten – wohl ein Andenken an die unerfreuliche Begegnung auf der Brücke. Seufzend versuchte ich, mich mit dem Gedanken anzufreunden, daß ich sowohl den Mietstall als auch das Hospital am nächsten Tag noch einmal würde aufsuchen müssen. Gleichzeitig fragte ich mich, wie wohl der Auftraggeber der beiden Gauner die Nachricht aufnehmen würde, daß ich nicht nur weiterhin lebendig, sondern auch immer noch der Wahrheit auf der Spur war. Ich nahm mir vor, in Zukunft meinen Knüppel stets bei mir zu tragen und mich vorzusehen, wie es mir die irischen Sklavenhändler geraten hatten.

Ich wollte schon eindösen, als mir die Gestalt mit dem langen Umhang und der Kapuze wieder einfiel, der Mann, den ich schon einmal gesehen und zweimal gehört hatte und der in meinem Traum eine stumme Rolle gespielt hatte. Wer war dieser Mann, und was hatte er mit William Woodwards rätselhaftem Verschwinden zu tun? Warum hatte ich im Traum das deutliche Gefühl gehabt, daß sowohl William Woodward als auch Edward Herepath diesen Mann kannten? Einen Augenblick lang war ich wieder hellwach, aber dann forderte die Erschöpfung ihr Recht, und das nächste, was ich sah, war das Tageslicht, das durch die Ritzen der Fensterläden drang.

Der Stallmeister war aufrichtig erfreut, mich wiederzusehen, und nachdem er seiner Hoffnung Ausdruck verliehen hatte, daß ich am Abend zuvor sicher nach Hause gelangt war – eine Hoffnung, die ich bestätigte –, lud er mich auf einen Becher warmes Ale in seine Kammer ein. «Es ist bitterkalt heute morgen, genau wie ich es dir gesagt habe.»

Er rieb die Hände aneinander und behauchte seine roten Knöchel. «Ich habe gewußt, daß wir Frost bekommen, und ich habe recht behalten.»

Ich zollte seiner Prahlerei mit einem bewundernden Lächeln Respekt, denn seine Voraussage hatte sich tatsächlich als richtig erwiesen. Die naßkalten, tristen Straßen hatten sich über Nacht in eine weiße Märchenwelt verwandelt. Spinnwebendünne Wolken zogen über den blaßblauen Himmel, die vereisten Straßen glitzerten im klaren Sonnenschein, und an jeder Dachtraufe, jedem Pfosten und jedem Holzgeländer funkelte eine feine Rauhreifschicht. Meine Stimmung hatte sich merklich gehoben, als ich am Morgen ins Freie getreten war. Bei so schönem Wetter erschien alles gleich in einem freundlicheren Licht.

Ich nahm die Einladung des Stallmeisters an und folgte ihm in ein kleines, einstöckiges Gebäude am Ende des Stallgeländes. In den Boxen standen an dem Tag nur drei Pferde. Ein noch ziemlich schlaftrunken wirkender junger Bursche begann gerade mit dem Ausmisten. Auf einen Zuruf des Stallmeisters beschleunigten sich seine Bewegungen, aber ich hatte den dringenden Verdacht, daß er, sobald wir außer Sichtweite waren, sofort wieder in seinen langsamen Trott verfiel.

«Ah, das ist angenehm», sagte ich, als ich meine Hände über dem Kohlenfeuer wärmte und zwischen den Kohlen einen Krug mit Ale entdeckte.

Die Hand mit einem Lappen umwickelt, hob mein Freund den Krug heraus, goß den Inhalt in zwei Tonbecher und reichte mir einen davon. «Und?» fragte er mit einem verschmitzten Grinsen. «Was kann ich für dich tun? Denn ich wage nicht, mir einzubilden, daß jemand, den ich erst so kurze Zeit kenne, herkommt, nur um meine Gesellschaft zu genießen.»

Ich mußte zugeben, daß er recht hatte. «Du hast gestern erwähnt, daß Edward Herepaths Brauner in der gleichen Nacht gestohlen wurde, in der William Woodward auf rätselhafte Weise aus Bristol verschwunden ist. Master Herepath ist also nicht mit seinem Braunen nach Gloucester geritten?»

Der Stallmeister ließ das halbleere Glas sinken und wischte sich den Mund mit dem Handrücken ab. «Wie hätte das gehen sollen?» fragte er, ungehalten über meine offensichtliche Torheit. «Master Herepath ist schon am frühen Morgen aufgebrochen. Ich weiß noch, daß er mir sagte, ich sollte Cresside, seine Rotschimmelstute, gleich nach der Morgenmesse satteln und für ihn bereithalten.»

«Er ist also am Donnerstag, nicht erst am Freitag fortgeritten? Bist du dir da ganz sicher?»

Der Stallmeister schnaubte empört. «Natürlich bin ich mir sicher. Es war an Mariä Verkündigung. Später am Tag kam dann William Woodward vorbei, um die Miete zu kassieren.

Der Stall gehört nämlich Master Herepath. Er hat viel Besitz in der Stadt.»

«Das habe ich auch schon gehört.» Nachdenklich nippte ich an meinem Ale und fragte mich, wie dieser neue Umstand zu allem anderen paßte, was ich inzwischen erfahren hatte. «Er hatte Glück, daß sein eigenes Pferd gestohlen wurde», sagte ich schließlich. «Einem anderen Eigentümer hätte er wohl eine Entschädigung zahlen müssen. Wie ist der Dieb eigentlich hereingekommen? Der Stall ist doch in der Nacht fest verschlossen. Jedenfalls habe ich gestern abend gesehen, wieviel Mühe du dir damit gibst.»

«Allerdings!» antwortete der Stallmeister mit solchem Nachdruck, daß ich mich fragte, ob er vielleicht selbst in den Verdacht der Komplizenschaft geraten war. «Der Dieb muß einen Schlüssel zur kleinen Pforte gehabt und die großen Doppeltore von innen entriegelt haben. Zum Glück konnte mein Nachbar bezeugen, daß ich die ganze Nacht über zu Hause war. Bei seiner Frau hatten nämlich kurz nach dem Komplet die Wehen eingesetzt, und die Hebamme hatte ihn aus der Hütte gescheucht, weil er ihr nur im Wege stand. Da es das erste Kind war, dauerten die Wehen ziemlich lange, und er war so in Sorge, daß wir fast die ganze Nacht über zusammensaßen und miteinander redeten. Es dämmerte schon, als das Kind geboren wurde und ich mich endlich wieder zu meiner Frau ins Bett legen konnte.» Und in ziemlich verächtlichem Tonfall fügte er hinzu: «Sie hätte sich nie für einen anderen Menschen die Nacht um die Ohren geschlagen.»

«Aber deine gute Tat wurde doch reichlich belohnt. Auf diese Weise konnte dich niemand für den Diebstahl verantwortlich machen.»

Der Stallmeister wiegte den Kopf. «Für den Diebstahl nicht, da hast du recht. Aber Master Herepath und ich sind die einzigen, die einen Schlüssel haben. Der Sheriff meinte, ich könnte mit den Dieben unter einer Decke stecken. Aber Master Edward

– Gott segne ihn! – wollte davon nichts wissen. Er würde mir sein Leben anvertrauen, hat er gesagt, ganz zu schweigen von seinen Pferden. Mit diesen Worten hat er den Sheriff fortgeschickt. Er ist ein guter Mensch – ganz im Gegensatz zu seinem nichtsnutzigen Bruder!»

«Und wurde der Braune jemals wiedergefunden?» Ich trank mein Ale aus und stellte den leeren Becher auf den Tisch.

«Nein. Das Pferd ist und bleibt verschwunden. Seitdem ich es an jenem Donnerstagabend sicher in seinen Stall eingeschlossen habe, hat es, soweit ich weiß, in Bristol niemand mehr gesehen.»

Außer einem, dachte ich im stillen. Henry Dando hatte am Freitagmorgen Edward Herepaths Pferd erkannt. Aber vielleicht hatte er die Tage durcheinandergebracht? Meine Neugier war geweckt, und es erschien mir dringend notwendig, Henry so schnell wie möglich aufzusuchen. Ich dankte dem Stallmeister für seine Gastfreundschaft und sagte ihm, ich hätte noch dringende Geschäfte zu erledigen. Dann wickelte ich mich fest in meinen Mantel ein, zog die Kapuze über den Kopf, ergriff meine Keule und lenkte meine Schritte zum zweitenmal zum Gaunts Hospital.

Henry Dando war entzückt darüber, daß ihn jemand besuchen kam, und frohlockte hämisch, als sich herausstellte, daß ich mit ihm, nicht mit Miles Huckbody sprechen wollte.

«Warum denn mit ihm?» fragte Miles gekränkt. «Letztesmal wolltest du noch mit mir sprechen. Habe ich dich irgendwie gekränkt?»

«Nein, nein», versuchte ich ihn zu beruhigen. «Ich freue mich sehr, daß wir Gelegenheit haben, unsere Bekanntschaft zu erneuern. Aber Master Dando hat neulich eine Bemerkung gemacht, die dringend einer weiteren Klärung bedarf.»

Henry wußte wohl nicht so recht, was er davon halten sollte.

«Alles was ich dir gesagt habe, stimmt aufs Wort!» entgegnete er beleidigt.

Die anderen Männer in der Halle hatten uns bereits neugierig ihre Gesichter zugewandt, deshalb nahm ich rasch zwischen ihm und Miles Huckbody auf einer Bank in der Nähe des Feuers Platz. Ich wandte mich an Henry. «Als wir letztesmal über William Woodward sprachen, hast du erwähnt, du hättest Edward Herepath am Freitagmorgen auf seinem Braunen nach Gloucester reiten sehen.»

«Genauso war es. Ich und ein paar andere hatten vom Kaplan die Erlaubnis erhalten, zur Messe in die Michaeliskirche zu gehen. Das machen wir öfter. Der Spaziergang tut uns sehr gut. Aber wir gehen immer hinten herum, durch die kleinen Gassen, durch die Frog und Trencher Lane.»

«Und welche Messe war das?» fragte ich. «Um welche Tageszeit?»

Henry Dando wiegte den Kopf. «Es war noch sehr früh. Vor dem Frühstück.»

«Die Prim?» fragte ich, und er nickte.

«Die wird es wohl gewesen sein. Jedenfalls kamen wir aus der Kirche, gingen den Hügel hinunter und waren gerade bei der Magdalen Lane angekommen, als wir Master Herepath auf seinem Braunen den Stony Hill in Richtung Windmühle hinaufreiten sahen.»

«Bist du sicher, daß es Master Herepath war? Hast du sein Gesicht gesehen?»

«Nein, er war zu weit weg, und es war ja im März, da ist es um die Tageszeit noch ein bißchen düster. Aber sein Pferd hätte ich überall erkannt. Und die Gestalt, die draufsaß, sah ihm sehr ähnlich.»

«Und das war wirklich am Freitag?» drang ich noch einmal in ihn. «Du bist sicher, daß du dich in diesem Punkt nicht irrst? Es könnte ja auch sein, daß du an einem Donnerstag zur Michaeliskirche gegangen bist.»

Er sah mich mitleidig an. «Aber am Donnerstag war doch Mariä Verkündigung, da gehen wir immer alle zusammen hier in unsere Markuskirche. Der Kaplan hätte uns nie erlaubt, an diesem Tag in die Michaeliskirche zu gehen.»

Miles Huckbody pflichtete ihm bei. «Es muß der Freitag gewesen sein, da gibt es gar keine Frage. Ich weiß noch, wie Henry und die anderen mich gefragt haben, ob ich mitkommen will, aber ich hatte keine Lust auf den langen Spaziergang am frühen Morgen. Und gleich am nächsten Tag, am Samstag, gab es dann die ersten Gerüchte, daß William Woodward verschwunden ist.»

«Nun», sagte ich zu Henry, «dann muß ich dir leider sagen, daß du dich geirrt hast. Der Reiter, den du gesehen hast, war nicht Edward Herepath. Der ist nämlich schon am Donnerstag auf seinem Rotschimmel nach Gloucester geritten. Das weiß ich von seinem Stallmeister in der Tower Lane. Und außerdem ist Master Herepaths Brauner in der Nacht von Donnerstag auf Freitag aus dem Stall gestohlen worden.»

Miles Huckbody brach in schallendes Gelächter aus. «Ich habe schon immer behauptet, daß du schlechte Augen hast, Henry, aber du wolltest ja nichts davon hören. Vielleicht glaubst du mir jetzt.»

«Meine Augen sind völlig gesund, da brauchst du dir gar keine Sorgen zu machen», erwiderte Henry gereizt. «Ein schönes, starkes Pferd wie Master Herepaths Braunen erkenne ich auch aus der Ferne. Nur was den Reiter anging, da war ich mir von Anfang an nicht ganz sicher, und das habe ich auch immer gesagt. Er sah ihm ähnlich, mehr habe ich nie behauptet. Wenn du mir nicht glaubst, frag doch die anderen.»

Aber die drei anderen Männer, die Henry Dando an jenem Märzmorgen zur Michaeliskirche begleitet hatten, konnten sich, als ich sie darauf ansprach, nur noch ganz dunkel an den Reiter erinnern, der, als sie aus der Messe kamen, den Stony Hill hinaufgeritten war. Allerdings waren sie sich alle einig, daß es am Freitag gewesen war und Henry Dando sofort gesagt hatte, er habe Master Herepaths Pferd erkannt.

«Was hat das schon zu bedeuten? Ein paar Narren, die sich von einem anderen Narren täuschen lassen!» brummelte Miles Huckbody, als er mich zurück zum Pförtner brachte. Er war offenbar beleidigt, weil sich bei diesem Besuch nicht alles um ihn gedreht hatte. Offenbar sehnte er sich nach Abwechslung im eintönigen Leben des Hospitals – ein gutes Beispiel dafür, das ein ruhiges, beschauliches Dasein, wie ich es mir selbst vielleicht insgeheim so manches Mal wünschte, auch seine Schattenseiten hat.

«Ich glaube, du tust Henry unrecht», sagte ich. «Wie ich schon sagte, das Pferd wurde in der Nacht gestohlen. Der Mann, den er am Freitag auf Edward Herepaths Braunem davonreiten sah, könnte der Dieb gewesen sein.»

Aber Miles' Zweifel waren damit nicht ausgeräumt. «Am hellichten Tag?»

«Sehr früh am Morgen», entgegnete ich. «Die Frühmesse war zwar schon vorbei, aber es wird nicht viel später als sieben Uhr gewesen sein. Henry hat ja selbst gesagt, daß es noch nicht richtig hell war.»

«Ein Grund mehr, nicht auf das Geschwätz dieses alten Narren zu hören.» Miles war fest entschlossen, seinem Freund keinen Glauben zu schenken. «Es ist besser, wenn du seine Worte mit Vorsicht genießt.»

Beim Taubenschlag blieben wir stehen. Das sanfte Gurren der Vögel beruhigte meine Sinne. Nach dem Überfall in der letzten Nacht war ich noch immer sehr schreckhaft. Ich legte eine Hand auf Miles Huckbodys Arm. «Du und Henry, ihr wart mir beide eine große Hilfe», versicherte ich ihm.

«Ich nicht. Ich habe nichts getan», widersprach er heftig. Und dann fügte er mit einem spöttischen Grinsen hinzu: «Als du das erste Mal herkamst, dachtest du wohl, ich hätte etwas mit William Woodwards Entführung zu tun?»

Ich lächelte betreten. «Vielleicht», sagte ich. «Aber nicht lange.»

«Ich wünschte, du hättest recht gehabt», sagte Miles, und seine Augen blitzten. «Dieser alte Schweinehund! Er war mit dem Teufel im Bunde.»

«Aber seine Tochter sagt, er sei ein frommer Mann gewesen.»

Miles Huckbody sah mich von der Seite an und grinste verschlagen. «Na ja, so kann man das wohl auch sagen. Die Weber sind eben ein ganz besonders frommes Völkchen.» Er ließ ein rauhes Lachen hören, wollte aber weiter nichts sagen. Ich war mir nicht sicher, was er damit gemeint hatte, schrieb es aber seinem allgemeinen Groll auf das Leben zu, das es mit Miles Huckbody nicht eben gut gemeint hatte. Es war sein gutes Recht, verbittert zu sein.

Ich verabschiedete mich von ihm und vom Pförtner am Tor, ging über die Brücke zurück zur Broad Street und von da aus nach Redcliffe, um mich mit einem guten Mittagessen in Margaret Walkers Hütte zu stärken. Mit leerem Magen konnte ich nicht klar denken, und es war viel Gedankenarbeit nötig, um meine Vermutungen neu zu ordnen. Ich konnte mir noch immer kein richtiges Bild machen. Zwar hielt ich schon viele Mosaikstücke in den Händen, aber sie reichten offenbar noch nicht aus. Die Wahrheit war zum Greifen nahe. Es brauchte jetzt nur noch ein wenig Geduld und Zeit.

Als ich bei der Thomaskirche um die Ecke bog, hielt ich inne und trat dann rasch zurück in den Schatten der Häuser. Aus der Hütte, die der von Mistress Walker gegenüberlag, schlich die geheimnisvolle Gestalt, die ich schon bei Jenny Hodge gesehen hatte. Mit schnellen Schritten eilte sie in Richtung Temple Street davon.

14

Ich folgte der Gestalt, so schnell ich konnte, doch als ich die St. Thomas Street überquert hatte und in die Long Row einbog, war sie wie vom Erdboden verschluckt, Das ließ nur einen Schluß zu: Sie war in einem der Häuser verschwunden. Ich spähte nach links und rechts in die schmale Gasse, doch außer einem abgemagerten Hund, der mit der Schnauze im Abfall wühlte, und zwei kleinen Mädchen, die sich einen Reifen zuwarfen und dabei vor Vergnügen quietschten, war kein Lebenszeichen zu sehen. Es war Mittagszeit, und die meisten Leute saßen wohl schon beim Essen. Ich fragte die Mädchen, ob sie einen Mann in einem großen Umhang gesehen hätten.

Die beiden schüttelten stumm die Köpfe, doch ich meinte, gesehen zu haben, daß das jüngere Mädchen etwas sagen wollte, von dem älteren aber mit einem Rippenstoß zum Schweigen gebracht wurde. Beide hatten diesen ängstlichen Gesichtsausdruck, wie man ihn bei Kindern häufig sieht, wenn ihnen ihre Eltern bei Androhung der schlimmsten Höllenqualen eingeschärft haben, auf jeden Fall den Mund zu halten. Ich dankte ihnen und ging zurück zu Mistress Walkers Hütte. Als ich über die Schultern zurückblickte, sah ich, daß die beiden Mädchen mir noch immer nachsahen. Ihr Reifen lag vergessen in der Gosse.

In der Hütte war die Stimmung niedergedrückt. Es hatte auf dem Markt am Morgen eine Rempelei gegeben, und Margaret hatte an den Armen und an den Handgelenken blaue Flecken. Zwei junge Männer, offenbar frühere Freunde von Robert

Herepath, hatten sie absichtlich angerempelt, so daß sie hingefallen und der gesamte Inhalt ihres Korbes auf die Straße gerollt war. Viel trauriger fand sie allerdings, daß die anderen Leute auf dem Markt ihr nicht zu Hilfe gekommen waren.

«Zum Glück kam gerade Nick Brimble mit seiner Mutter vorbei. Die beiden haben mir wieder auf die Beine geholfen, und der Schneider hat mir erlaubt, mich ein Weilchen in seine Bude zu setzen.» Sie lächelte tapfer. «Alles in allem ist es noch mal glimpflich ausgegangen. Aber manche Leute scheinen immer noch zu glauben, daß ich wüßte, was mit meinem Vater geschehen ist, oder daß ich ihn selbst hätte verschwinden lassen.»

«Unsinn», widersprach ich. «Niemand kann ernsthaft glauben, daß die eigene Tochter ihren alten Vater schlägt und entführt – ganz abgesehen davon, daß du dazu gar nicht die nötige Kraft gehabt hättest.»

Es war ein Freitag, deshalb gab es Fisch. Margaret holte einen Teller mit gesalzenen Heringen und Hafergebäck, und wir setzten uns alle drei an den Tisch.

«Niemand glaubt, daß ich meinen Vater entführt habe», sagte Margaret. «Aber es gibt genug Leute, die es zumindest für möglich halten, daß mein Vater die Entführung nur vorgetäuscht hat und ich ihm dabei geholfen habe.»

«Und das Blut?» fragte ich. «Die Blutflecken, die du in seinem Haus gefunden hast, wie wollen sie sich die erklären?»

Margaret zuckte mit den Schultern. «Vielleicht hat er sich selbst ins Handgelenk geschnitten und das Blut über die Bettdecke und die Binsen tropfen lassen.»

«Wieviel Blut hast du gesehen?» Ich spuckte ein paar Heringsgräten auf meinen Tellerrand.

«Auf der Bettdecke waren zwei große Flecken, auf dem Fußboden und an der Wand habe ich Blutspritzer gesehen, und auf dem Wandschrank waren blutige Fingerabdrücke.»

«Viel Blut also – viel mehr, als ein Mann verlieren darf, wenn er vorhat, auf eine Reise zu gehen.» Sie sah mich fragend an, so daß ich etwas ungeduldig fortfuhr: «Wenn er verschwinden wollte, mußte er sich irgendwo verstecken, wo man ihn nicht so leicht finden konnte. In der Stadt ist er deshalb ganz bestimmt nicht geblieben. Und aus diesem Grund hätte er sich auch nicht selbst so sehr geschwächt, daß er nicht mehr gehen oder reiten konnte.»

Während ich sprach, erschien vor meinem geistigen Auge das Bild eines Mannes, der auf einem gestohlenen Pferd den Stony Hill hinaufreitet. Ich starrte ins Leere, wie versteinert von diesem Bild, das sich mir so unvermittelt aufgedrängt hatte, und spürte, daß ich kurz vor einer Entdeckung stand. Doch gerade als sich meine Gedanken zum großen Durchbruch sammeln wollten, katapultierte mich Lillis' lautes Gelächter zurück in die Wirklichkeit.

«Du siehst aus, als hätte dich der Blitz getroffen», spottete sie. «Und dabei hast du noch gar nichts zu meinem Haar gesagt.»

Ihre Mutter lächelte. «Er hat es nicht einmal bemerkt. Und du bist eigens heute morgen auf den Markt gelaufen, um dir Schleifen zu kaufen!»

Lillis hatte das Kopftuch, daß sie sonst immer tagsüber trug, abgelegt und ihr lockiges Haar zu zwei dicken Zöpfen geflochten und mit roten Seidenschleifen verziert.

«Es sieht sehr hübsch aus», sagte ich halbherzig. Doch der Anblick der Schleifen erinnerte mich an die Waren in meinem Bündel, das noch immer unbeachtet in der Ecke stand. Ich mußte dringend etwas Geld verdienen, ehe meine letzten Reserven zur Neige gingen. Mein Stolz verbot mir, auf Mistress Walkers Kosten zu leben.

Lillis' tapferer Versuch, mir ein gefälliges Kompliment zu entlocken, war fehlgeschlagen. Sie sagte nichts, aber sie senkte den Blick und machte sich mit stillem Zorn über ihren Hering her.

Ich unternahm einen schwachen Versuch, sie zu besänftigen.

«Ich hätte es früher bemerken sollen», entschuldigte ich mich. «Aber du hättest dein Geld nicht zu verschwenden brauchen. Ich habe Schleifen in meinem Bündel und hätte dir gern welche geschenkt.»

Lillis ließ klappernd ihr Messer fallen und sprang auf. «Ich habe keinen Hunger mehr», erklärte sie, fuhr in ihre Holzpantinen und holte ihren Mantel. «Ich gehe zu Nick und seiner Mutter. Nick ist es wenigstens nicht egal, wie ich aussehe.»

Ein Schwall kalter Luft wehte herein, als sie die Tür aufriß und kurz darauf wütend hinter sich zuschlug. In der Hütte herrschte eine unangenehme Stille. Schließlich sagte Mistress Walker leise: «Sie mag dich, Roger.»

Der Appetit war mir vergangen, und ich stocherte lustlos auf meinem Teller herum. «Ich weiß», sagte ich knapp und lenkte rasch auf ein anderes Thema über: «Wir hatten gerade über deinen Vater gesprochen... über die Möglichkeit, daß er die Entführung möglicherweise nur vorgetäuscht hat. Vergib mir, wenn ich diese Frage zum zweitenmal stelle, aber kannst du dir einen einleuchtenden Grund für ein solches Täuschungsmanöver denken?»

«Nein. Keinen.» Das klang entschieden, und fürs erste schien sie auch hinzunehmen, daß ich nicht weiter über Lillis sprechen wollte, obwohl ich ahnte, daß dieses Thema für sie noch lange nicht erledigt war. «Außerdem ist mein Vater mit fürchterlichen Narben nach Hause zurückgekehrt. Solche schweren Wunden kann er sich unmöglich selbst zugefügt haben. Ich glaube, die Lösung des Rätsels mußt du woanders suchen.»

Das glaubte ich auch, sagte aber nichts mehr dazu. Statt dessen fragte ich: «Wer ist der Mann im Umhang, den ich jetzt schon zweimal gesehen habe, einmal in Burl Hodges Haus und heute morgen hier ganz in der Nähe? Ich bin mir fast sicher, daß ich seine Stimme auch hier schon einmal gehört habe, in der zweiten oder dritten Nacht, nachdem ihr mich bei euch aufgenommen habt.»

Nach einem fast unmerklichen Zögern antwortete Margaret mit sanfter Stimme: «Ach, weißt du, hier in der Stadt sind so viele Leute unterwegs, und in dieser Jahreszeit schützt sich jeder, der auch nur einigermaßen bei Verstand ist, gut gegen die Kälte. Selbst du hattest ja vorhin, als du zum Mittagessen hereinkamst, deine Kapuze weit ins Gesicht gezogen. Und wie sollte ich mich an jemanden erinnern, der hier vor einer Woche oder noch länger, als du so krank warst, bei uns geklopft hat? Lillis und ich haben trotz allem doch noch einige Freunde.»

«Aber es war schon dunkel. Nach dem Abendläuten sind sehr viel weniger Leute unterwegs, besonders im Winter. Außerdem glaube ich nicht, daß er euer Freund war. Deine Stimme klang ziemlich ärgerlich, und du hast ihm gesagt, er solle euch gefälligst in Ruhe lassen. Wenn ich mich recht erinnere, hast du ihm sogar damit gedroht, die Wache zu rufen.»

In ihre fahlen Wangen stahl sich etwas Farbe, doch ihr fester Blick war unerschütterlich. «Ach, der!» sagte sie. «Das war ein alter Bekannter meines Vaters. Er hatte immer einen schlechten Einfluß auf ihn. Jetzt, wo mein Vater tot ist, möchte ich nichts mehr mit ihm zu tun haben.»

«Und warum kommt er dann immer wieder?» beharrte ich und wurde durch die Genugtuung belohnt, in ihren Augen ein unruhiges Flackern zu sehen.

Aber sie tat meinen Einwand leichthin ab. «Vielleicht ist er einsam.»

«Nach allem, was ich beobachtet habe, scheint er bei den meisten Weberfamilien in Redcliffe sehr willkommen zu sein.»

Margaret räumte das schmutzige Geschirr zusammen und stapelte es an dem Ende des Tisches, der dem Feuer und dem Topf mit heißem Wasser am nächsten war. Die geschäftigen Bewegungen halfen ihr wohl, ihrer Stimme einen festen Klang zu verleihen. Ich hörte nur ein fast unmerkliches Zittern, als sie mir erklärte: «Das hat nichts mit mir zu tun. Hier kümmert sich jeder um seine eigenen Angelegenheiten. Ich kann nur sagen, daß ich diesen Mann nicht mag und ihn auch nicht in meinem Haus haben will. Bist du dir wirklich sicher, daß es jedesmal derselbe Mann war, den du gesehen hast?»

«Ich habe ihn an seinem Umhang erkannt. Der Stoff war am Saum schmutzig und ausgefranst. Der Mann scheint sehr viel zu Fuß unterwegs zu sein.»

«Das trifft auf so gut wie jeden in dieser Gegend hier zu. Die Weber und Spinner haben nicht genug Geld für andere Reittiere als Schusters Rappen.»

Ich schüttelte den Kopf. «Nein, Margaret. Als ich den Mann im Umhang erwähnte, wußtest du sofort, von wem ich sprach. Du verheimlichst mir etwas, und da du mich selbst gebeten hast, die Wahrheit über das Schicksal deines Vaters zu ergründen, ist das nicht recht von dir.»

«Unsinn!» Sie klapperte ärgerlich mit dem Geschirr. «Mit dem Verschwinden meines Vaters hat das überhaupt nichts zu tun. Ich habe dir doch gesagt, er ist einer seiner alten Freunde, ich mag ihn nicht, ich will mit ihm nichts mehr zu tun haben, und damit hat's ein Ende. Ich muß mich wieder an meine Arbeit machen. Ich habe versprochen, noch heute nachmittag eine Ladung Garn zu den Weberhütten zu bringen.»

Ich sah, daß es zwecklos war, die Sache noch weiter zu verfolgen. Sie würde mir doch nur immer wieder dieselben ausweichenden Antworten geben. Also stand ich auf, griff nach meinem Bündel und warf es mir über die Schultern.

«Was machst du da?» fragte sie scharf.

«Ein bißchen Geld verdienen, wenn's möglich ist.» Ich schob den Packen auf meinem Rücken zurecht. «Ich habe lange genug auf der faulen Haut gelegen. Ein bißchen ehrliche Arbeit wird mir guttun und mir beim Nachdenken helfen. Mach dir keine Sorgen. Ich nehme meine Keule mit.»

Nicht ohne Verlegenheit erwiderte sie: «Aber du brauchst dich nicht um Geld zu kümmern. Ich wollte dir keine Vorwürfe machen oder undankbar sein.»

Ich lächelte, und da mich plötzlich ein Gefühl der Zuneigung überkam, küßte ich ihre von Sorgenfalten durchzogene Wange. «Und ich wollte nicht unhöflich erscheinen. Aber es ist wirklich genau so, wie ich es sage. Ein bißchen ehrliche Arbeit wird mir ganz bestimmt guttun.»

Sie seufzte. «Wenn du innerhalb der Stadtgrenzen Handel treiben willst, brauchst du eine Genehmigung, sonst hast du früher oder später den Magistrat der Stadt auf dem Hals. Geld aus Bristol bleibt in Bristoler Taschen, das wirst du auch noch lernen. Deshalb bezweifle ich, daß die Stadt einem Fremden die Handelserlaubnis erteilen wird. Wenn du dich aber hier niederlassen willst oder mit einem Mädchen aus Bristol verheiratet wärst...» Es entstand eine vielsagende Stille. Den Kopf zur Seite geneigt, sah sie mich auffordernd an.

Ohne zu antworten, ließ ich mein Bündel von den Schultern gleiten. «Schade», sagte ich mit echtem Bedauern. «Aber ich wandere trotzdem noch ein bißchen durch die Straßen, um einen klaren Kopf zu bekommen. Bevor es dunkel wird, bin ich wieder zurück.»

Als ich mich an der Tür noch einmal umdrehte, sah ich sie verloren in der Mitte des Zimmers stehen. Meine Antwort hatte sie wohl enttäuscht.

Ich ging rasch davon, schwang dazu meine Keule und versuchte, mit jedem schnellen Schritt ein Stück Verdrossenheit zurückzulassen. Ich hatte das Gefühl, in einer Falle zu sitzen, Nicht daß ich mir nicht wünschte, eines Tages seßhaft zu werden, Kinder und ein Zuhause zu haben. Die Worte des Karmelitermönchs in der Scheune bei Salisbury klangen mir noch im Ohr: «Am besten, du heiratest, mein Junge. Such dir eine gute Frau, die dir ein warmes Nest bereitet, in das du Winter für Winter zurückkehren kannst und das sie für dich warmhält, während du im Sommer auf Reisen bist.» Ein vernünftiger Ratschlag – vorausgesetzt, ich fand die richtige Frau dafür. Lillis jedenfalls war nicht die richtige. Sie hatte etwas Wildes, Weltentrücktes, das mir angst machte. Und wie so oft in letzter Zeit wanderten meine Gedanken zu Cicely Ford.

Natürlich machte ich mir keine falschen Hoffnungen. Sie stand viel zu weit über mir, selbst wenn sie mich geliebt hätte, wären wir nie zusammengekommen. Und wieso sollte sie mich lieben? Wir hatten uns erst ein einziges Mal gesehen. Außerdem würde kein Mann jemals wieder das Herz von Cicely Ford gewinnen. Ihre Hand vielleicht – aber ihr Herz lag im Grab bei Robert Herepath, und ihr Leben war der Erinnerung und der Buße ihrer Schuld geweiht.

Ich war so in Gedanken versunken, daß ich gar nicht merkte, wohin ich ging. Die Menschen um mich herum nahm ich nur schemenhaft wahr, und so kam es gelegentlich vor, daß ich sie blindlings anrempelte und sie laut hinter mir herfluchten und riefen, ich sollte gefälligst besser aufpassen, wo ich hintrat. Ich war die Broad Street hinuntergegangen und hatte gerade die Frome Bridge zur Hälfte überquert, als eine sanfte Stimme meinen Namen rief und mich damit aus meinen Träumen riß.

«Master Chapman!» Eine Hand legte sich auf meinen Arm, und eine schlanke Gestalt versperrte mir den Weg. «Wohin läufst du denn so eilig?»

Ich blinzelte erstaunt und dachte zuerst, es wäre ein Traum, denn vor mir stand Mistress Ford höchstpersönlich, in einen blauen Wollmantel eingehüllt, das hübsche, vom kalten Wind leicht gerötete Gesicht von der mit Seide gefütterten Kapuze eingerahmt. Hinter ihr stand Dame Freda, ihre Begleiterin, und runzelte mißbilligend die Stirn.

«Ich ... ich weiß nicht», stammelte ich. «Ich ... ich bin einfach so vor mich hingegangen.» Ich spürte, wie mir das Blut in die Wangen stieg. Wahrscheinlich hielt sie mich für den größten Tölpel im gesamten Königreich.

Falls sie meine Verwirrung spürte, ließ sie es sich nicht anmerken. Sie lächelte nur und sagte: «Ob du wohl in diesem Fall so freundlich wärst, kehrtzumachen und mir deinen Arm anzubieten, bis wir in der Small Street sind? Ich bin sehr müde, und Dame Freda hat, wie du siehst, schwer an ihrem Korb zu tragen.»

Ich sah den empörten Gesichtsausdruck ihrer Gesellschafterin und hörte, wie sie flüsterte: «Aber Cicely!» Doch mein Herz pochte so heftig, daß ich kaum an etwas anderes denken konnte als an meine eigenen verwirrten Gefühle. Ob ich wohl so freundlich wäre! Wußte sie denn nicht, daß ich sie mit Freuden bis ans Ende der Welt begleitet hätte?

«N–Natürlich», stotterte ich, und sie hakte sich bei mir ein.

«Dame Freda und ich waren gerade bei den Magdalenerinnen», vertraute sie mir an, als wir über die Brücke in Richtung St. John's-Tor gingen. Sie zeigte auf den vollen Korb am Arm der älteren Frau. «Wie du siehst, überhäufen uns die Nonnen mit Geschenken. Heute haben wir Wein und Wintergemüse aus ihrem Garten bekommen.» Ein leichter Seufzer drang an mein Ohr. «Sie sind immer so gut zu mir, besonders die Mutter Oberin, seit... seit...» Ihre Stimme erstarb, sie konnte nicht weitersprechen. Erst nach einer ganzen Weile fuhr sie, schon etwas fröhlicher, fort: «Ich verbringe dort herrlich unbeschwerte Stunden. Das Kloster ist eine Zuflucht für Frauen und für junge Mädchen, die es sich leisten können. Es gibt sogar eine Schule. Die Mädchen dort sind so heiter und sorgenfrei.» Sie redete, als sei sie mindestens fünfzig, nicht erst siebzehn oder achtzehn Jahre alt. So leise, als spräche sie zu sich selbst, fügte sie hinzu: «Das religiöse Leben muß eine große Erfüllung sein.»

Dame Freda hatte vielleicht nicht Wort für Wort verstanden, aber doch die Bedeutung erfaßt. «So einen Unsinn habe ich ja noch nie gehört!» rief sie ärgerlich aus. «Ihr seid fürs Heiraten und Kinderkriegen wie geschaffen. Der Kummer vergeht, das könnt Ihr mir glauben. Früher oder später werdet Ihr Euch von neuem verlieben. Es schwimmen ja noch mehr Fische im Meer.»

Ich hätte erwartet, daß Mistress Ford an der unverblümten Art ihrer Gesellschafterin Anstoß nahm, doch sie wandte nur den Kopf und lächelte Dame Freda freundlich an. Ihr Tonfall klang sogar belustigt, als sie ihr antwortete: «Und Master Avenel soll wohl der Anführer des Fischschwarms sein? Liebe Dame Freda, ich schätze Eure Fürsorge sehr, aber ich werde mich niemals in Robin Avenel verlieben.»

Mehr sagte sie nicht. Doch als Außenseiter, dem es gegeben ist, klarer zu sehen als die, die in das Geschehen verwickelt sind, ahnte ich sofort, daß Cicely Ford ihre Entscheidung längst getroffen hatte. Sie wußte es in diesem Augenblick vielleicht selbst noch nicht, aber ihre Zukunft lag hinter den schützenden Mauern eines Nonnenklosters und in einem Leben, das dem Dienst am Nächsten gewidmet war. Sie würde eine Braut Christi werden, niemals mehr die eines irdischen Mannes. Und ich glaube, in diesem Augenblick begann meine wilde, lächerliche Leidenschaft für sie dahinzuschwinden. In meinen Augen war sie schon eine Heilige, und die ganz gewöhnliche, menschliche Liebe hätte sie nur entweiht.

Inzwischen waren wir durch das St. John's-Tor gegangen und wandten uns nun nach rechts. «Am besten, wir gehen durch den Hintereingang», sagte Cicely. «Dann können wir den Korb direkt in die Küche bringen, und Mistress Hardacre kann über unsere Mitbringsel verfügen, wie sie es für richtig hält.» Zwei Grübchen erschienen in ihren zarten Wangen, als sie mir ihr liebenswürdigstes Lächeln schenkte. «Master Chapman, ich habe deine Hilfe schamlos ausgenutzt. Du brauchst uns jetzt nicht weiter zu begleiten und kannst beruhigt deiner Wege gehen.»

Ich schüttelte den Kopf. «Ich werde Euch bis zum Tor begleiten. Die kleine Gasse ist sehr steinig. Da Ihr müde und erschöpft seid, könntet Ihr leicht stolpern, und ich möchte nicht, daß Ihr Euch verletzt.»

Sie nahm mein Angebot dankbar an, und so bogen wir in das schmale Gäßchen ein, das hinter den Gärten der Small Street verlief. Wir waren nur noch wenige Schritte vom dritten Gartentor entfernt, als dieses plötzlich aufschwang und eine Gestalt in einem großen braunen Umhang mit ausgefranstem, schmutzigem Saum auf die Gasse trat. Die Kapuze war so weit nach vorn gezogen, daß man das Gesicht des Mannes nicht erkennen konnte. Ich muß wohl einen Ausruf des Erstaunens von mir gegeben haben, denn er wandte kurz den Kopf in meine Richtung, ehe er mit raschen Schritten durch die kleine Gasse davoneilte, die zur Corn Street führte.

«Wer war denn das?» fragte Dame Freda empört.

Cicely Ford dagegen blieb ungerührt. «Ach, das war bestimmt einer von den vielen Bittstellern, die ständig bei Edward anklopfen. Er hilft allen, die zu ihm kommen. Seine Wohltätigkeit kennt keine Grenzen. – Master Chapman.» Sie nahm ihre Hand von meinem Arm. «Ich danke dir sehr für deine Hilfe. Ich werde dich in meine Gebete einschließen. Und nun müssen wir uns sputen. Edward wird sich schon fragen, wo wir bleiben. Ich bin länger bei den Nonnen geblieben, als ich es beabsichtigt hatte.»

Sie lächelte mir zum Abschied noch einmal freundlich zu, dann verschwand sie mit ihrer Begleiterin durch das Gartentor, das ich für sie aufhielt. Ich schloß das schwere, eisenbeschlagene Tor hinter ihnen, lehnte mich gegen die Mauer und atmete kräftig aus. Mein Herz pochte. Der Mann im Umhang war ein weiterer Hinweis darauf, daß Edward Herepath und William Woodward nicht nur Herr und Diener gewesen waren, sondern daß zwischen ihnen noch eine weitere Verbindung bestanden hatte.

15

Ich war so aufgeregt über meine neue Entdeckung, daß es mehrere Augenblicke dauerte, bis mir klar war, daß mir meine Beute zu entkommen drohte. So schnell mich meine Beine trugen, eilte ich dem geheimnisvollen Mann durch die schmale Gasse in Richtung Corn Street nach. Als ich auf die geschäftige Straße kam, blieb ich stehen und sah mich um.

Es war schon recht spät am Nachmittag, doch die Dämmerung war noch nicht hereingebrochen, und die Straße war noch immer voller Menschen. Direkt neben mir befand sich der Laden eines Tuchhändlers. Seine Tische waren mit farbenfrohen Stoffballen beladen. Blaue, scharlachrote, grüne und purpurne Stoffe leuchteten in den Regalen, die alle Wände seines Ladens säumten. Der Besitzer, der sah, daß ich bei ihm stehenblieb, wollte mich für seine Ware interessieren und bot mir einen feinen italienischen Samt für zwanzig Schilling die Elle an. Ich schüttelte den Kopf und zeigte ihm, indem ich meine Hosentaschen nach außen kehrte, daß ich kein Geld bei mir hatte. Er zuckte enttäuscht mit den Schultern und sah sich nach einem verheißungsvolleren Kunden um.

Den vermummten Mann in diesem Gedränge wiederzufinden schien ein aussichtsloses Unterfangen, doch plötzlich sah ich ihn auf der anderen Seite der Straße. Er war an dem kleinen Durchgang, der zur Allerheiligenkirche führt, in ein ernstes Gespräch mit einem anderen Mann vertieft, der eine dicke Jacke und eine Kniehose aus grauer, selbstgesponnener Wolle trug. Die beiden sahen sich um und zogen sich ein Stückchen weiter in den Schatten des Durchgangs zurück. Ihr Betragen hatte etwas Verschwörerisches, das meine Neugier weckte. Ich schlängelte mich zwischen verschiedenen Karren und der bemalten Kutsche einer vornehmen Dame hindurch auf die andere Straßenseite, wobei mir der würzige Duft einer Garküche in die Nase stieg.

Wie es der Zufall wollte, befand sich die Garküche ganz in der Nähe der Kirche. Ich hielt an, um mir eine Fleischpastete zu kaufen. Aus dem Augenwinkel beobachtete ich die beiden Gestalten, die sich immer tiefer in den Schatten des Kirchenportals drückten. Als ich an ihnen vorbeiging und in meine Pastete biß, wagte ich einen kurzen Seitenblick, doch die Männer schienen mich nicht zu bemerken, so vertieft waren sie in ihr Gespräch. Nach wenigen Schritten blieb ich stehen und schlich mich, so nah wie möglich an die Kirchenmauer gedrückt, wieder zurück. Zum Glück ließ jetzt auch das Tageslicht nach. Die morgendliche Hoffnung auf einen klaren, sonnigen Tag hatte sich nicht erfüllt.

Ich stopfte den Rest meiner Fleischpastete in mich hinein und drückte mich an die Außenseite des Portals. Obwohl die beiden flüsterten, konnte ich sie recht deutlich verstehen. Es dauerte nicht lange, bis das Geheimnis des Mannes im Umhang gelüftet war.

«Wer seine Sünden wirklich und wahrhaftig bereut, braucht keine Beichte. Daß ein Priester die Absolution erteilt, ist reines Blendwerk, ein anmaßendes Possenspiel.» Ich erkannte sofort die tiefe, etwas heisere Stimme, die ich auch schon bei Margaret Walker und Jenny Hodge gehört hatte. «Jeder Mensch kann nur durch seine eigene Schuld verdammt und durch seine eigenen Verdienste errettet werden. Seine Sünden können ihm unmöglich von einem anderen Menschen vergeben werden, auch wenn es der Antichrist persönlich ist.»

Der andere Mann scharrte unruhig mit den Füßen. «Wenn du damit Seine Heiligkeit, den Papst in Rom meinst...», begann er, wurde aber sogleich wieder unterbrochen.

«Ich sage dir, es ist falsch, einen Menschen als Stellvertreter Gottes zu verehren! Vielmehr sollten wir alle nach dem Vorbild der ersten Kirche, nach unseren eigenen Gesetzen leben! Als wahre Engländer sollten wir uns nicht von Rom kommandieren lassen. Und was ist mit den Priestern, die selbst Todsünden begangen haben? Sollen diese Männer die Heiligen Sakramente austeilen? Wird die Gerechtigkeit nicht mit Füßen getreten, wenn diese Priester bei der römischen Kirche Zuflucht finden und ihre Verbrechen ungesühnt bleiben!»

«Ich... ich habe auch schon über diese Dinge nachgedacht», gab der Mann in der grauen Wollhose nach kurzem Schweigen zu.

«Dann werde einer von uns», drängte ihn der andere. «Komm zu einem unserer Treffen, dort werden dir Männer, die das alles noch viel besser erklären können als ich, unsere Lehre genau erläutern. In der großen Schlucht, die sich draußen vor der Stadt durchs Hügelland zieht, gibt es eine Höhle. Dort treffen wir uns einmal im Monat an einem Mittwoch.»

«Ich werde darüber nachdenken», versprach der zweite Mann. «Aber es wird schwierig sein, mich davonzustehlen, ohne daß meine Frau dahinterkommt. Sie sieht das alles ganz anders als ich. Sie ist sehr fromm und läuft ständig in die Kirche.»

«Wer rechtschaffen ist, wird einen Weg finden», versicherte ihm der Mann im Umhang. «Halte dich an die Wahrheit des Glaubens. Denk immer daran, was John Wycliffe gesagt hat: ‹Pracht und Prunk lenken den Geist von der Verehrung Gottes ab.›»

Wieder entstand eine Pause, dann sagte der Mann in der grauen Hose: «Die Verwandlung von Brot und Wein... das macht mir ebenfalls Sorgen.»

«Dann geht es dir so wie uns», flüsterte sein Mentor. «Brot ist Brot und Wein ist Wein. Menschen können beides nicht in Fleisch und Blut verwandeln, auch wenn sie Priester sind und ein paar heilige Worte sprechen. Christus mag beim Heiligen Abendmahl anwesend sein, und er mag auch in uns sein, genauso wie das Brot und der Wein, aber das ist etwas ganz anderes. Die Lehre von der Wandlung gibt den Priestern mehr Macht, als sie in Wirklichkeit besitzen – als überhaupt irgendein Mensch besitzen kann.»

Ich hatte genug gehört und beschloß, mich davonzustehlen, ehe mich die beiden entdeckten. Ich löste mich aus dem Schatten des Portals, schlüpfte zwischen den Nachbarhäusern zur Cock Terrace hindurch und schritt dann durch die St. Nicholas Street zur Brücke. Anstatt jedoch gleich nach Redcliffe zu gehen, lehnte ich mich an die Hafenmauer und schaute nachdenklich in die schlammigen Tiefen des Avon.

Der Mann im Umhang was also ein Lollarde, ein Wanderprediger, der das ihm zugewiesene Gebiet durchkämmte, um neue Anhänger zu gewinnen und heimliche Treffen der bereits bestehenden Gemeinde auszurichten. Womöglich war er selbst einmal Priester gewesen, doch die Lollarden legten so wenig wert auf die Priesterschaft, daß sich unter ihren Predigern auch zahlreiche Laien fanden. Eigentlich hätte ich es längst ahnen können, und ich verfluchte mich selbst für meine Blindheit, denn Bristol ist als Brutstätte für religiöse Neuerungen bekannt. Ich weiß nicht, warum es so ist, doch trifft es heute ebenso zu wie damals, und überall im Königreich gehören die Weber zu den glühendsten Anhängern John Wycliffes und seiner Lehre.

Ich hatte schon eine ganze Weile in den trüben Fluß geschaut, als mir die volle Tragweite meiner Entdeckung dämmerte. Mit einem Ausruf, der ein paar junge Angler, die etwas weiter stromabwärts am Ufer saßen, erschrocken zusammenfahren ließ, sprang ich auf. Ich hatte endlich begriffen, daß sowohl William Woodward als auch Edward Herepath Anhänger dieser ketzerischen Glaubensrichtung gewesen sein mußten. Margaret Walker hatte mir versichert, ihr Vater sei ein frommer Mann gewesen, aber der merkwürdige Unterton in ihrer Stimme hatte mich sofort stutzig gemacht. Außerdem hatte ich die ganze Zeit über das Gefühl gehabt, daß sie mir etwas verheimlichte. Jetzt wußte ich endlich, was dahintersteckte. Wahrscheinlich hatte sie Williams Überzeugung mißbilligt – nicht, weil sie eine besonders fromme Tochter der Heiligen Kirche gewesen wäre, sondern weil diese Überzeugung für sie und Lillis mit Gefahren verbunden war. Wäre die Wahrheit herausgekommen, hätte man William Woodward auf dem Scheiterhaufen verbrannt. Doch nicht nur das – der Verdacht der Ketzerei hätte sich rasch auf die ganze Familie ausgeweitet. In dem Fall hätte Ratsherr Weaver wohl nicht lange gefackelt und die beiden Frauen auf die Straße gesetzt.

Zahlreiche Lollarden hatte man hingerichtet, seitdem sich die ketzerische Lehre im vorigen Jahrhundert ausgebreitet hatte, darunter auch viele bedeutende Männer wie Sir John Oldcastle. Es hatte ihn nicht gerettet, daß er ein Freund und Gefährte des großen Harry von Monmouth war. Ebensowenig würden Edward Herepath Stand und Reichtum nützen, wenn die Kirche von seiner Überzeugung erfuhr. Möglich, daß Robert Herepath davon wußte und Edward ihm deshalb das wilde, zügellose Benehmen so lange durchgehen ließ. Hatte Robert seinen Bruder erpreßt?

Ich drehte mich um und ging langsam über die Brücke. Diesmal waren noch zahlreiche Menschen unterwegs, und zwischen den Wolken waren ein paar blaue Fetzen zu sehen. In dieser Nacht würde es keinen Frost geben, die Luft, die vom Fluß heraufwehte, war längst nicht mehr so kalt. Ich dachte weiter über die Verbindung zwischen William Woodward und Edward Herepath nach. Vielleicht hatten sich die beiden bei einem der heimlichen Treffen in der Höhle kennengelernt und Freundschaft geschlossen. Das konnte erklären, warum ausgerechnet William den Posten als Mieteintreiber bekommen hatte. Vielleicht hatte er Edward erzählt, daß er das Weben leid und außerdem von der Webergilde ungerecht behandelt worden war, und der jüngere Mann hatte sich verpflichtet gefühlt, ihm bei der nächstbesten Gelegenheit zu einer besseren Verdienstmöglichkeit zu verhelfen. Schließlich entsprach es meiner Erfahrung, daß aus dem gemeinsamen Glauben engere Freundschaften und festere Bindungen erwachsen als aus reiner Blutsverwandtschaft.

Auf jeden Fall hatte ich an diesem Nachmittag etwas erfahren, was mich der Wahrheit einen großen Schritt nähergebracht hatte, und einen Moment lang spürte ich ein Gefühl der Befreiung in mir aufsteigen. Aber war es ein Schritt in die richtige Richtung? Hatte meine Entdeckung etwas mit William Woodwards Entführung und seinem rätselhaften Wiedererscheinen zu tun? Sogleich schwand meine Hoffnung wieder, um sich schließlich ganz in Luft aufzulösen. Verdrossen stapfte ich vor mich hin. Irgendwie kam ich nicht recht voran.

Als ich an der Thomaskirche vorbeiging, läuteten die Glocken zur Vesper. Ich trat in das große Mittelschiff, um mich unter die anderen Gläubigen zu mischen. Mir war eingefallen, daß ich seit Tagen nicht mehr zur Messe gegangen war, und diese Unterlassung betrübte mich. Ich hatte mich selbst nicht fest genug in der Hand, sagte ich mir streng, und fragte mich gleichzeitig, warum ich plötzlich solche Gewissensbisse empfand. Hatte mich das belauschte Gespräch verunsichert? Stimmte ich insgeheim den Lehren der Lollarden zu? Ich bekreuzigte mich schnell, konnte meinen Kopf aber nicht von den ketzerischen Gedanken befreien.

Wurden Brot und Wein tatsächlich in Fleisch und Blut verwandelt? Welcher der Parteien sollte ich zustimmen? Und was war mit den anderen, sehr viel älteren Mächten, die lange Zeit vor dem Christentum herrschten und immer wieder in unser Bewußtsein drangen? Wenn ich durch die tiefen Wälder unserer sächsischen Vorfahren wanderte, die knorrigen Eichen und hohen Buchen sah, spürte auch ich die Kraft der alten Götter. Wer weiß, vielleicht trieb Robin Goodfellow dort noch immer seinen Schabernack, und Hodekin, der Waldkobold, geisterte durchs Unterholz.

Margaret Walker war gerade mit dem Spinnen fertig, als ich in die Hütte trat. Nur von Lillis war noch immer nichts zu sehen. «Du freust dich sicherlich schon auf dein Abendessen», sagte sie. «Du siehst sehr müde aus.»

Ich streifte den Mantel ab, stellte meinen Knüppel in die Ecke und setzte mich auf einen Stuhl in der Nähe des Feuers, um meine Hände zu wärmen. Eine ganze Weile lang saß ich stumm da und sah Margaret zu, wie sie das gesponnene Garn aufwickelte und in einem Korb verstaute. In einem anderen Korb stand schon die nächste Ration ungesponnener Wolle, die sie vom Färber geholt hatte, bereit. Die Tücher aus Bristol sind für ihre herrlich rote Farbe berühmt. Die Wolle wird mit Rötel gefärbt, hatte mir Mistress Walker erklärt, einem roten Eisenocker, der aus Gestein gewonnen wird und deshalb manchmal auch «Rotstein» heißt.

Als sie fertig war, setzte sie sich auf, stemmte die Hände in die Hüften und sah mich an: «Du bist sehr still heute abend, Roger. Nimmst du mir noch übel, was ich heute mittag gesagt habe? Es tut mir leid, falls ich ein wenig barsch war, aber wir vergreifen uns wohl alle gelegentlich mal im Tonfall.»

Ich hob den Kopf und sah ihr direkt in die Augen. «Der Mann im Umhang, der Freund deines Vaters, ist ein Lollardenprediger. Und dein Vater war auch ein Anhänger dieses Glaubens.»

Da ich mir meiner Sache völlig sicher war, traf ich eine einfache Aussage, aber sie tat so, als hätte ich ihr eine Frage gestellt: «Nein, natürlich gehörte er nicht zu den Lollarden! Wie kannst du nur so etwas fragen.»

«Er hat nicht gefragt, Mutter.» Ein kalter Windstoß wehte in die Hütte, als Lillis plötzlich auf der Schwelle stand. Sie trat ein, schloß die Tür und bückte sich, um ihre Pantinen auszuziehen.

Ihren Mantel warf sie auf den Tisch. «Ja», sagte sie, an mich gewandt, «mein Großvater war einer von John Wycliffes Jüngern.»

«Um Gottes willen, Kind!» Margaret Walker griff nach dem Arm ihrer Tochter. «Weißt du denn nicht, wie gefährlich es ist, so etwas zu sagen? Und du», fügte sie wütend hinzu und drehte sich zu mir um, «wie gefährlich es ist, solche Anschuldigungen zu erheben! Stell dir vor, es wäre jemand anderes zur Tür hereingekommen und hätte uns gehört. Willst du etwa, daß wir auf der Straße landen?»

«Es tut mir leid», sagte ich, «aber ich muß die Wahrheit erfahren. Es könnte etwas mit der Entführung deines Vaters zu tun haben.»

«Unsinn! Wie sollte das denn zusammenhängen?»

Ich zuckte mit den Schultern. «Das weiß ich auch noch nicht. Aber ich habe dir von Anfang an gesagt, daß ich alles über Master Woodward erfahren muß.»

Lillis warf den Kopf zurück. Sie hatte ihr Haar von den Seidenschleifen befreit, so daß ihr kleines Gesicht jetzt wieder von der pechschwarzen Mähne eingerahmt wurde. «Ich hätte es dir erzählt», sagte sie spöttisch. «Außerdem gibt es bei den Webern so viele Lollarden, daß man keine Angst zu haben braucht.»

«Aber es gibt auch genauso viele, die mit den Lollarden nichts zu tun haben wollen», entgegnete ihre Mutter. «Denk daran, daß wir Feinde haben. Wenn sie von den ketzerischen Ansichten meines Vates wüßten, würden sie damit schnurstracks zum Ratsherrn gehen. Vielleicht möchtest du ja, daß er uns auf die Straße wirft. Ich für meinen Teil würde gern auch weiterhin ein Dach über dem Kopf haben.»

Ehe Lillis antworten konnte, warf ich mit ruhiger Stimmer ein: «Du hast keinen Grund, dich vor mir zu fürchten. Du weißt, daß ich dir und Lillis niemals ein Leid antun würde. Und du brauchst mir auch gar nichts mehr zu erzählen. Ich weiß, daß Lillis die Wahrheit sagt.» Mir fiel plötzlich etwas ein. «In deiner

Truhe liegt ein Buch. Ich habe den Samteinband und die Pergamentseiten gesehen, als du mir die Kleider gezeigt hast, in denen dein Vater zurückgekehrt ist.» Ich ahnte jetzt, um welches Buch es sich handelte.

Margaret Walker hätte sich wohl geweigert, aber Lillis verlangte ihr den Schlüssel ab und schloß die Truhe auf. Sie warf die Kleider, die zuoberst lagen, auf den Boden und streckte mir dann das Buch entgegen. Ihre Mutter stöhnte verzweifelt auf und bedeckte das Gesicht mit beiden Händen. Lillis legte das Buch vorsichtig vor mir auf den Tisch und trat einen Schritt zurück, um es zu bewundern.

Das Buch war tatsächlich wunderschön. Zwar war der Umschlag an manchen Stellen abgeschabt und abgenutzt, die vergoldeten Klammern und Quasten waren voller Flecken, und ein Teil der Seidenbeschläge, die den Deckel zierten, waren abgefallen, doch seine ursprüngliche Pracht war noch gut zu erkennen. Die Seiten bestanden aus feinstem Pergemantpapier und waren mit kleinen Buchstaben feinsäuberlich beschrieben. Ich öffnete das Buch aufs Geratewohl und las ein paar Zeilen aus dem Evangelium des Johannes. Obgleich ich schon geahnt hatte, daß es sich um eine Lollardenbibel handelte, war ich doch erschrocken, als ich englische, nicht lateinische Worte las, die ich sogleich verstehen konnte, ohne sie mir erst mühsam übersetzen zu müssen. Die Worte des Herrn sprangen mir ganz unverstellt und lebendig entgegen, kein Satz war nach dem Gutdünken irgendeines Priesters getilgt, keine umstrittene oder doppeldeutige Passage war ausgelassen. Mit einemmal war mir klar, warum die Kirche diese Bibeln mit aller Macht aus dem Verkehr ziehen wollte, denn mit ihrer Hilfe konnten jeder Mann und jede Frau sich ihre eigenen Gedanken über die Worte Christi machen.

Ich behielt meine Gefühle jedoch für mich und fragte nur: «Wie ist Master Woodward an dieses Buch gekommen?»

Margaret Walker nahm die Hände vom Gesicht. Wahrscheinlich war sie froh, daß ich nicht vor Entsetzen zurückgewichen war und damit gedroht hatte, diese Ketzerei sofort der Obrigkeit zu melden. Mein freundliches Lächeln muß sie ermutigt haben, denn sie faßte sich rasch und sagte: «Ich weiß es nicht. Irgend jemand muß es ihm gegeben haben. Es ist das Buch eines Gentleman, wie du leicht erkennen kannst. So etwas Schönes hätte sich mein Vater niemals leisten können.»

Ich nickte, denn ich glaubte, den Spender zu kennen. «Konnte Master Woodward lesen?» fragte ich.

«Aus unserer Familie kann niemand lesen», warf Lillis ein, zog einen Stuhl heran und setzte sich. «Aber ich würde das Alphabet sehr gern erlernen. Ich wünschte, jemand würde es mir beibringen.» Sie sah mich herausfordernd an.

«Nein, mein Vater konnte nicht lesen», bestätigte Mistress Walker die Worte ihrer Tochter. «Aber der Prediger hat ihm aus dem Buch vorgelesen, wenn er zu Besuch kam.»

«Er hatte das Buch bei sich in der Bell Lane?»

«Ja, aber ich habe es mitgenommen, als es hieß, daß er tot sei. Ich weiß, ich hätte es irgendwie verschwinden lassen sollen, aber ich konnte es nicht über mich bringen. Ich habe es in der Truhe versteckt, und später war ich froh darüber, denn in seinen letzten Lebenstagen, als sein armes Gehirn von den schweren Schlägen, die man ihm zugefügt hat, schon völlig verwirrt war, schenkte ihm das Buch großen Trost.»

«Und als er dann tatsächlich gestorben ist, konntest du es immer noch nicht über dich bringen, das Buch Burl Hodge oder einem der anderen Lollardenbrüder zu geben?»

Margaret legte einen Finger auf die Lippen. «Wir wissen alle davon, aber wir sprechen es niemals laut aus.»

«Bist du selbst von der Ketzerei nie versucht worden?» fragte ich, doch sie schüttelte heftig den Kopf.

«Sollen andere ihr Leben aufs Spiel setzten, wenn sie es unbedingt wollen. Es war töricht von mir, das Buch aufzuheben. Ich werde es sobald wie möglich verschwinden lassen.»

Aber ich ahnte, daß sie diese Ankündigung niemals wahr machen würde. Obgleich der Besitz des Buches für sie eine Gefahr bedeutete, würde sie es auch weiterhin in ihrer Truhe verstekken, weil es ihrem Vater soviel bedeutet hatte. Zum erstenmal begriff ich, welch starke, unverbrüchliche Treue Mutter und Tochter denen, die sie liebten, entgegenbrachten. Einer plötzlichen inneren Regung folgend, wandte ich mich zu Lillis um und nahm ihre Hand. «Ich bringe dir das Alphabet bei», versprach ich ihr, «sobald wir Zeit haben.»

Das strahlende Lächeln, das sie mir schenkte, ließ ihr hageres Gesicht fast schön erscheinen. Ich fragte mich, wie ich sie jemals unscheinbar finden konnte. Zusammen legten wir die Bibel auf den Boden der Truhe zurück und stapelten die Kleider darüber. Diesmal wanderten die Kleider der Frauen zuerst hinein, gefolgt von den Decken, Laken und dem alten Mantel. Dann kamen die Schuhe und die Hosen und schließlich die Kleidungsstücke, die William Woodward bei seiner Rückkehr nach Bristol getragen hatte. Vor allem, als ich die Schuhe sah, fiel mir wieder auf, wie sehr sie aus der Form geraten waren, weil sie ursprünglich für eine kleinere Person gemacht worden waren. Sehr viel kleiner konnte diese Person allerdings nicht gewesen sein, sonst wären die Kleider bestimmt gerissen. Als ich noch einmal das bernsteinfarbene Wams ausschüttelte, fiel mein Blick auf die schwachen rostfarbenen Flecken im Nacken und an den Schultern.

16

Ich muß einen überraschten Laut ausgestoßen haben, denn die beiden Frauen sahen mich fragend an.

«Was ist los?» fragte Lillis, und als ich das Wams in die Höhe hielt, kam sie heran, um über meine Schulter zu spähen. Ich konnte ihren warmen Atem im Nacken spüren.

«Blutspuren. Seht euch das an! Hier, die schwachen rostfarbenen Flecken am Nacken und an den Schultern.»

Margaret nahm mir das Wams ab und unterzog es einer genauen Prüfung. «Du hast recht», bestätigte sie schließlich. «Jemand hat das Wams gewaschen und im Sonnenlicht gebleicht, aber wenn man genauer hinsieht, kann man noch immer ein paar Flecken erkennen. Der Samt hat seine Farbe verloren und ist an manchen Stellen durchgescheuert. Sieht ganz so aus, als hätte jemand den Stoff zwischen zwei Steinen gerieben.»

Zitternd vor Aufregung zog ich das Hemd aus der Truhe und hielt es gegen das Licht. Zuerst konnte ich nichts erkennen, denn Leinen, vor allem gebleichtes Leinen, ist leicht zu säubern, und Flecken jeder Art lassen sich aus diesem Stoff schnell entfernen. Es war Lillis, die an das Binsenlicht dachte und die schwache Flamme so hielt, daß das Gewebe von hinten angeleuchtet wurde und die schwachen rostbraunen Umrisse der Flecken am Kragensteg sichtbar wurden.

«Ich ... ich verstehe nicht ganz», stammelte Margaret. «Diese Kleider hat mein Vater nicht getragen, als er entführt wurde. Es sind die Kleider, in denen er heimgekehrt ist.»

Ich setzte mich wieder auf meinen Stuhl und dachte angestrengt nach, während Lillis Wams und Hemd zusammenfaltete und zurück in die Truhe legte.

Als sie den Deckel geschlossen hatte, sagte ich: «Irgendwie betrachten wir die Geschehnisse noch immer aus dem falschen Blickwinkel. Es muß eine andere Möglichkeit geben, die einzelnen Mosaikstücke zusammenzufügen, damit unsere Entdeckung einen Sinn ergibt. Jemand hat deinen Vater angegriffen, während er diese Kleider trug.» Ich dachte an den geheimnisvollen Reiter, den Henry Dando gesehen hatte. Wieso glaubte ich, daß er womöglich die Kleider getragen hatte, die jetzt, mit Lavendel und Moschus bestreut, in Mistress Walkers Eichentruhe lagerten? Henry Dando hatte nichts von einem bernsteinfarbenen Wams gesagt, aber es gab ja noch den vornehmen, mit Eichhörnchenfell gefütterten Friesmantel, der zu einem kalten Märzmorgen paßte und der die anderen Kleidungsstücke des Reiters verdeckte. Ich hatte keinen Beweis für meine Vermutung, aber irgend etwas sagte mir, daß ich damit richtig lag. Vielleicht hatte Henry Dando, ohne es zu wissen, den Mantel ebenso wie das Pferd wiedererkannt, weil beide Edward Herepath gehörten.

«Hast du die Kleider eigentlich auch schon anderen Leuten gezeigt?» fragte ich Margaret Walker. «Cicely Ford zum Beispiel?»

«Nein, nein. Sie hat es immer gut gemeint, und es war sehr freundlich von ihr, daß sie gekommen ist, um meinen Vater zu besuchen, aber sie konnte seinen Anblick immer nur wenige Minuten lang ertragen, und ich wollte sie nicht mit Nebensächlichkeiten belasten. Master Herepath hat sich überhaupt nicht überwinden können, zu uns zu kommen, aber er hat uns Suppe aus seiner Küche geschickt – eine ziemlich bittere, ungenießbare Brühe.»

Ich vermutete jedoch noch einen anderen Grund hinter Margarets Zurückhaltung, nämlich die Angst, daß man den Besitz solch teurer Gewänder als Unrecht betrachten und den eigentlichen Besitzer suchen könnte. Zweifellos hatte sie vor, die Kleider zu verkaufen, falls sie irgendwann einmal in Geldnot geriet, und ich für meinen Teil konnte es ihr nicht verdenken.

«Außer mir hat sie also niemand gesehen?» hakte ich nach.

«Außer dir und Nick Brimble. Er hat mir geraten, niemandem etwas davon zu sagen und die Kleider zu verstecken.»

Ich stand auf. «Du brauchst keine Angst zu haben, Margaret, denn du hast nichts Unrechtes getan. Irgend jemand hat deinem Vater die Kleider geschenkt, sie gehörten ihm, und da du seine Erbin bist, sind sie dein rechtmäßiges Eigentum.»

«Das habe ich dir auch gesagt, Mutter.» Lillis lächelte ihrer Mutter spöttisch, aber liebevoll zu, dann wandte sie sich wieder an mich. «Aber was hat das alles zu bedeuten?»

Ich war erstaunt, wie sehr mich ihr zutraulicher, kindlicher Gesichtsausdruck rührte. Sie glaubte fest daran, daß ich das Rätsel irgendwie lösen würde. Leider mußte ich ihr Vertrauen enttäuschen. Ich schüttelte traurig den Kopf. «Es tut mir leid, aber ich fürchte, im Augenblick kann ich dir darauf keine Antwort geben. Vielleicht wird mir noch etwas einfallen. Ich muß darüber nachdenken.»

«Du brauchst etwas zu essen», sagte Mistress Walker mit Nachdruck. «Lillis! Schöpf einen Krug aus dem Alefaß. Hier sind ein paar gesalzene Aale. Dazu noch der Rest Hafergebäck von heute morgen, und schon kannst du dich an einer tüchtigen Mahlzeit stärken.»

Als die beiden Frauen, sorgsam auf mein Wohl bedacht, geschäftig um mich herum hantierten, fühlte ich mich zum erstenmal seit Beginn meines erzwungenen Aufenthalts bei den Walkers so richtig zu Hause, und mir ging die Frage durch den Kopf, ob ich ihre Hütte vielleicht doch zu meinem Winterquartier erklären sollte. Was erwartete mich schon in Wells? Meine Eltern waren beide tot, es war lange her, daß ich dort gewohnt hatte, und ich hatte keine lebenden Verwandten mehr. Auch wenn ich innerhalb der Stadtmauern von Bristol keinen Handel treiben durfte, gab es doch in der näheren Umgebung genug

Dörfer, in denen ich meine Ware feilbieten konnte. Und wenn ich Lillis heiraten würde… Ich riß mich zusammen. Meine Gedanken gingen mit mir durch. Ich mußte mir Zeit lassen, um mich überhaupt an die Vorstellung zu gewöhnen.

Ich verbrachte eine schlaflose Nacht, in der ich mich in meinem Bett wälzte, während meine Gedanken rastlos zwischen meinen eigenen Problemen und dem Geheimnis um Robert Herepath und William Woodward hin und her sprangen. Schließlich traten die persönlichen Sorgen hinter die größeren Zusammenhänge zurück, und ich grübelte über William Woodwards rätselhaftes Verschwinden nach. Ich dachte an seinen blutbefleckten Hut, den die beiden Tuchspannerkinder aus dem Frome gefischt hatten, und an die blutbefleckten Kleider, in denen er fünf Monate später nach Bristol zurückgekehrt war. In dieser Geschichte gab es entschieden zuviel Blut. Und in der Zwischenzeit hatte man einen Mann wegen Mordes gehängt, obwohl man die Leiche des Ermordeten nie gefunden hatte. Ganz Bristol war von Robert Herepaths Schuld überzeugt gewesen. Andererseits gab es keinen Zweifel daran, daß Robert seinem Bruder das Geld gestohlen hatte und daß der junge Mann ungebärdig und hochverschuldet gewesen war. Außer seinem älteren Bruder hatte ihn nur ein Mensch geliebt, und selbst diese gute Seele hatte sich letztendlich von ihm abgewandt.

Meine Strohmatratze kam mir plötzlich klumpig und unbequem vor, und mit einem leisen Fluch setzte ich mich auf. Auf der anderen Seite des Vorhangs schnarchte Margaret Walker, und Lillis lag, wie ich vermutete, ebenfalls schon in tiefem Schlummer. Sie hatte nach dem Abendessen sehr müde ausgesehen und war früh ins Bett gegangen – nicht ohne mir einen scheuen Kuß als Gutenachtgruß auf die Wange zu drücken. Die Freude über mein verändertes Betragen hatte sie schläfrig gemacht, und mit einem gewissen Unbehagen vermutete ich, daß sie ihre Kraft aus Streit und Widerstand bezog. Aber ich hatte ihr versprochen, ihr das Alphabet beizubringen, und dieses Versprechen würde ich einlösen, ehe ich irgendwelche Heiratsabsichten erwog.

In den Jahren zuvor war mir mehrfach in den frühen Morgenstunden die entscheidende Eingebung gekommen, doch in dieser Nacht war ich zu verwirrt, um meinen Geist ordnen zu können. Meine Gedanken schwammen dicht unter der Oberfläche wie Fische in einem zugefrorenen Teich, aber es wollte mir nicht gelingen, das Eis zu brechen und sie zu befreien. In der Hoffnung, daß mir die vertrauten Worte Ruhe und Trost spenden könnten, sprach ich noch einmal mein Nachtgebet und fügte zum Schluß noch eine Bitte an. «Herr und Heiland», sagte ich, nicht ohne eine Spur von Strenge in meinem Ton, denn was die Kirche uns auch immer lehren mag, ich habe nie daran glauben können, daß Gott von uns verlangt, daß wir Ihm mit kriecherischer Unterwürfigkeit begegnen. «Wenn Du möchtest, daß ich das Geheimnis löse, mußt Du mir ein bißchen auf die Sprünge helfen. Es ist nicht fair, mir die ganze Arbeit zu überlassen.» Und ein wenig verdrießlich fügte ich hinzu: «Schließlich war ich krank, erinnerst Du Dich?»

Danach legte ich mich wieder hin und versank wenige Minuten später in einen tiefen Schlaf.

Ich hatte mein Frühstück beendet und saß am Tisch, um mich zu rasieren. Lillis war zum Färber gegangen, um Wolle für ihre Mutter zu holen, und Margaret bereitete Blutwurst fürs Mittagessen zu. Dafür rührte sie Hafermehl, Fett und Schafsblut in einer Schüssel zusammen. Ich hielt einen Augenblick lang mit dem Rasieren inne, um ihr dabei zuzusehen, dann setzte ich wieder mein Messer an. Ich war gerade dabei, mein Rasierzeug in meinem Bündel zu verstauen, als Lillis mit einem vollen Korb zurückkam. Sie lachte mich fröhlich an.

«Blutwurst», sagte sie. «Lecker. Mein Leibgericht.»

Ich zog mein Lederwams an. «Ich fürchte, ich werde die Wurst nicht mehr kosten können. Ich werde für ein paar Tage nach Gloucester reisen.»

«Nach Gloucester?» Margaret Walker sah mich bestürzt an. «Was um alles in der Welt willst du denn in Gloucester?»

«Du hast doch noch nicht mal ein Pferd», warf Lillis ein.

«Ich brauche kein Pferd», erwiderte ich. «Ich bin es gewohnt, zu Fuß zu reisen. Es wird nur zwei, drei Tage dauern. Ich kenne den Weg. Ich bin ihn mehr als einmal gewandert. Viel mehr als dreißig Meilen dürften es nicht sein.»

«Aber warum?» wollte Mistress Walker wissen.

Einen Augenblick lang überlegte ich, ob ich ihnen meine Beweggründe tatsächlich mitteilen sollte, sah aber keinen Grund, sie ihnen zu verschweigen. «Ich will herausfinden, ob Edward Herepath im letzten März tatsächlich zwei Nächte in der Stadt verbracht hat. Vielleicht kann sich ja trotz all der Zeit, die inzwischen vergangen ist, noch jemand an ihn erinnern.»

«Warum zweifelst du an seinen Worten?» fragte Lillis.

«Ich weiß es nicht. Ich will einfach prüfen, ob er die Wahrheit gesagt hat», antwortete ich. «Ihr habt mich gebeten, das Rätsel für euch zu lösen, und das versuche ich jetzt.»

Ungestüm wandte sich Lillis an ihre Mutter, um von ihr Unterstützung zu bekommen. «Sag ihm, daß er hierbleiben soll, Mutter! Er war krank. Das Wetter ist schlecht. Es kann ihn das Leben kosten!»

«Ach was. Einen starken Burschen wie ihn wirft nichts so schnell um.» Margaret Walker sah mir in die Augen. «Wirst du zurückkommen?»

Ich erwiderte ihren Blick und sagte: «Du hast mein Wort darauf.»

Das schien sie zu beruhigen. Mit neuer Kraft begann sie, die Wurst zusammenzurühren. «Du mußt tun, was du für richtig hältst», sagte sie und wischte die Hände an ihrer Schürze ab. «Aber du brauchst Geld für die Reise. Du hast mich in den vergangenen Wochen gut bezahlt. Ich gebe dir gern einen Teil des Geldes zurück.»

«Nein», sagte ich in festem Ton. «Ich habe noch Ware übrig, die ich unterwegs verkaufen kann.»

«Aber das wird dich unnötig aufhalten», warf sie ein. «Du wirst länger brauchen als sonst.»

«Ich habe dir mein Wort gegeben.» Ich warf mir mein Bündel über die Schultern. «Du brauchst dir keine Sorgen zu machen. Ich muß einfach wieder die Straße unter den Füßen fühlen, und es geht mir gegen den Strich, auf die Mildtätigkeit anderer Menschen angewiesen zu sein. Ich muß den freien Himmel sehen, die Weite der Landschaft spüren, will nicht länger in den Mauern der Stadt eingesperrt sein.»

Auf Margaret Walkers Gesicht spiegelte sich die Einsicht, daß ich mich wohl nie in ein ganz und gar häusliches Leben schicken würde. Ich war von Natur aus ein Zugvogel, hatte meinen Beruf aus Neigung gewählt, nicht weil mich andere Gründe gezwungen hatten. Natürlich hatte ich ihr und Lillis, als wir abends ums Feuer gesessen hatten, meine Geschichte erzählt, aber ich glaube, bis zu diesem Augenblick hatte sie nicht ganz wahrhaben wollen, daß ich mich aus freien Stücken für das Leben auf der Landstraße entschieden hatte.

«Aber jeder Wanderer braucht einen Ort, an den er zurückkehren kann», sagte ich leise und schnürte meinen Mantel um. Ich wußte, daß sie mich verstanden hatte, sich irgendwie damit abfinden und nicht versuchen würde, mich festzuhalten. Margaret war eine tüchtige, kluge Frau, die gelernt hatte, vom Leben nicht allzuviel zu erwarten. Sie wünschte sich einen Ehemann für Lillis, und sie wünschte sich Enkelkinder, die sie auf den Knien schaukeln konnte. Da sie lange Zeit mit ihrer Tochter allein gelebt hatte, wünschte sie sich wohl auch einen Schwiegersohn, der ständig im Hause war, aber wenn es nicht Gottes Wille war, ihr diesen Wunsch zu erfüllen, würde sie mit dem zufrieden sein, was sie bekommen konnte.

Ganz anders ihre Tochter! Lillis stürzte sich auf mich und schlang ihre dünnen Arme um meinen Hals. «Du darfst nicht gehen! Ich verbiete es dir!» rief sie empört.

Ich sah lachend in ihr kleines, wütendes Gesicht. Sie hatte die Lippen leicht geöffnet, so daß ich ihre ebenmäßigen, scharfen Zähne sehen konnte. Ihre Raubkatzenaugen funkelten mich zornig an. Ich hob die Hände und befreite mich aus der Umklammerung. «Ich gehe», sagte ich ruhig, «und weder du noch sonst irgend jemand kann mich aufhalten.»

«Doch, ich werde dich aufhalten! Ganz bestimmt!» Sie schlug mit voller Kraft gegen meine Brust. «Du wirst mich nicht allein lassen!»

Margaret sah uns zu. Ein spöttisches Lächeln spielte um ihre Lippen. Sie wußte, wer den Kampf gewinnen würde. Meine Kraft und meine Körpergröße haben mir in so mancher Rangelei einen unüberwindlichen Vorteil gebracht, und so war es auch in diesem Fall. Ich schob Lillis zur Seite und ging zur Tür. Ihre Ohnmacht ließ sie wütend aufheulen.

Lächelnd ging ich noch einmal zurück, hob mit der Hand ihr schmales, spitzes Kinn und küßte sie fest auf ihre Lippen, die leicht salzig schmeckten. «Wenn es an der Zeit ist, wirst du mich wiedersehen», sagte ich ihr, «nicht früher und nicht später. Aber du wirst mich wiedersehen.» Ich küßte sie noch einmal, dann war ich verschwunden.

Ich war frei. Ich war allein. Ich war der kleinlichen Tyrannei der Frauen entronnen. Trotz des grauen Himmels waren meine Schritte beschwingt, als ich durch das Frome-Tor in Richtung Lewin's Mead schritt. Lewin's Mead war tatsächlich vor vielen, vielen Jahren einmal eine Wiese gewesen und hatte einem Schloßvogt namens Lewin gehört. Aber die Stadt hatte sich inzwischen bis vor die Mauern ausgebreitet; auch einige Nebengebäude der Franziskanerabtei befanden sich hier. Schon damals wurde das freie Land von den wachsenden Städten aufgefressen, und heute, im Jahre des Herrn 1522, haben sich die Städte noch mehr Land einverleibt. Vielleicht wird es einmal eine Zeit geben, in der die Stadtmauern gar keine Rolle mehr spielen. Alles verändert sich, und vermutlich trauern nur alte Männer wie ich der Vergangenheit nach.

Von Lewin's Mead ging ich weiter durch die Silver Street zur Magdalen Lane, am Kloster der Magdalenerinnen vorbei, das mich sofort an Cicely Ford erinnerte. Bei dem Gedanken daran, wie sie ihre Hand auf meinen Arm gelegt und mit ihrem engelsgleichen Gesicht vertrauensvoll zu mir aufgeschaut hatte, machte mein Herz einen Freudensprung. Aber ich hatte bereits Gott am Werk gesehen; niemals würde sie mir oder irgendeinem anderen Mann gehören. Seufzend ging ich den Stony Hill hinauf und benutzte dabei den gleichen Pfad, den auch der geheimnisvolle Reiter an jenem trüben Morgen im letzten März genommen hatte. Die Michaeliskirche zur Linken, stieg ich bis zur hoch über der Stadt thronenden Windmühle bergan. Ihre Flügel drehten sich munter im Kreis, denn auf den Höhen rund um Bristol weht immer ein frischer Wind. Einen Augenblick lang hielt ich inne und sah auf die Stadt zurück, auf die Häuser, die sich um den Zusammenfluß von Frome und Avon drängten. Dann wandte ich mich entschlossen um und marschierte in Richtung Gloucester.

Bei Einbruch der Dunkelheit war ich nur bis zum alten Marktflecken Sodbury gekommen. Ich schlug einen Teil meiner Waren los, um mir ein anständiges Gasthaus leisten zu können. Am nächsten Tag, einem Sonntag, nahm ich erst am Morgen- und dann am Mittagsgottesdienst teil, ehe ich mich endgültig entschloß, meine Weiterreise bis zum Montagmorgen zu verschieben. Auch zur Vesper ging ich, sehr zur Belustigung meiner Wirtsleute, die wohl ahnten, daß meine Frömmigkeit vor allem mit ihrer wunderschönen, kirchentreuen Tochter zusammenhing, in die Gemeindekirche von Sodbury.

Die guten Wünsche der Familie klangen mir noch im Ohr, und die vortrefflichen Hühnerpasteten der Wirtin beulten meine Taschen aus, als ich am nächsten Morgen endlich weiterwanderte. Meine Schuhe waren bald von Schmutz bedeckt, und ein plötzlicher Graupelschauer zwang mich, meine Kapuze weit nach vorn zu ziehen und meinen Mantel noch fester zu schnüren. Es war naß, düster und ungemütlich. Ein Reiter in einem scharlachroten Mantel war der einzige Farbklecks in der trostlosen Landschaft. Ich war weit und breit allein. Mitten im Winter fand man keine Wandergefährten; wer nicht unbedingt über Land ziehen muß, bleibt zu Hause und wärmt sich an einem gemütlichen Feuer. Als dann noch ein Fuhrwagen rücksichtslos an mir vorbeiholperte und mich bis zu den Oberschenkeln mit Schlamm bespritzte, kamen mir alle Unannehmlichkeiten, die ich in den vergangenen drei Wintern klaglos ertragen hatte, auf einmal in den Sinn. Ich tröstete mich mit dem Gedanken, daß sich meine Lage grundlegend gewandelt hatte. Margaret und Lillis Walker warteten auf mich...

Meine Reise nach Gloucester dauerte insgesamt fünf Tage, weil ich mein Bündel in die abgelegensten Weiler trug, wo die Leute freudig überrascht waren, zu dieser Jahreszeit einen Reisenden zu sehen, bei dem die Frauen ihre Vorräte an Nadeln und Garnen aufstocken, die Männer neue Jagdmesser erstehen und die jungen Mädchen bunte Haarschleifen bewundern konnten. Ich hätte auf dieser Reise das Drei- oder Vierfache verkaufen können, aber mein Vorrat war, als ich von Bristol losgezogen war, schon sehr begrenzt gewesen, und mehr als einmal verfluchte ich mich, weil ich vor meiner Abreise nicht zu den Kais gegangen war und meine Waren aufgestockt hatte. Aber das hätte mich noch mehr Zeit gekostet, und letztlich war meine Börse, als ich endlich nach Gloucester kam, zum Bersten gefüllt.

Es dämmerte bereits, als ich am Donnerstagnachmittag durch das Westtor auf die belebten Straßen trat, wo der tägliche Marktbetrieb gerade zu Ende ging. An einem der Stände kaufte

ich mir ein neues Beinkleid, denn mein altes war völlig durchge-
weicht, und einen kecken, rostfarbenen Hut, der mich einen
Sixpence kostete. Anschließend suchte ich mir eine Garküche,
um zu Abend zu essen. Ich beschloß, mein Bündel erst am nächsten Morgen wieder aufzufüllen, und klopfte beim Kloster im
Schatten der mächtigen, St. Peter geweihten Kathedrale an. Ich
schlief auf dem Boden des Gästesaals in Gesellschaft einiger anderer Wanderer, die dort vor Wind und Wetter Schutz gesucht
hatten. Das Frühstück am Freitagmorgen bestand aus Porridge
und Trockenfisch. Als ich den Kopf unter die Wasserpumpe
hielt und versuchte, mir mit einem stumpfen Messer den Bart
vom Kinn zu kratzen, dachte ich an Lillis, an warmes Wasser
und eine stets sorgfältig geschärfte Klinge. Zu meiner eigenen
Verwunderung verlor meine neugewonnene Freiheit schon jetzt
an Reiz. Ich freute mich auf... ja, ich freute mich darauf, wieder
nach Hause zu kommen.

17

Über Nacht hatte es aufgehört zu regnen, und der Himmel hatte aufgeklart. Die Sicht war hervorragend, alle Umrisse traten scharf hervor, und die Bäume und Giebeldächer in der Ferne hoben sich deutlich vom Himmel ab. Wahrscheinlich würden im Laufe des Tages neue Regenwolken aufziehen, doch fürs erste glitzerte die Sonne noch auf den Schneeresten, die auf den Pflastersteinen lagen. Ein kalter Luftzug blies mir ins Gesicht, und überall klapperten Fensterläden im aufkommenden Wind.

Einem inneren Gespür folgend, ging ich auf direktem Wege zu der Herberge, die man im Volksmund New Inn nannte. Sie war über hundert Jahre zuvor errichtet worden, um die Pilger aufzunehmen, die zum alabasternen Grabmal des ermordeten Eduard II. kamen. Ich hatte eine gute Wahl getroffen, denn in den wenigen Minuten, die sich der vielbeschäftigte Wirt der Herberge für mich nahm, konnte ich wichtige Auskünfte einholen. Der Wirt schwitzte unter seiner schweren Lederschürze, und auf seinem kahlen Kopf schimmerten kleine Schweißperlen. Ständig wurde er hierhin und dorthin gerufen, denn seine zahlreichen Gäste saßen gerade beim Frühstück, und die verschiedensten Wünsche mußten befriedigt werden. Unter diesen Umständen hätte ich ihm eine gewisse Gereiztheit durchaus zugestanden, doch er gehörte zu jenem seltenen Menschenschlag, der gegen jedermann ohne Ansehen seines Standes höflich und geduldig ist.

«Im letzten März», murmelte er und kratze sich an der Stirn.

«Das ist sehr lange her ... An Mariä Verkündigung ... Warte, ich glaube, ich erinnere mich! Master Herepath, sagst du? Ein ziemlich großer Mann, ein Gentleman, gut gekleidet, auf einem Rotschimmel? Ja, jetzt erinnere ich mich. Er ist ziemlich spät gekommen, meine Frau und ich waren schon vom Komplet zurück. Wir hatten es nicht früher zur Kirche geschafft, wollten es aber nicht versäumen, an diesem besonderen Tag der Heiligen Mutter Gottes unsere Ehrerbietung zu erweisen. Seine Beinkleider und Schuhe waren schmutzig. Er hat uns erzählt, er sei an einem Tag von Bristol hergeritten. Wir haben ihm unser bestes Gästezimmer gegeben. Ja, ja! Natürlich erinnere ich mich an ihn.»

«Und wie lange ist er geblieben?»

Der Wirt dachte angestrengt über meine Frage nach, legte den Kopf zur Seite und überhörte geflissentlich die Rufe seiner Gäste.

«Tja ... Ich glaube, er ist zwei Nächte hiergeblieben, Donnerstag und Freitag nacht. Und es kommt mir so vor, als hätte er am Freitagmorgen einen Besucher gehabt, einen Mann, den ich vom Sehen kenne und der am Rande der Stadt wohnt, ganz in der Nähe vom Franziskanerkloster. Sie sind zusammen weggegangen ... und dann? Wie war das noch gleich ... Ach ja, jetzt weiß ich es wieder! Master Herepath ist mit einem Pferd zurückgekommen, einem herrlichen schwarzen Wallach. Er hat mich um eine zweite Box im Stall gebeten, und am nächsten Tag ist er auf dem Rappen nach Hause geritten und hat den Rotschimmel an der Leine geführt.» Der Wirt drehte sich um und rief seinem Küchenjungen zu: «Sag den Herrschaften, daß ich gleich komme. Es dauert nicht mehr lange.»

«Und sonst ist Master Herepath die ganze Zeit über im Gasthaus geblieben?» fragte ich rasch, um seine Aufmerksamkeit nicht zu verlieren.

«Er hat hier geschlafen», antwortete der Wirt. «Aber tagsüber war er unterwegs. Warte!» Er rieb sich kräftig am Ohr. «Ich glaube, er ist am Freitagabend erst ganz spät zurückgekommen. Es war dunkel ... und die Abendglocken hatten schon geläutet!»

Das sagte er so triumphierend, als würde er selbst am meisten über sein plötzliches Erinnerungsvermögen staunen. «Er sagte, er wäre gerade noch so als letzter durchs Westtor in die Stadt gekommen. Er hatte noch nichts zu Abend gegessen, aber meine Frau, die, wie ich zugeben muß, eine Schwäche für gutaussehende Männer hat, hat ihm noch eine Suppe, Brot, Käse und Ale aufs Zimmer gebracht. Und jetzt mußt du mich entschuldigen. Meine Gäste rufen nach mir. Ich hoffe, meine Auskünfte haben dir weitergeholfen.»

«Sie haben mir sehr geholfen, und ich danke Euch von Herzen. Nur noch eine Frage, und dann gehe ich. Wie hieß der Mann, dem Master Herepath den Wallach abgekauft hat?»

Der Wirt blieb in der offenen Tür zur Küche stehen und legte seine kahle Stirn in tiefe Falten. Die Rufe von drinnen wurden immer lauter und waren nun nicht mehr zu überhören. Ehe er hineinging, rief er mir noch über die Schulter zu: «Richard Shottery, wenn ich mich nicht irre.»

Das stimmte mit dem überein, was mir Edward Herepath erzählt hatte. Zufrieden lenkte ich meine Schritte zum Franziskanerkloster. Ich brauchte nur ein paarmal nach dem Weg zu fragen, dann stand ich vor dem Haus von Richard Shottery, einem Mann mit einem scharfgeschnittenen Gesicht und einer großen Nase, dessen abweisendes Betragen in einem krassen Gegensatz zur Freundlichkeit des Wirtes stand. Zum Glück hatte ich mein Bündel im Kloster zurückgelassen, denn mit einem einfachen Hausierer hätte Richard Shottery sich ganz bestimmt nicht abgegeben. Mir einen Platz zum Sitzen anzubieten, fiel ihm aber auch so nicht ein.

«Du gehörst also zur Dienerschaft von Edward Herepath? Erzähl mir bloß nicht, daß mit dem Rappen, den ich ihm verkauft habe, etwas nicht in Ordnung ist. Ich würde es dir sowieso nicht glauben. Ein schöneres Pferd hätte er im ganzen Königreich nicht gefunden.»

«Nein, nein», versicherte ich rasch, «mein Herr ist mit dem

Pferd sehr zufrieden. Aber er führt gern genau Buch über alle seine Geschäfte. Da er sich nicht mehr ganz sicher war, an welchem Tag er den Wallach von Euch gekauft hat, und ich ohnehin in seinem Auftrag durch Gloucester reise, hat er mich beauftragt, Euch in dieser Angelegenheit zu befragen.» Gott vergebe mir die Lügen, die ich diesem Mann erzähle, dachte ich im stillen und stellte mich schon darauf ein, nach meiner nächsten Beichte dafür Buße zu tun.

Master Shottery schnaubte verächtlich. «Und wegen so einer lächerlichen Sache schickt er dich zu mir? Es war im letzten März, einen Tag nach Mariä Verkündigung.»

«Am Morgen?»

«In Gottes Namen, was tut das zur Sache? Morgen, Nachmittag, Abend... Also gut, es war am Morgen. Er hat ziemlich lange gebraucht, um sich zu entscheiden, und ich hatte schon befürchtet, ihn zum Mittagessen einladen zu müssen. Nicht daß ich etwas dagegen gehabt hätte, aber meine Frau war gerade ziemlich krank gewesen und noch nicht wieder ganz auf den Beinen.» Richard Shotterys Augen blitzten wütend unter den dichten Augenbrauen. Offenbar ärgerte es ihn, sich vor mir rechtfertigen zu müssen. «Und falls du nicht noch ein paar andere weltbewegende Fragen auf Lager hast, möchte ich dich bitten, mich jetzt zu entschuldigen. Ich habe zu tun.»

Ich verbeugte mich höflich, wie es sich für einen wohlerzogenen Diener gehört, und verabschiedete mich von Master Shottery. Zufrieden mit der Übereinstimmung zwischen seiner Geschichte und dem, was mir der Wirt erzählt hatte, kehrte ich ins Kloster zurück, holte mein Bündel ab und machte mich auf die Suche nach einem Klosterbruder, der sich ein wenig Zeit für mich nehmen könnte. Als erstes fiel mir die Krankenstube ein, und tatsächlich traf ich dort auf einige ältere Mönche, die sich von den Leiden des Winters erholten, auf ihren Betten lagen oder sich am Feuer wärmten. Sie machten mir bereitwillig Platz, erfreut, den letzten Klatsch und Tratsch mit einem Fremden austauschen zu können. Nach einer Weile gelang es mir, das Gespräch auf die zunehmende Verbreitung der Ketzerei unter den Armen zu bringen. Die Mönche legten ihre Gesichter in Sorgenfalten und wiegten mißbilligend ihre ehrwürdigen Häupter. Gloucester mußte offenbar ebenso wie Bristol als Hochburg der Lollarden gelten, und der Funke war inzwischen auch auf Wales übergesprungen. Erst letztes Jahr, so erzählte mir einer der Brüder entsetzt, seien auf der anderen Seite des Severn drei Lollarden verhaftet worden, die ihre ketzerische Lehre in den abgelegenen Dörfern des Forest of Dean verbreitet hatten.

«Diese drei wurden unschädlich gemacht, aber es werden andere kommen und an ihre Stelle treten», fügte der Mönch seufzend hinzu. «Wir werden alle unsere Stimmen erheben müssen, um den Teufel zu übertönen. Daher ermahne ich dich, stets deine Gebete zu sprechen.»

Ich versprach es ihm und schämte mich ein wenig dafür, die guten Brüder mit meiner vorgeblichen Frömmigkeit in die Irre geführt zu haben, denn mein Glaube war damals ebenso erschütterlich wie heute, auch wenn ich stets ein demütiger Sohn der Heiligen Kirche geblieben bin. Ich kann nur hoffen, daß mein Schöpfer mich besser versteht, als ich selbst es tue, wenn ich dereinst beim Jüngsten Gericht vor Seinem Thron erscheine. Ich schulterte mein Bündel, verabschiedete mich von den frommen Klosterbrüdern und wanderte durchs Westtor zur Stadt hinaus – allerdings nicht, ohne vorher noch bei einer Garküche haltzumachen und mir als Wegzehrung drei Fleischpasteten zu kaufen. Ich ließ die Stadtmauern hinter mir und marschierte so lange weiter, bis ich das Ufer des Severn erreichte.

In der Nähe von Gloucester ist der Severn noch schmal, und mehrere Brücken überspannen seinen Lauf. Ich nahm die Brücke, die der Stadt am nächsten liegt, und erreichte so die Ausläufer der großen Wälder, die das gegenüberliegende Ufer säumen. Es war eine wilde, fremdartige Gegend, in die ich da geraten war. Uralte Bäume umgrenzten diese urtümliche Welt, die von allen Errungenschaften des städtischen Lebens völlig abgeschieden ist. In den Wäldern wird Zinn gewonnen, und die Waldbewohner leben nach ihren eigenen Gesetzen. Ja, sie halten sogar eigene Gerichtstage ab, bei denen häufig viel härtere Strafen ausgesprochen werden, als sie der König in Westminster verhängen kann. Man kann, wie ich seit jener Zeit aus eigener Erfahrung weiß, in diesen Wäldern meilenweit wandern, ohne je einer Menschenseele zu begegnen, und doch hat man ständig das Gefühl, genau beobachtet zu werden. Und wenn man tatsächlich einmal einem Waldbewohner von Angesicht zu Angesicht gegenübersteht, erschrickt man über die bleiche Haut und den niedrigen Wuchs dieser Menschen. Sie sehen aus wie Höhlentiere, die aus den Tiefen der Erde kommen und mit argwöhnisch zusammengekniffenen Augen in die Sonne blinzeln.

Es war schon später Nachmittag, und die Dämmerung setzte ein. Allmählich wurde mir etwas bang. Ich war ganz allein, hatte zu meiner Verteidigung nur meine Keule dabei, fühlte mich hungrig und verloren. Mit welcher Zuversicht war ich noch wenige Stunden zuvor in die Wälder marschiert! Warum hatte ich nicht angehalten und überlegt, wohin mich mein Weg eigentlich führen sollte? Ich hatte damit gerechnet, schon bald auf die Waldbewohner zu stoßen oder zumindest ein paar andere Reisende zu treffen, und ich hatte gehofft, auf den Waldwegen Fußspuren zu sehen, die mir den Weg ins nächste Dorf weisen könnten. Aber der Forest of Dean entzieht sich allen Berechnungen; um sich darin zurechtzufinden, braucht man einen kundigen Führer. Ich bin seitdem noch ein paarmal dort gewesen, habe aber nie wieder versucht, das große Waldgebiet allein zu durchqueren.

Allmählich dämmerte mir, daß ich mich im Kreise drehte, denn manche Bäume, an denen ich vorüberschritt, kamen mir bekannt vor, wie zum Beispiel eine große Eiche, deren Stamm merkwürdig eingeschnitten war. Doch so eifrig ich auch suchte, ich konnte den Weg, auf dem ich in den Wald gekommen war, nicht wiederfinden. Schließlich hüllte ich mich, vor Kälte zitternd, in meinem Mantel ein und lehnte mich an den Stamm der großen Eiche. Mein Magen war so leer, daß er schmerzte. Ich hörte ein unheimliches Rascheln im Unterholz und das entfernte Heulen eines jagenden Fuchses. Ich umklammerte meine Keule, und das feste Holz in meiner Hand vermochte mir einen gewissen Trost zu spenden. Das Astwerk über mir war so dicht, daß der Regen nicht zu mir herabdringen konnte.

Trotz aller Unbequemlichkeit muß ich wohl in dieser Haltung eingeschlafen sein, denn später erinnerte ich mich daran, daß ich geträumt hatte. Es war ein dummer, unsinniger Traum, ein wirres Gemisch aller Ereignisse der letzten Wochen. Nachdem sie mich durch die Straßen von Gloucester gejagt hatte, packte mich eine vermummte Gestalt an beiden Schultern und schüttelte mich kräftig. Ich wurde wach. Jemand beugte sich über mich. Ein von einer weißen Hand gehaltenes Licht beleuchtete ein hageres, blutleeres Gesicht. Die Stimme meines Retters klang so heiser, als beherrsche er die Kunst des Sprechens nur mit Mühe.

«Du hast dich verlaufen, Master.»

«Ja», gab ich zu. «Du hast recht.»

«Bist du allein?» fragte er weiter, und als ich nickte, fuhr er fort: «Es ist nicht gut, um diese Jahreszeit die Nacht im Freien zu verbringen. Am besten kommst du mit in mein Haus. Meine Frau kann dir etwas zu essen geben, und wenn es dir nichts ausmacht, bei den Tieren zu schlafen, bekommst du auch ein Dach über den Kopf.»

«Ein Lager im Stall ist mir immer recht», erwiderte ich dankbar. Es war mühsam aufzustehen, denn meine Beine waren steif geworden. Mein Retter richtete sich ebenfalls auf, doch er reichte mir nicht einmal bis zur Schulter. «Es muß aber ziemlich weit sein bis zu deinem Haus. Ich habe hier in der Gegend kein Dorf gesehen.»

Der Mann ließ ein krächzendes Lachen hören. «Du vielleicht nicht. Aber ich weiß, wo es ist.»

Tatsächlich fand ich mich im Handumdrehen in der Mitte eines kreisförmig angelegten Hüttendorfes wieder. Wie wir dorthin gekommen waren, werde ich wohl nie erfahren, denn mittlerweile war es stockfinster geworden. Jedenfalls mußte ich im Laufe des Tages mehrmals ganz dicht am Dorf vorbeigegangen sein, ohne davon etwas zu ahnen. Mein Retter führte mich zu einer der Hütten, deren Wände, wie ich am schwachen Schein seiner Laterne erkennen konnte, aus lehmbeworfenem Flechtwerk bestanden. Aus Löchern in der Mitte der Torfdächer stiegen dünne Rauchsäulen auf. Im Innern der Hütte, die wir nun betraten, war der Boden gestampft. In der Mitte befand sich eine Feuerstelle, am Rand standen ein aus getrockneten Ästen und Tierfellen erbautes Bett, ein grobschlächtiger Holztisch und zwei dreibeinige Stühle. Ein Schwein und eine Ziege lagen in einem hölzernen Verschlag. Ein kleines, halbnacktes Mädchen und ein kleiner Junge schliefen auf einem Stapel Felle. Ihre Mutter, deren Haut ebenso bleich war wie die ihres Mannes, kniete neben dem Feuer und rührte in einem Eisentopf, der zwischen den brennenden Scheiten stand.

Bei meinem Anblick weiteten sich ihre blassen Augen vor Schreck, aber sie faßte sich schnell und stand auf, um mich besser in Augenschein nehmen zu können. «Wo kommt der denn her?»

«Er hat sich im Wald verlaufen.» Mein Wirt zog einen der Stühle heran. «Setz dich. Frau, er friert, und er hat Hunger. Gib ihm was zu essen.»

Seine Frau nahm eine hölzerne Schüssel vom Tisch und füllte etwas von dem Eintopf hinein. Ich weiß nicht, aus was er gemacht war – Hase mit Kräutern und Gemüse vielleicht –, aber es war das köstlichste Mahl, das ich je gekostet hatte, und das mag als Entschuldigung dafür gelten, daß ich wahre Unmengen verschlang. Die Frau sah uns schweigend beim Essen zu und füllte meine Schüssel so oft nach, bis ich keinen Bissen mehr schlucken konnte. Erst dann machte sie sich an ihr eigenes Abendessen. Sie bereitete mir ein Lager in der Nähe des Tierverschlags, indem sie Reisig ausbreitete und Felle darüberdeckte. Ohne ein weiteres Wort kletterten sie und ihr Mann in das Bett neben den Kindern und waren nach wenigen Augenblicken fest eingeschlafen.

Ich ging nach draußen, um mich zu erleichtern, und ließ mich dann vollständig bekleidet auf mein Lager nieder. Ich rechnete schon damit, stundenlang wach zu liegen, aber ich war so erschöpft, daß weder der Geruch der Ziege noch das Grunzen des Schweins mich davon abhalten konnten, innerhalb weniger Minuten in einen festen Schlaf zu versinken.

Ein kalter Luftzug weckte mich. Als ich mich aufsetzte, sah ich meinen Freund mit einem Eimer Wasser in die Hütte treten. Es war noch immer dunkel draußen, doch die allgemeine Geschäftigkeit sagte mir, daß der Morgen angebrochen war. Während ich die Zweige von meinen Kleidern sammelte und die Hand forschend über meinen zwei Tage alten Bart gleiten ließ, goß mein Retter das Wasser in einen Eisentopf und entzündete das Feuer.

«Gut geschlafen?» grunzte er.

«Wie ein Toter», versicherte ich ihm. Zwei helle Augenpaare beobachteten mich.

«Wer ist das, Vater?» wollte das Mädchen wissen.

«Ein Fremder, der sich im Wald verlaufen hat.» Im gleichen Augenblick wurde ihm offenbar bewußt, daß das Kind nur halb bekleidet war, und er fügte mit rauher Stimme hinzu: «Zieh deinen Kittel über.» Das Mädchen streifte sich ein Hemd aus rauhem, selbstgesponnenem Leinen über den Kopf, und der Vater nickte zufrieden. «Komm näher ans Feuer und wärm dich», lud er mich ein. «Und falls du dich waschen willst, gibt es draußen eine Pumpe.» Er sprach wie jemand, der mit den seltsamen Gewohnheiten der Fremden bereits Bekanntschaft geschlossen hatte.

Die Frau schüttete Hafermehl in das heiße Wasser und fügte eine Handvoll getrocknete Kräuter hinzu, die in Bündeln von Haken im Flechtwerk des Hauses hingen. Sie war so schweigsam wie am Vorabend, doch die Kinder überwanden allmählich ihre Scheu, rückten näher an mich heran und überlegten, wie sie ihre natürliche Neugier stillen konnten. Sie warteten, bis ihr Vater noch einmal nach draußen gegangen war.

«Wo kommst du her?» fragte der Junge und wischte sich mit dem Handrücken den Rotz von der Nase.

«Als ich so klein war wie ihr, habe ich bei meiner Mutter in Wells gewohnt», antwortete ich. «Jetzt bin ich Hausierer, wandere von Dorf zu Dorf und biete meine Waren feil. Seitdem bin ich nirgendwo mehr so richtig zu Hause.» Ich dachte an Lillis und Margaret und hatte plötzlich das Gefühl, sie verraten zu haben. «Kommen öfter Fremde zu euch?» fragte ich rasch. «Leute wie ich, die sich im Wald verlaufen haben?»

«Manchmal», räumte das Mädchen ein. «Aber die meisten nehmen einen Führer. Mein Vater und die anderen Bergmänner zeigen den Fremden den Weg, wenn sie genug Geld dafür bezahlen.»

Ihr Bruder, der wohl ein wenig vor mir prahlen wollte, fügte stolz hinzu: «Wir haben sogar ein Pferd!»

«Hamo!» ermahnte ihn seine Mutter, aber er beachtete sie nicht, sondern fuhr unbeirrt fort: «Der Anführer von unserem Dorf hat es hinter seiner Hütte angebunden, und jeder, der es braucht, kann es benutzen.»

Mein Herz begann zu pochen. «Und was für ein Pferd ist das?» fragte ich. «Welche Farbe hat es?»

«Wer spricht hier von einem Pferd?» fragte mein Retter, der gerade mit einem Arm voller Zweige und Äste zurück in die Hütte kam und seinen Sohn mit drohenden Blicken zum Schweigen ermahnte.

Die Frau schaute ängstlich auf und kroch hinter dem Feuer hervor, bereit, sich im Notfall zwischen ihren Mann und die

Kinder zu stellen. «Laß ihn in Ruhe, Mann», sagte sie ruhig. «Er hat nichts Unrechtes gesagt.»

«Was hier im Dorf geschieht, geht nur uns etwas an», gab ihr Mann wütend zurück. «Es ist nicht für die Ohren von Fremden bestimmt.»

Ich stand langsam auf.

So ungern ich den kleinen Hamo in Schwierigkeiten bringen wollte – ich konnt die Sache nicht auf sich beruhen lassen.

«Dieses Pferd...», sagte ich. «Ich möchte es gerne sehen.» Ich hob die Hand vor die Augen, als wollte ich mich gegen den funkensprühenden Blick meines Retters schützen. «Ich verspreche dir, nichts zu tun, was eurem Dorf Schaden zufügen könnte, und ich habe auch nicht die Absicht, euch das Pferd wegzunehmen. Aber es ist sehr wichtig, daß ich es mir ansehen kann. Ist es ein Brauner mit schwarzen Flecken und einer Blesse zwischen den Nüstern?»

In der Hütte herrschte plötzlich Totenstille. Schließlich seufzte die Frau und sagte mit verzagter Stimme: «Ich habe immer gewußt, daß es ein Fehler war, das Pferd zu behalten.»

18

Halt bloß deinen Mund!» wies der Mann seine Frau zurecht und warf auch seinem Sohn ein paar wütende Blicke zu. «Euch sollte man die Zunge abschneiden!» Er ließ sein Reisigbündel fallen und wollte sich auf die beiden stürzen. Ich trat schnell dazwischen und packte ihn am Handgelenk.

«Deine Frau und deinen Sohn trifft keine Schuld. Früher oder später hätte ich es ohnehin erfahren. Deshalb bin ich ja in den Wald gekommen. Ich suche nach den Spuren eines Mannes namens Woodward, dem Großvater meiner Braut.» Die letzten Worte waren mir unbewußt herausgerutscht, und ich stellte ohne Überraschung fest, daß ich mich in der Zwischenzeit wohl irgendwie entschieden hatte. «Nach allem, was ich bis jetzt gehört habe, brauche ich wohl nicht weiterzuwandern. Ich nehme an, er wurde hier im Wald gefunden, letztes Jahr, vielleicht ein oder zwei Tage nach Mariä Verkündigung. Habe ich recht?»

Der Mann, der zwar klein und hager, aber erstaunlich stark war, befreite sich aus meinem Griff und wich zurück. Er preßte die Zähne zusammen. Kein Wort sollte über seine Lippen kommen. Aber er hatte die Rechnung ohne seine Frau gemacht. Sie schluchzte hemmungslos, und ihre dünnen Finger klammerten sich an meinen Arm.

«Ich gebe ja zu, es waren unsere Leute, die ihn gefunden haben, aber keiner von uns hat ihn geschlagen. Es war Gwyn Gwynson, der damals im Wald auf ihn gestoßen ist und den armen Mann ins Dorf gebracht hat, und wir Frauen haben ihn wieder gesund gepflegt. Aber wir haben nie erfahren, wie er hieß und wo er herkam, denn die schweren Schläge hatten seine Sinne verwirrt. Er hat gesagt, irische Sklavenhändler hätten ihn gefangengenommen, sonst hat er keinen vollständigen Satz herausgekriegt. Das mußt du mir glauben, Master, denn es ist die reine Wahrheit. Gott ist mein Zeuge.»

Mein Retter sah nun ein, daß die Katze aus dem Sack war und sich die Sache nicht länger leugnen ließ, deshalb sagte er: «Wir haben das Pferd nicht gestohlen. Wir haben es im Wald gefunden. Es ist ganz allein herumgeirrt, gesattelt und mit vollem Zaumzeug, aber halb verhungert, das arme Tier. Wir wollten es dem Mann zurückgeben, von dem du sagst, daß er der Großvater deiner Braut ist, aber eines Tages, als gerade niemand da war, ist er einfach verschwunden. Hat sich in Luft aufgelöst. Das war im Hochsommer. Alles in allem wird er wohl drei oder vier Monde bei uns gewesen sein. Wir haben eine Versammlung der Dorfältesten abgehalten, und der Anführer meinte, wir sollten das Pferd behalten. Gott in seiner Güte hat es uns geschenkt, hat er gesagt, denn manchmal müssen wir schnell von einem Dorf zum nächsten kommen. Wenn eines der Kinder krank ist und unser Mütterchen kein wirksames Mittel weiß, können wir jemanden zum nächsten Bergwerk schicken, wo die kräuterkundige Frau vielleicht die rettenden Antwort kennt. In solchen Fällen ist es ein Gottesgeschenk, schnell reisen zu können. Wenn du uns das Pferd wegnimmst, tust du uns keinen Gefallen.»

«Ich habe nicht die geringste Absicht, euch das Pferd wegzunehmen», versicherte ich noch einmal. «Ich möchte es nur sehen, damit ich auch völlig sicher sein kann, daß es das Pferd ist, das in Bristol vermißt wird. Kannst du mich zur Hütte eures Anführers bringen?»

Während ich noch sprach, hatte draußen ein lautes Geklapper begonnen, als würden irgendwo zwei Holzstücke gegeneinander geschlagen. Ich vermutete, daß es das Zeichen für die Männer war, sich beim Schacht des Bergwerks einzufinden, damit sie in Körben hinuntergelassen werden und mit ihrer täglichen Arbeit beginnen konnten.

«Du hast noch nichts im Magen!» rief die Frau erschrocken.

«Gib mir einen Kanten Brot, den ich in die Tasche stecken kann», erwiderte er, «mehr brauche ich nicht.» Er musterte mich von oben bis unten. «Wenn es dir nichts ausmacht, hier zu warten, bis ich heute abend wiederkomme, bringe ich dich zu unserem Anführer, und wir werden hören, was er zu sagen hat. Wenn er dich für vertrauenswürdig hält und dir deine Geschichte glaubt, wird er dir das Pferd zeigen. Wenn nicht, wird er dich wegschicken, und du mußt unverrichteter Dinge nach Hause ziehen. Und laß dir bloß nicht einfallen, uns das Gesetz auf den Hals zu hetzen. Die Männer des Sheriffs haben ohnehin wenig Lust, sich mit uns anzulegen.»

Ich glaubte ihm aufs Wort.

Den größten Teil des Tages verbrachte ich zusammengerollt neben dem Feuer. Gelegentlich döste ich ein, doch meist saß ich stumm da und versuchte, die neu gefundenen Mosaikstücke so zusammenzusetzen, daß sie ein klares, vollständiges Bild ergaben. Ich glaubte jetzt zu wissen, was damals wirklich geschehen war, und auch die Beweggründe hinter den Ereignissen meinte ich zu kennen. Hamo und seine Schwester Gwynne spielten mit einfachem Spielzeug, das sie sich wohl selbst aus Abfällen zusammengebastelt hatten, auf dem Fußboden. Nach dem Mittagessen, bei dem wir die Reste des Eintopfs vom Vorabend verzehrten, setzte sich ihre Mutter, die den ganzen Vormittag über beschäftigt gewesen war, zu uns ans Feuer und ließ sich von den Kindern dazu überreden, von ihrem Großvater zu erzählen. Gemeinsam mit vielen anderen Bergleuten aus der Gegend war er vom großen Harry von Monmouth angeworben worden, nach Frankreich zu gehen und im Schatten der Stadtmauern von Harfleur nach Erz zu graben. Geheimnisvolle und wundersame Geschichten von fremden Ländern hatte er mitgebracht, als er nach vollendeter Tat nach Hause zurückgekehrt war.

«Wenn ich groß bin, fahre ich auch übers Meer», erklärte Hamo stolz.

«Du gehst ins Bergwerk, genau wie unser Vater», wies seine Schwester ihn in seine Schranken.

«Nein!»

«Doch!»

«Nein!»

«Doch!»

Sie stürzten sich aufeinander und balgten sich auf dem Fußboden wie junge Hunde, die sich anknurren und kratzen, ohne einander wirklich weh zu tun. Draußen wurde es den ganzen Tag über kaum heller, so dicht war das Geäst der Bäume über der kleinen Ansiedlung. Dunkel und dräuend standen die Bäume Wache über dem Dorf und schnitten es von der Außenwelt ab. Ich fragte mich, ob jemals Sonnenlicht bis nach unten drang. Man hatte das Gefühl, vollkommen abgeschieden zu sein.

Es war schon dunkel, als der Mann nach Hause kam. Nach der Arbeit unter Tage war er fast schwarz vor Schmutz. Doch sobald er mit uns Brot, gesalzenen Speck und Linsenbrei gegessen und seinen Kopf unter die Wasserpumpe gehalten hatte, war er bereit, sein Versprechen einzulösen und mich zur Hütte des Anführers zu bringen. Er nahm die Laterne und entzündete das Binsenlicht. Dann deutete er mit dem Kopf zur Tür und führte mich nach draußen.

Die Hütte des Anführers lag etwas abseits und war von einem eigenen, mit Pfählen abgesteckten kleinen Grundstück umgeben. Ansonsten glich sie jedoch in allem den anderen Hütten, allerdings sah ich im Innern ein richtiges Bett und ausgeblichene, mehrfach ausgebesserte Gobelinvorhänge. Ich hatte einen alten, in Ehren ergrauten Mann erwartet, doch der Anführer sah meinem Retter sehr ähnlich und hatte das gleiche, unbestimmbare Alter. Es war schwierig, das Alter eines Bergmanns einzuschätzen, denn ihre Arbeit schien ihrer Haut das Blut zu entziehen. Ihre Gesichter waren faltig und ihre Körperhaltung gebückt von all den Stunden, die sie zusammengekrümmt in den Schächten und Stollen verbrachten, um tief unter dem Waldboden Erz abzubauen. Ich bezweifelte, daß mein Retter mit seinen beiden kleinen Kindern mehr als fünfundzwanzig Lenze auf dem Buckel hatte, doch gemessen an seiner äußeren Erscheinung wirkte er doppelt so alt.

Wenn ich heute auf diese Erlebnisse zurückblicke, muß ich feststellen, daß mich an diesen Menschen am meisten beeindruckte, mit welcher Höflichkeit und Geduld sie mich bei sich aufnahmen. Man hätte meinen können, das harte Leben in den Wäldern habe sie so roh werden lassen, daß sie sich schließlich kaum noch von wilden Tieren unterschieden. Die strenge Ordnung innerhalb der Gemeinschaft der Bergleute hatte dies jedoch verhindern können, und ich wünschte, ich hätte ihnen damals mehr Respekt gezollt. Aber ich war zu jung und viel zu sehr mit meinen eigenen Gedanken beschäftigt, um über das harte Leben anderer Menschen, die es nicht so gut hatten wie ich, lange nachzudenken.

Mein Retter, dessen Namen ich, wie mir auffiel, noch immer nicht kannte, erklärte dem Anführer, welches Anliegen mich zu ihm geführt hatte, und der Anführer betrachtete mich eine Weile lang nachdenklich, ohne etwas zu sagen. Schließlich fragte er: «Und du schwörst, daß du uns das Pferd nicht wegnehmen und auch dem Sheriff in Gloucester nichts davon erzählen wirst? Wir brauchen nicht zu befürchten, daß er in den Wald kommt, unseren Frieden stört und nach dem Pferd sucht, um es zu beschlagnahmen?»

«Ich schwöre es», antwortete ich. «Bei der Mutter Gottes und allen Heiligen.»

Der Anführer nickte zufrieden und erhob sich von seinem Stuhl. «Ich muß ganz sicher gehen. Es ist ein sehr wertvolles Tier, eine Zierde für den Stall jedes Edelmannes.» Er wandte sich an meinen Retter. «Du hast das Licht, Hamar, du kannst uns nach draußen führen.»

Hamo, Hamar, Gwynne, Gwyn Gwynson... Während ich Hamar nach draußen folgte, dachte ich, wie sehr sich die Namen der Dorfbewohner doch glichen. Vermutlich hatten sie über viele Jahrhunderte hinweg immer die gleichen Namen benutzt, und aufgrund des Namens ließ sich leicht bestimmen, zu welchem Dorf im Wald sie gehörten. Die Abendluft war unangenehm kalt, denn ich hatte meinen Mantel in Hamars Hütte gelassen. Das Gras unter unseren Füßen war glitschig und naß. Ich fragte mich, wie ein so edles, an einen bequemen Stall gewöhntes Tier wohl in dieser einfachen Umgebung zurechtkommen mochte. Aber der Braune wirkte, als ich ihn endlich sah, völlig zufrieden und wieherte vergnügt, als der Anführer auf ihn zuging und ihn streichelte. Die Waldbewohner hatten zwischen den Bäumen aus Zweigen und Lehm einen einfachen Stall errichtet und das feste Dach mit Pech bestrichen. Eine kniehohe Schicht Stroh lag auf dem Boden, so daß die Knöchel des Pferdes stets warm blieben. Aus einer einfachen Futterkrippe und einem hölzernen Trog mit frischem Quellwasser konnte es seinen Durst und seinen Hunger stillen, und mehrere Decken aus Sackleinen schützten es gegen die Kälte des Winters. Seine Augen waren klar, sein Fell glänzte – es ging ihm gut, und es wurde liebevoll umsorgt.

Ich zweifelte keinen Augenblick daran, daß es sich tatsächlich um Edward Herepaths vermißtes Pferd handelte. Es war hellbraun, hatte schwarze Flecken und eine Blesse zwischen den Nüstern. Es war mit William Woodward in den Wald gekommen und von den Waldbewohnern für ihn gepflegt worden, bis William eines Tages, von einer inneren Regung getrieben, das Dorf verlassen hatte und – wie ein Tier, das in seine Höhle kriecht, um dort zu sterben – zu Fuß nach Bristol gewandert war. Sein armer, verwirrter Verstand hatte all das jedoch vergessen. Er erinnerte sich nur noch an das, was man ihm offenbar mit Gewalt eingebleut hatte: daß er von Sklavenhändlern gefangengenommen und nach Irland gebracht worden war.

Und wie ein Kind, das eine einmal auswendig gelernte Geschichte ständig wiederholt, hatte auch er sich an diese Worte geklammert.

«Erkennst du das Pferd?» fragte mich der Anführer der Waldbewohner.

Ich erschrak. Über den Gedanken an William Woodward hatte ich ihn einen Augenblick lang fast vergessen. «J-ja, das muß es sein», stammelte ich. «Ich kenne es zwar nur vom Hörensagen, aber ich bin mir sicher, daß es das Pferd ist, das ich gesucht habe. Ich danke dir, daß du es mir gezeigt hast. Ich werde euch nicht weiter belästigen.»

«Kann ich dir sonst noch irgendwie helfen?» fragte der Anführer.

«Ja», erwiderte ich. «Ich würde gern mit Gwyn Gwynson sprechen, dem Mann, der, wie ich gehört habe, William Woodward im Wald gefunden hat.»

Der Anführer nickte. «Gwyn hat den Fremden gefunden, und seine Frau hat ihn gepflegt, bis er wieder genesen war. Nur sein Verstand hat sich leider nie wieder erholt. Hamar wird dich zu seiner Hütte bringen und Gwyn sagen, daß er die Erlaubnis hat, dir alles so zu berichten, wie es sich zugetragen hat.»

Ich dankte ihm und folgte Hamar über den grasbewachsenen Dorfplatz zu Gwyn Gwynsons Hütte. Innen war sie genauso eingerichtet wie Hamars Heim, allerdings hatte die Familie nicht zwei, sondern vier Kinder, drei Jungen und ein Mädchen, die alle schon etwas älter waren als Hamo und Gwynne. Als wir eintraten, schlug uns der gleiche strenge Geruch nach Schweinen und Ziegen, beißendem Rauch und menschlichem Schweiß entgegen. Die Familie hatte gerade ihr Nachtmahl beendet und hockte dicht zusammengedrängt vor dem Feuer, um sich vor dem Zubettgehen noch einmal richtig durchzuwärmen. Als sie Hamar in Begleitung eines Fremden in die Hütte treten sahen, leuchteten die Augen der Familienmitglieder neugierig auf. Noch aufgeregter wurden sie, als Hamar ihnen erklärte, worum es sich handelte und daß der Anführer ihnen die Erlaubnis gegeben hatte, mir alles zu sagen, was sie wußten. Eine solche Ablenkung wäre ihnen auch zu jeder anderen Jahreszeit hochwillkommen gewesen – mitten im Winter waren sie doppelt erfreut.

Sie rückten zur Seite, um für Hamar und mich Platz am Feuer zu machen, das sie schnell mit ein paar frischen Holzstücken zu neuem Leben erweckten. Gwyns Frau holte für jeden von uns einen Becher dunkles, bitteres Ale, das sie aus Gamander gebraut hatte. Erst als auf diese Weise dem Gebot der Gastfreundschaft Genüge getan war, begann Gwyn, mir seine Geschichte zu erzählen und auf meine Fragen zu antworten.

Es sei im vorigen Jahr gewesen, sagte er, im Frühjahr, am Tag nach Mariä Verkündigung, als er ein Stückchen weiter im Wald plötzlich über einen schwer verwundeten Mann gestolpert sei. «Wenn ich ihn nicht gefunden hätte, wäre er ganz bestimmt gestorben. Er hatte eine schwere Wunde am Kopf.»

«Er war völlig blutverschmiert», bestätigte seine Frau, «vor allem am Nacken und an den Schultern. Zuerst dachte ich, seine Kleider wären nicht mehr zu retten, dann habe ich sie aber doch sauber bekommen. Es war ein hartes Stück Arbeit.»

Ihr Mann wandte sich ärgerlich zu ihr um und wollte ihr das Wort abschneiden, aber ich fragte sie: «Was für Kleider hatte er an?»

«Er trug die Kleider eines Gentleman. Deshalb waren sie auch so schwer in Ordnung zu bringen.»

«Kannst du die Kleider beschreiben? Die Farbe, den Stoff.»

«Samt. Das Wams war aus Samt und die Hose aus feiner Wolle. Der Mantel war mit Fell gefüttert. Der Umhang und die Kapuze waren innen dunkelrot, daran erinnere ich mich noch genau, und das Wams war dunkelgelb.»

«Und du sagst, du hättest die Blutflecken herausbekommen? Das muß sehr schwierig gewesen sein. Wie hast du es geschafft?»

Die Frau zuckte mit den Schultern. «Blut läßt sich nicht leicht auswaschen, vor allem wenn die Flecken alt sind. Aber diese waren noch ganz frisch. Als mein Mann den Fremden heimbrachte, habe ich die Kleider sofort in kaltem Wasser eingeweicht.»

Hier unterbrach sie ihr Ehemann, dem es offenbar nicht paßte, so lange von der Unterhaltung ausgeschlossen zu sein, und bemühte sich, meine Aufmerksamkeit wieder auf sich zu lenken. «Er ist erst kurze Zeit vorher verwundet worden. Als ich ihn fand, war das Blut noch nicht einmal trocken. Wäre ich ein paar Augenblicke früher gekommen, hätte ich den Angreifer vielleicht noch gesehen. Und wenn ich mich verspätet hätte, wäre er ganz bestimmt schon tot gewesen.»

«Was wäre geschehen, wenn er im Wald gestorben wäre?»

Gwyn Gwynson zuckte mit den Schultern. «Die wilden Tiere hätten ihn sich geholt. Es heißt zwar, es gäbe keine Wölfe mehr in dieser Gegend, aber ich habe schon welche zwischen den Bäumen hin und her schleichen sehen.»

Die Frau und Hamar nickten zustimmend, und Gwyn Gwynson fuhr fort: «Auch Leichen, die bis auf die Knochen abgenagt waren, habe ich schon gesehen. Niemand kann mir erzählen, daß das nicht das Werk der Wölfe war.»

«Und wenn man trotzdem die Leiche des Fremden gefunden hätte?» bohrte ich weiter. «Wäre der Sheriff eingeschritten und hätte die Sache verfolgt?» Meine Worte stießen auf verständnislose Blicke. «Hätte der Sheriff seine Männer ausgeschickt, um den Mörder zu finden?»

Die Waldbewohner schüttelten die Köpfe, und Hamar erklärte mir: «Im Wald gibt es immer eine Menge Wegelagerer und Diebe. Solche Morde kommen viel zu häufig vor, als daß der Sheriff darauf seine Zeit verschwenden würde.»

«Wenn Gwyn also nicht zufällig über den Großvater meiner Braut» – wie fremd dieses Wort noch in meinen Ohren klang! – «gestolpert wäre, hätte der Mord keine Spuren hinterlassen?»

«Gut möglich», nickte Hamar.

«Der Fremde hatte ja auch nichts bei sich, was über seine Herkunft hätte Aufschluß geben können», sagte Gwyn und fragte dann gespannt: «Der alte Mann ist also zu Hause angekommen? Wußte er, wo er gewesen war?»

«Ja, er ist zu Hause angekommen», erwiderte ich. «Aber er hat gesagt, er sei von Sklavenhändlern gefangengenommen und nach Irland verschleppt worden.»

«Genau das hat er uns auch immer wieder gesagt. Ergibt das für dich einen Sinn, Master?»

«Vielleicht», antwortete ich, ohne mich festlegen und weitere Fragen auslösen zu wollen, und wechselte das Thema. «Gibt es viele Ketzer hier im Wald?»

Ich hatte sie absichtlich mit dieser Frage überrumpeln wollen, weil ich hoffte, auf diese Weise jedes noch so kleine Zeichen des Eingeständnisses in Ruhe beobachten zu können. Und meine Methode hatte Erfolg, denn obwohl sie heftig jegliche Verbindung zu den Lollarden bestritten, sah ich, wie sie einander beunruhigte Blicke zuwarfen. Ich versuchte die Sache zu überspielen: «Ich frage nur, weil mir ein Mann in Gloucester erzählt hat, im letzten Jahr seien auf dieser Seite des Severn drei Lollardenprediger verhaftet worden. Die Ketzerei scheint sich inzwischen wohl auch in Wales auszubreiten.»

«Wir mischen uns nicht in die Angelegenheiten anderer Leute ein», sagte Hamar schroff und erhob sich von seinem Platz am Feuer. Unser Gespräch war beendet, und ich selbst hatte dieses Ende herbeigeführt, indem ich Interesse an Dingen gezeigt hatte, die mich nichts angingen. Nach ihren Grundsätzen war Neugier eine unverzeihliche Sünde. Solange sich meine Fragen auf den Großvater meiner Braut beschränkten, erwiesen sie mir Gastfreundschaft und beantworteten meine Fragen nach bestem Wissen und Gewissen. Doch sobald es um ihre Angelegenheiten ging und ich Themen wie ihre religiöse Überzeugung berührte, sahen sie keinen Grund mehr, mir weiter gefällig zu sein. Höflich wünschten sie mir eine gute Nacht und nahmen kühl meinen Dank entgegen, doch obgleich es mir leid tat, daß mein Abschied unter einem so schlechten Stern stand, bereute ich meine Frage keineswegs, denn ich hatte eine Antwort erhalten, die mir entscheidend weiterhalf. Ich folgte Hamar in seine Hütte und streckte mich auf meinem Lager aus, wohl wissend, daß er damit rechnete, daß ich am nächsten Morgen in aller Frühe meiner Wege ging.

19

Meine Heimreise dauerte nur zwei Tage, da ich meine Waren nicht wieder aufgestockt und folglich auch nichts zu verkaufen hatte. Als ich die kleine Bergwerkssiedlung im Wald am Sonntagmorgen verließ, hätte ich zurück nach Gloucester gehen und auf dem dortigen Markt meine Geschäfte wiederaufnehmen können. Doch ich hatte damals nur eines imSinn: Ich wollte so schnell wie möglich nach Bristol zurück und dem Mörder William Woodwards entgegentreten. Auch spürte ich bei dem Gedanken, Lillis wiederzusehen, eine gewisse freudige Erregung – ein Gefühl, das ich vor vier Wochen noch nicht für möglich gehalten hätte.

Die zweite Nacht meiner Heimreise verbrachte ich auf dem Heuboden eines Bauernhofes, und da ich vor Tau und Tag schon wieder auf den Beinen war und kräftig ausschritt, sah ich die Stadtmauern Bristols schon am späten Vormittag vor mir liegen. Als ich durch das Frome-Tor ging, schlug mir heitere Feiertagsstimmung entgegen. Beschämt fiel mir ein, daß der zweite Februar, also Mariä Lichtmeß war – der Tag im Kirchenjahr, der an Jesu Darstellung im Tempel erinnerte. Der Bürgermeister und alle Mitglieder der städtischen Gilden würden in einer langen Prozession mit brennenden Kerzen durch die Straßen ziehen. Die großen Häuser waren mit Bildteppichen und flatternden Bannern geschmückt, und alles war voller Licht und Freude.

Die Lollarden allerdings würden sich unter irgendwelchen Vorwänden von den Feiern fernhalten, würden eine Krankheit vorschützen, auf ein krankes Kind verweisen, das sie nicht allein lassen konnten, oder sonst einen triftigen Grund erfinden. Unter den Webern in Redcliffe würde es an diesem Tage viele Kranke geben, denn die Lollarden glaubten nicht an die symbolische Darstellung des Herrn als Licht der Welt durch die brennenden Kerzen. Und während ich die Broad Street hinaufging, fiel mir schuldbewußt ein, daß ich einmal einem Mann mein Ohr geliehen hatte, der Mariä Lichtmeß für nichts anderes hielt als die alte römische Sitte, zu Ehren der heidnischen Göttin Februa, der Mutter des Mars, Kerzen zu entzünden, um die bösen Geister zu vertreiben. Ich bekreuzigte mich und eilte weiter.

Am Ende der Broad Street hielt ich inne, denn mir war plötzlich eingefallen, was mir Margaret Walker einmal erzählt hatte. Ich wandte mich nach rechts und noch einmal nach rechts, bis ich mich in der schmalen Gasse hinter den Häusern der Small Street befand. Langsam ging ich die Gasse hinunter, bis ich fast in der Bell Lane war. Am drittletzten Tor hielt ich an, schob den Riegel zur Seite und trat in Edward Herepaths Garten.

Zum Glück war ich allein, so daß ich mich in Ruhe umschauen konnte. Nachdenklich betrachtete ich das kleine Steinhäuschen und ließ dann den Blick über das restliche Grundstück schweifen. Schließlich sah ich in einer Gartenecke, was ich gesucht hatte: dicke, rotfleckige Stengel, auf denen im Sommer große, weiße Blüten wuchsen.

So leise, wie ich eingetreten war, schlich ich mich wieder hinaus und schloß das Gartentor hinter mir. Nachdem sich auch dieser Verdacht bestätigt hatte, hob sich meine Stimmung beträchtlich. Die festliche Atmosphäre in der Stadt tat ihr übriges, um mich auf meinem Weg nach Redcliffe noch weiter aufzumuntern. Trotz der Eiseskälte waren die Menschen gutgelaunt und riefen sich freundliche Grüße zu. Selbst auf der anderen Seite der Brücke war die Festtagsstimmung zu spüren. Überall standen die Webstühle und Spinnräder still.

Als ich in Margaret Walkers Hütte trat, hatte ich das Gefühl, nach Hause zu kommen. Nichts hatte sich verändert – ja, fast hatte es den Anschein, als wäre ich nie fortgewesen. Margaret rührte in einem Topf, der über dem Feuer hing, und auf dem Tisch lag ein Laib Brot, das Lillis gerade vom Bäcker geholt hatte. Sie hatte noch den Mantel an und war dabei, ihre Holzpantinen auszuziehen. Beide Frauen schauten zur Tür, als ich eintrat, und einen kurzen Augenblick spiegelte sich ungläubiges Staunen in ihren Gesichtern. Dann stieß Lillis einen Freudenschrei aus und warf sich in meine Arme. «Du bist zurückgekommen!» rief sie aus, klammerte sich heftig an mich und weinte.

«Aber ich habe es doch versprochen», erwiderte ich. «Hast du denn an meinen Worten gezweifelt?»

«Wir wußten nicht, was wir glauben sollten», sagte Margaret ernst, und in ihrer Stimme klang ein Vorwurf mit, der mich fragend aufsehen ließ. «Lillis erwartet ein Kind.»

Lillis hob den Kopf, den sie an meine Brust geschmiegt hatte. «Mutter!» protestierte sie. «Nicht jetzt.»

«Irgendwann muß er es erfahren», beharrte Margaret. «Und je eher er davon weiß, desto besser.» Sie sah mir in die Augen. «Du wirst sie heiraten müssen. Ich werde nicht zulassen, daß man sie als Dirne beschimpft.»

«Aus diesem Grund bin ich ja zurückgekehrt», sagte ich. «Obgleich ich von dem Kind nichts wußte.» Doch während ich noch sprach, verließ mich mein Mut, und ich fühlte mich niedergeschlagen. Es ist ein großer Unterschied, ob man etwas aus freien Stücken tut oder durch Pflichterfüllung dazu gezwungen wird. Das alte Gefühl, in einer Falle zu sitzen, beschlich mich von neuem. Ich küßte Lillis kurz auf die Wange und überhörte ihre Freudenschreie.

Die strengen Gesichtszüge ihrer Mutter entspannten sich, und sie seufzte erleichtert auf. «Ich bin froh, dich das sagen zu hören, Roger. Setz dich, setz dich. Du mußt müde sein von der langen Reise. Iß erst einmal was, und dann erzählst du uns von deinen Abenteuern.» Sie füllte Eintopf in eine Schüssel.

Ich legte den Mantel ab und stellte meine Keule und mein Bündel in die gewohnte Ecke. Dabei schoß mir der Gedanke durch den Kopf, daß ich hier tatsächlich zu Hause war und anfing, häusliche Gewohnheiten anzunehmen. Die Wände schienen noch ein wenig enger heranzurücken, aber ich beantwortete ihre Fragen so freundlich wie möglich und erkundigte mich ausgiebig nach Lillis' Gesundheit. Sie schien regelrecht aufgeblüht zu sein, und Margaret sagte, es habe nur meiner Wiederkehr bedurft, um sie vollends glücklich zu machen. Ich bezweifelte es nicht und mühte mich redlich, mit der veränderten Lage zurechtzukommen. Als wir gegessen hatten und das Geschirr abgespült und wieder weggeräumt war, setzten wir uns ans Feuer. Lillis, die sich für nichts anderes mehr interessierte, wollte am liebsten sofort Pläne für unsere Hochzeit schmieden, doch Margaret, die durch die Beteuerung meiner ernsten Absichten völlig zufriedengestellt war, beharrte darauf, meinen Reisebericht zu hören und zu erfahren, was ich über das Schicksal ihres Vaters herausgefunden hatte.

«Und bist du jetzt schlauer?» fragte sie mich.

Ich nickte. «Ich weiß jetzt, wo dein Vater war, und ich glaube auch zu wissen, warum er dort war. Außerdem habe ich herausgefunden, wer ihn dort hingeschickt hat und warum sein Leben in Gefahr geraten war.»

Margaret Walker dachte einen Augenblick lang nach, dann nickte sie. «Jemand hat meinem Vater nach dem Leben getrachtet? Ja, ich glaube, insgeheim habe ich das schon immer gewußt. Seine Wunden waren viel tiefer gewesen, als ein gewöhnlicher Dieb sie jemandem schlagen würde, den er ausrauben will. Und ein irischer Sklavenhändler wäre mit seinem Opfer, das er anschließend zu einem vernünftigen Preis losschlagen will, ebenfalls glimpflicher umgesprungen. Du meinst, der Mörder hat ihn in der Annahme zurückgelassen, daß er tot sei?» Sie begriff, daß mir auf meiner Reise tatsächlich ein Durchbruch gelungen war, und sah mich aufgeregt an. «Du bist nach Gloucester gereist, um zu prüfen, ob Master Herepath tatsächlich dort gewesen ist. Und, was hast du herausgefunden?»

«Alles», sagte ich. «Wenn ihr bereit seid, mir in Ruhe zuzuhören, werde ich es euch der Reihe nach erzählen. Aber zuerst möchte ich euch bitten, mir noch eine Frage zu beantworten. Ihr habe gesagt, Cicely Ford habe deinem Vater, als sie ihn nach seiner Rückkehr besuchte, Suppe mitgebracht. Hat er sie gegessen?»

Lillis schnaubte verächtlich. «Beim erstenmal hat er noch davon gekostet. Aber dann hat er sich beschwert und gesagt, sie würde bitter schmecken. Sie war tatsächlich bitter. Man sollte meinen, daß ein reicher Mann wie Edward Herepath sich eine bessere Köchin leisten kann. Selbst ich könnte eine schmackhaftere Brühe zubereiten.» Die letzte Bemerkung wertete ich als schlechte Nachricht für meinen Magen und hoffte inständig, daß Margaret auch nach unserer Hochzeit die Herrschaft über die Kochtöpfe behalten würde.

Margaret ahnte wohl, was in meinem Kopf vorging, und warf schnell ein: «Irgend etwas stimmte mit der Suppe nicht. Vielleicht war das Fleisch verdorben gewesen. Ich nehme an, die Köchin hatte die Anweisung, nicht die besten Zutaten zu verwenden, denn es war nur Cicely Fords Barmherzigkeit zuzuschreiben, daß sie uns überhaupt etwas zu essen brachte. Schließlich hatten weder sie noch Master Herepath irgendeinen Grund, meinen Vater zu mögen, auch wenn man ihn für das, was geschehen war, nicht verantworlich machen konnte.»

Ich schüttelte den Kopf. «Das Fleisch war nicht verdorben, und der Koch wußte auch längst nicht über alle Zutaten der Suppe Bescheid. Jetzt hört mir gut zu, und ich werde euch erzählen, was meiner Meinung nach tatsächlich mit Master Woodward geschehen ist...»

Es war weit nach Mittag, als ich schließlich vor die Hütte trat, eine völlig benommene und erschütterte Margaret Walker zurücklassend, die sich immer noch weigerte, die Wahrheit zu glauben. Lillis war einfacher zu überzeugen gewesen, denn trotz ihres in vieler Hinsicht noch recht kindlichen Gemüts war sie eher bereit, auch an die böse Seite der menschlichen Natur zu glauben. Sie verstand die tiefergehenden Gefühle von Gier, Haß und Neid, weil sie selbst ein Opfer dieser Gefühle war und sich daher vorstellen konnte, daß auch andere Menschen von ihnen heimgesucht wurden.

Als ich wieder in die Stadt ging, wurden gerade die Kerzen entzündet, und die Prozessionen formierten sich. Die Bürger der Stadt versammelten sich in ihren verschiedenen Kirchen: die Weber in der Kirche ihrer Schutzheiligen, der Heiligen Katharina, in der Temple Street; die Kalandsbrüder, die Kranke pflegten, Messen für die Toten lasen und die guten Taten in der Stadt verzeichneten, in der Allerheiligenkirche; die reichen Kaufleute im Gotteshaus von St. Ewen. Doch es gab einen reichen Kaufmann, von dem ich annahm, daß er, wenn es nur irgend ging, an diesem Tag zu Hause blieb, um sich die Pracht und den Prunk zu ersparen, die, um mit John Wycliffe zu sprechen, «den Geist von der Verehrung Gottes ablenkten».

Diesmal näherte ich mich Edward Herepaths Haus von vorn und wurde mit dem Anblick von Cicely Ford und ihrer Gesellschafterin, Dame Freda, belohnt, die gerade in dem Moment auf die Small Street traten, als ich um die Ecke kam. Beide hielten eine brennende Kerze in der einen und ein Meßbuch in der anderen Hand.

«Master Chapman!» Cicely sah mich traurig lächelnd an. «Zu welcher Kirche eilst du?» Das entrüstete Gesicht ihrer Begleiterin wie immer übersehend, fügte sie hinzu: «Willst du uns nicht begleiten?»

«Ich fürchte, ich muß Eure Einladung abschlagen», sagte ich, wobei ich mich höflich verbeugte und nicht ohne Wehmut daran

dachte, daß eine solche Aufforderung mein Herz noch vor weni-
gen Wochen hätte höher schlagen lassen. «Ich habe noch etwas
Dringendes zu erledigen. Master Herepath kommt nicht mit
Euch?»

«Nein, es geht ihm nicht gut. Ich fürchte, das Essen ist ihm
nicht bekommen.»

«Und Master Avenel?»

Cicely lachte. «Er hätte uns gern begleitet, aber ich habe sein
Angebot abgelehnt.» Dame Freda schnaubte wütend, und Cicely drehte sich zu ihr um. «Dame Freda, ich weiß, Ihr findet
mein Verhalten in dieser Hinsicht unvernünftig, aber glaubt
mir, es ist nur zu seinem Besten. Es wäre nicht recht von mir,
Robin irgendwelche falschen Hoffnungen zu machen.»

Die ältere Frau schien den Tränen nahe. «Ach, Herrin, wenn
Ihr doch bloß von dieser törichten Vorstellung lassen könntet,
einem Nonnenorden beizutreten! Ich kann nur hoffen, daß Master Herepath es Euch strengstens verbieten wird, wenn er davon erfährt.»

Cicely seufzte. «Armer Edward. Ich weiß, es wird ihn hart
treffen. Aber auch er wird mich nicht davon abbringen können.
Leb wohl, Master Chapman. Wenn wir uns nicht beeilen, kommen wir noch zu spät.»

Ich sah ihnen nach, bis sie in die Corn Street eingebogen waren. Dann ging ich zu Edward Herepaths Tür und verlangte
klopfend Einlaß. Mein Begehr wurde zunächst nicht beachtet,
daher versuchte ich es ein zweites Mal mit ein wenig mehr
Nachdruck. Nach einer Weile wurde die Tür entriegelt, und Edward Herepath höchstpersönlich erschien auf der Schwelle. Ich
war nicht allzu überrascht, weil ich mir schon gedacht hatte, daß
die Dienerschaft an diesem Tag entlassen worden war, um in die
Kirche zu gehen und an den Prozessionen teilzunehmen.

Er sah mich verwundert an. «Was willst du?» fragte er ärgerlich. «Wir beide haben uns nichts mehr zu sagen.»

Er wollte mir die Tür vor der Nase zuschlagen, aber ich schob schnell meinen Fuß dazwischen. «Ich glaube, daß wir uns eine ganze Menge zu sagen haben, Master Herepath. Habt Ihr Euch nie gefragt, wo William Woodward all die Monate über gewesen ist? Nun, ich kann es Euch erzählen.»

Ich sah, wie seine Hand auf dem Türriegel zitterte. Sein Gesicht, das trotz seiner angeblichen Erkrankung bis eben noch recht gesund ausgesehen hatte, wurde aschfahl. Seine Augen verengten sich und starrten mich ungläubig an. Offenbar überlegte er angestrengt, ob es mir mit dem, was ich gesagt hatte, wirklich ernst war. Würde er es wagen, mich einfach fortzuschicken? Oder würde seine natürliche Neugier Oberhand gewinnen? Nach einer Weile öffnete er die Tür und bat mich herein.

Ich folgte ihm durch die Halle mit den kräftigen roten, grünen und blauen Tapeten ins Herrenzimmer, wo das grüne Samtkissen am Fensterplatz im Schein des Feuers erglühte und sich die Flammen der Kerzen in dem polierten Deckel der Fichtentruhe spiegelten. Alles war so wohnlich und anheimelnd, wie ich es von meinem ersten Besuch in Erinnerung hatte.

Edward Herepath warf sich in seinen Armsessel, bot mir aber keinen Platz zum Sitzen an. «Nun?» fragte er gereizt. «Was soll der Unsinn? Du ermüdest mich, also fasse dich kurz.»

«Also, gut», erwiderte ich. «Ihr habt Euren eigenen Bruder so sicher ermordet, als hättet Ihr ihm selbst den Strick um den Hals gelegt. Ihr selbst habt dafür gesorgt, daß William Woodward spurlos verschwand und es den Anschein hatte, als hätte Euer Bruder ihn umgebracht. Ist das kurz genug?»

Er starrte mich an, als ob ich den Verstand verloren hätte, dann warf er den Kopf zurück und lachte. «Scher dich aus meinem Haus!» befahl er. «Ehe ich die Wache rufe und dich ins Gefängnis werfen lasse!»

Er war ein guter Schauspieler, und er hätte mich fast überzeugt, wäre da nicht dieses unruhige Zucken um seine Mundwinkel gewesen. Im Innersten seines Herzens hatte er Angst, und er war unfähig, diese Tatsache völlig zu verbergen. Ich ließ nicht locker.

«Ihr habt auch William Woodward umbringen wollen», fuhr ich fort, «aber das ist Euch mißlungen. In der Annahme, daß er tot sei, habt Ihr ihn im Wald zurückgelassen. Ein Bergmann hat ihn gerade noch rechtzeitig gefunden, mit nach Hause genommen und gesund gepflegt – jedenfalls so gesund, wie es in seinem Zustand möglich war. Sein Verstand hat sich nie ganz erholen können. Trotzdem konntet Ihr in den wenigen Monaten, die ihm noch blieben, nie ganz ruhig sein. Ihr hattet schreckliche Angst, daß er wieder zu Verstand kommen und die ganze Wahrheit herausposaunen könnte.»

«Welche Wahrheit?» spottete Edward Herepath. «Er hat den Männern des Sheriffs erzählt, er sei von Sklavenhändlern gefangengenommen und nach Irland verschleppt worden, durch einen glücklichen Zufall aber ein paar Monate später wieder entkommen. Ich weiß, daß viele diese Geschichte bezweifelt haben, mir dagegen kam sie nie so ganz unwahrscheinlich vor. Jedenfalls wurde mein armer, unglücklicher Bruder in der Zwischenzeit für eine Tat gehängt, die er nicht begangen hat. Aber ich weiß nicht, wen man dafür verantwortlich machen könnte. Niemand hat seinen Unschuldsbeteuerungen geglaubt. Das Geld, das William Woodward an Mariä Verkündigung für mich eingetrieben hatte, befand sich in seinem Besitz. Die Geldbeutel und sein Wams waren blutverschmiert. Und ein paar Tage später haben dann auch noch ein paar Tuchspannerkinder Williams blutbefleckten Hut aus dem Frome gezogen.» Er lachte hämisch. «Du willst doch nicht etwa behaupten, daß William all das selbst eingefädelt hat?»

«Doch, genau das behaupte ich. Allerdings handelte er nach Eurer Anleitung und mit Eurer Unterstützung. Natürlich konntet Ihr Euren Bruder nicht zwingen, das Geld zu stehlen, das gebe ich zu. Aber das war auch das einzige Wagnis in Eurem sonst so gerissenen Plan. Doch angesichts des schwachen Charakters Eures Bruders, der Tatsache, daß er keine Skrupel kannte und ständig verschuldet war, hielt sich dieses Wagnis durchaus in Grenzen. Mistress Walker hat mir erzählt, Ihr selbst hättet zugegeben, Eurem Bruder gesagt zu haben, daß William das Geld bis zu Eurer Rückkehr aus Gloucester in seinem Haus in der Bell Lane aufbewahren sollte.» Diesmal war es an mir, höhnisch zu lachen. «Ihr trefft also eine umständliche Verabredung mit Eurem Mieteintreiber, die Ihr damit begründet, daß sich Euer Bruder und Euer Geld während Eurer Abwesenheit unter gar keinen Umständen unter ein und demselben Dach befinden sollen, und dann erzählt Ihr Eurem Bruder, wo er das Geld finden kann? Das kam mir von Anfang an verdächtig vor. Nur ein Narr hätte so gehandelt, und ein Narr seid Ihr mit Sicherheit nicht.»

Edward Herepath sprang plötzlich so behende auf, wie ich es von einem Mann seiner Statur niemals erwartet hätte. Sein Angriff traf mich unvorbereitet, ich verlor das Gleichgewicht, fiel auf den Rücken und wurde sofort von Edward Herepaths schwerem Körper zu Boden gedrückt. Seine Finger tasteten nach meiner Kehle, während ich verzweifelt darum rang, meine Hände freizubekommen. Er hatte bereits begonnen, mit aller Kraft zuzudrücken, als ich es endlich schaffte, ihn abzuwerfen. Doch ehe ich noch auf die Beine kam, griff er schon wieder an. Seine mörderischen Absichten standen ihm jetzt offen ins Gesicht geschrieben. Er hatte Zeit genug gehabt, um zu begreifen, daß ich zuviel wußte und mindestens einen Zeugen kannte, der William Woodward in der Zeit um Mariä Verkündigung in der Nähe von Gloucester gesehen hatte. Und dieser eine Zeuge reichte unter Umständen aus, um die Saat des Zweifels in die Köpfe der Bristoler Bürger zu streuen. Deshalb wollte er unbedingt verhindern, daß ich meine Geschichte weitererzählte, und mein Tod war die einzige Möglichkeit, mir für immer den Mund zu verschließen. Wie ich inzwischen wußte, verfügte er durchaus über andere, ausgefeiltere Mittel, andere in den Tod zu

schicken, aber in meinem Fall hätten sie ihren Zweck nicht erfüllt. Er mußte so tun, als hätte er mich aus Notwehr umgebracht, und da wir beide allein waren, hätte er dem Sheriff jede
beliebige Geschichte erzählen können.

Wieder tastete er nach meiner Kehle, doch diesmal war ich
vorbereitet und rollte mich zur Seite, hielt mich am Deckel der
Truhe fest und zog mich auf die Beine. Auch Edward Herepath
sprang auf, holte aus und zielte mit der Faust auf mein Kinn.
Zum Glück erkannte ich rechtzeitig seine Absicht und warf den
Kopf zurück, so daß er mein Gesicht nur streifte. Er verlor das
Gleichgewicht, streckte eine Hand aus, um mich mit sich zu reißen, und wenig später lagen wir wieder auf dem Boden und
rangen um unser Leben.

Hätte er ein Messer bei sich gehabt, hätte er es ohne Bedenken
gegen mich zum Einsatz gebracht, und es war mein Glück, daß
er nicht bewaffnet war. Edward Herepath war ein starker Mann
– zwar nicht so stark wie ich, wenn ich bei voller Gesundheit
war, doch ich war durch meine Krankheit und die Wanderung
nach Gloucester noch immer geschwächt und nicht im Vollbe-
sitz meiner Kräfte. Er hatte den Vorteil, daß er meinen Tod jederzeit hätte erklären können. Meine Rettung dagegen lag einzig
und allein darin, ihn lebend zu überwältigen.

Als ich spürte, wie meine Glieder langsam schwächer wurden, bekam ich es mit der Angst zu tun. Meine Sinne schwanden, mein Körper war schweißüberströmt. Schon ahnte mein
Widersacher seinen bevorstehenden Sieg. In einer letzten Kraft-
anstrengung gelang es ihm, sich auf mich zu rollen und ein Knie
auf meine Brust zu setzen. Verzweifelt umklammerte ich seine
Handgelenke, doch er spreizte die Finger und kämpfte sich
Stück für Stück zu meiner Kehle vor. Nur noch wenige Minuten, und seine Daumen würden mir die Luft abdrücken...

Da ging die Tür auf, und eine entsetzte Stimme schrie: «Hört
sofort auf! Hört auf damit! Was geht hier vor? Edward! Roger!
Steht sofort auf!»

20

Edward Herepaths Arme erschlafften, und sein Griff lockerte sich. Mit einer einzigen Bewegung warf ich ihn ab und kam mühsam auf die Beine. Ich sah, wie sich seine Augen vor Entsetzen weiteten, als er Cicely Ford in der Tür stehen sah. Ich hielt mich an der Truhe fest und rang nach Atem.

Cicely schloß die Tür hinter sich und trat in den Raum. Sie hielt noch immer das Meßbuch in der Hand, nur die Kerze hatte sie offenbar zurückgelassen. Sie sah blaß aus, wirkte aber gefaßt.

«Ich habe also recht behalten», sagte das Mädchen. «Ich wurde einfach das Gefühl nicht los, daß irgend etwas nicht stimmte. Ich konnte es weder Dame Freda noch mir selbst erklären und habe versucht, es irgendwie abzuschütteln. Aber als wir am Portal der Kirche angekommen waren, mußte ich umdrehen und nach Hause zurückkehren. Edward, was ist passiert? Und Master Chapman, was machst du hier? Als wir uns vorhin trafen, hast du nicht erwähnt, daß du etwas mit meinem Vormund zu besprechen hast.»

Edward Herepath war inzwischen aufgestanden und hatte wieder in seinem Sessel Platz genommen. Er schwitzte, und sein Gesicht war bleich vor Angst, aber er war weit davon entfernt, seine Niederlage einzugestehen. Er lachte höhnisch. «Du tust gut daran, den Hausierer zu fragen, was er hier macht! Er ist hergekommen, um mich zu verleumden und mich des Mordes an meinem eigenen Bruder anzuklagen.»

«Robert?» Cicely stockte der Atem, als sie seinen Namen aussprach. «Aber er ist nicht ermordet worden. Er wurde gehängt.

Gehängt...» Sie wiederholte das Wort, als würde sie sich zum erstenmal seiner ganzen Tragweite bewußt.

Ihr Vormund nickte. «Das weiß der Hausierer natürlich auch. Du kannst nun selbst beurteilen, ob es verständlich ist, daß ich meine Geduld verloren und mich so weit vergessen habe, daß ich ihn tätlich angegriffen habe.»

Cicely Ford drehte sich zu mir um, das hübsche Gesicht rot vor Zorn. «Master Chapman, was hast du zu deiner Verteidigung zu sagen?» Und in vorwurfsvollem Ton fügte sie mit leiser Stimme hinzu: «Ich dachte, du wärst mein Freund.»

«Das bin ich auch», erwiderte ich ruhig. «Aber ich bin auch ein Freund der Wahrheit, und deshalb wiederhole ich, daß Master Herepath den Tod seines Bruders so sicher verschuldet hat, als hätte er ihm selbst die Schlinge um den Hals gelegt. Außerdem hat er versucht, William Woodward umzubringen!»

«Das ist eine Lüge!» Ihr Zorn brach sich ungestüm Bahn. «Edward war in Gloucester, als William verschleppt worden ist.»

«Aber Master Woodward ist nicht verschleppt worden», entgegnete ich. Jetzt, wo ich vor Edward Herepaths Angriffen geschützt war – denn er hätte es kaum gewagt, mir im Beisein seines Mündels die Kehle zuzudrücken –, fühlte ich mich wieder sicherer. Als Cicely Ford meiner letzten Bemerkung widersprechen wollte, unterbrach ich sie: «Wenn Ihr bereit wärt, Euch einen Augenblick hinzusetzen und mir zuzuhören, könntet Ihr Euch selbst ein Urteil bilden.»

Edward Herepath sprang auf. «Ich habe jetzt genug von diesem Unsinn!» rief er laut. «Weder Mistress Ford noch ich haben den Wunsch, uns deine verleumderischen Lügengeschichten anzuhören. Scher dich aus meinem Haus! Und wenn du noch heute Nacht die Stadt verläßt, werde ich deine ungeheuerlichen Anschuldigungen nirgends erwähnen. Du wärst gut beraten, auf dieses Angebot einzugehen, sonst wirst du dich im Kerker wiederfinden. Ich habe einflußreiche Freunde in der Stadt.»

Ich sah die ersten Vorboten des Zweifels in Cicelys Gesicht und nutzte meinen Vorteil sofort aus. «Ich glaube nicht, daß Ihr mich dem Sheriff oder einem seiner Männer übergeben würdet, Master Herepath, denn Ihr wißt genau, daß ich meine Anschuldigungen wiederholen würde. Und auf den geringsten Verdacht hin, daß sie doch ein Körnchen Wahrheit enthalten, könnte der Sheriff seine eigenen Erkundigungen einziehen. – Mistress Ford, würdet Ihr die Güte besitzen, mich anzuhören?»

Einen Augenblick lang herrschte Stille, dann antwortete sie mit fester Stimme: «Ja. Ja, ich will dich anhören. – Edward, sei bitte nicht böse. Nur wenn wir wissen, was Master Chapman zu sagen hat, kannst du seine Anschuldigungen widerlegen.» Sie zog einen Stuhl heran und setzte sich ans Feuer. Edward Herepath zögerte, dann gab er sich geschlagen und nahm wieder seinen Platz auf dem Sessel ein. Vielleicht hoffte er, daß ich letztendlich doch nicht alles wußte oder daß ihm noch irgendwelche glaubhaften Ausflüchte einfallen könnten. Wie auch immer, er unternahm keine weiteren Anstrengungen, mich zum Schweigen zu bringen. Cicely hob die Hand.

«Bitte, Master Chapman, beginne mit deiner Geschichte.»

Der Einfachheit halber werde ich hier die Geschichte so wiedergeben, wie ich sie Cicely Ford erzählt habe, ohne ihre Zwischenfragen und immer leiser werdenden Ausrufe der Entrüstung zu wiederholen. Edward Herepath schwieg, doch während ich mit meiner Erzählung fortfuhr, versank er immer tiefer in seinem Sessel. Seine Körperhaltung und sein totenbleiches Gesicht verliehen meinen Anschuldigungen noch größeres Gewicht. Falls Cicely Ford noch zweifelte, als ich mit meiner Geschichte begann, war davon, als ich zum Ende kam, nichts mehr zu spüren.

Edward Herepaths und William Woodwards Wege hatten sich gekreuzt, weil sie beide zu den Anhängern John Wycliffes gehörten. Das erste Mal hatten sie sich vermutlich bei einem der

heimlichen Treffen in der Höhle außerhalb der Stadt kennengelernt. An solchen Orten verabreden die Lollarden sich, soweit
ich weiß, bis heute, weil sie keine anderen Versammlungshäuser
haben. Dort muß Edward davon gehört haben, daß William mit
seinen Lebensumständen unzufrieden war, nicht länger mit seiner verwitweten Tochter zusammenleben wollte und wegen der
ungerechten Behandlung einen tiefen Groll gegen die Webergilde hegte. Deshalb hatte er William, als der Posten plötzlich
zur Verfügung stand, das Haus in der Bell Lane und die Stelle des
Mieteintreibers angeboten. Und wahrscheinlich hatte er William auch die Lollardenbibel geschenkt, denn der alte Mann
hätte sich ein so kostbares Buch selbst niemals leisten können.

War dieses Angebot ursprünglich bloß als Geste des guten
Willens für einen Glaubensbruder gedacht, erwies sich die Ver-
bindung für Edward, dessen sehnlichster Wunsch es war, seinen
widerspenstigen Bruder loszuwerden, als unschätzbar wertvoll.
Denn knapp ein Jahr, nachdem William Woodward seine neue
Stelle angetreten hatte, starb John Ford und befahl seine minder-
jährige Tochter Cicely in Edwards Hände. Cicely zog in das
Haus in der Small Street ein, und Edward verliebte sich in sein
Mündel. Aber er war damals noch ein verheirateter Mann, und
Cicely hatte nur Augen für seinen Bruder Robert.

Ein weiteres Jahr später starb Mary Herepath. Edward war
nun frei für eine zweite Ehe, und von diesem Augenblick an
muß er nach einer Möglichkeit gesucht haben, seinen Bruder aus
dem Weg zu räumen. Auf keinen Fall durfte der Verdacht dabei
auf ihn fallen. Und es gab noch ein weiteres Problem: Mistress
Walker hatte mir erzählt, daß nichts, was Robert tat, so lieder-
lich und verderblich es auch immer sein mochte, Cicelys Liebe
schmälern konnte. Hätte er, wie er es auch in meinem Fall versucht hatte, irgendwelche Spitzbuben angeheuert, die Robert
in seinem Auftrag umgebracht hätten, wäre dieser in Cicelys
Augen erst recht zum Märtyrer geworden. Nein, Edward mußte
den Anschein erwecken, Robert selbst habe ein so abscheuliches

Verbrechen begangen, daß selbst Cicely ihm nicht mehr verzeihen konnte. Und was wäre abscheulicher gewesen als die Ermordung eines wehrlosen, alten Mannes aus reiner Habgier, um ihm die für seinen Bruder eingetriebenen Mietzinsen rauben zu können?

Aber niemand hätte Robert Herepath dazu bringen können, auf Befehl zu töten. Er war ein Dieb, ein Trinker, ein Spieler... Ein Mörder war er nicht. Also mußte Edward ihn zum Mörder machen. Er ersann einen raffinierten Plan. Die Lollarden fanden zu jener Zeit immer mehr Anhänger, und der Funke der Ketzerei sprang auf das andere Ufer des Severn über. William war, so hatte Margaret es mir erzählt, ein frommer Mann, und seine religiöse Überzeugung bedeutete ihm sehr viel. Ich hatte keinen Beweis dafür, war mir aber so sicher, als hätte ich die Unterhaltung selbst mit angehört, daß Edward Herepath seinen Glaubensbruder davon überzeugte, es sei seine Pflicht, trotz aller Gefahren als Wanderprediger nach Wales zu gehen. «Und wenn ich zurückkehre?» hatte William womöglich gefragt. «Wie soll ich den Leuten meine lange Abwesenheit erklären?» Und Edward hatte dem armen Mann geraten, eine falsche Fährte zu legen. «Du sagst einfach, du wärst von irischen Sklavenhändlern verschleppt worden», bleute er ihm ein. «Das werden dir die Leute auf jeden Fall glauben. Und deine Rückkehr kannst du damit erklären, daß du den Sklavenhändlern wieder entkommen bist.»

Margaret Walker hatte mir erzählt, Nachbarn hätten William am Abend vor seinem rätselhaften Verschwinden vom Fleischerladen in der Nähe der Allerheiligenkirche kommen sehen. Als ich sah, wie sie Blutwurst rührte, kam mir in den Sinn, daß William auf Edwards Empfehlung hin möglicherweise Schafs- oder Ochsenblut gekauft und in seinem Haus verschmiert hatte. Auch auf seinen Hut gab er etwas Blut und warf ihn im Schutz der Dunkelheit in den Frome. Anschließend schlich er sich durch das Gartentor in das kleine Steingebäude und zog sich Edwards Kleider an, die dieser dort für ihn zurückgelassen hatte, ehe er selbst am Morgen zuvor nach Gloucester geritten war.

Für Edwards Plan war ausschlaggebend, das William bereits am Freitagabend in die Nähe von Gloucester kam. Zu Fuß hätte er das nie geschafft. Deshalb hatte Edward ihm seinen Schlüssel zum Mietstall gegeben und ihn angewiesen, sich den Braunen zu holen. Und so kam es, daß Henry Dando auf dem Rückweg von der Michaeliskirche die Gestalt, die in Edwards Kleidern steckte und auf Edwards Pferd den Stony Hill zur Windmühle hinaufritt, im trüben Licht des frühen Märzmorgens für Edward Herepath hielt.

«Erstaunlich nur», sagte ich und warf einen kurzen Blick auf die zusammengesunkene Gestalt im Sessel, «daß dem Wachmann am Frome-Tor nichts aufgefallen ist. Aber vermutlich hat er um diese Tageszeit noch halb geschlafen.»

«Du hast eine blühende Phantasie», tat Edward Herepath meine Geschichte ab, doch seine Worte hatten längst ihren Stachel verloren. Cicelys Schweigen schien ihn zunehmend zu beunruhigen. Dennoch fuhr er höhnisch fort: «Und als William nach Gloucester kam, was geschah dann? Wenn du, wovon ich ausgehe, Erkundigungen im New Inn eingezogen hast, wirst du wissen, daß mich dort nur eine einzige Person besucht hat, nämlich Richard Shottery, dem ich den Wallach abgekauft habe.»

Ich nickte. «Aber Master Woodward ist nie in Gloucester gewesen. Als Ihr den Pferdekauf am Freitagmittag abgeschlossen hattet, seid Ihr verschwunden und erst nach dem Dunkelwerden zurückgekehrt. Ihr selbst habt dem Wirt erzählt, daß Ihr der letzte wart, der durchs Westtor in die Stadt gekommen ist.»

«Und wenn schon!»

«Ich glaube, Ihr habt Euch mit William Woodward getroffen. Ihr habt ihm versprochen, ihn über den Severn zu begleiten und in den Forest of Dean zu bringen. Es muß schon recht spät gewesen sein, kurz vor Einbruch der Dämmerung. William war bestimmt sehr müde. Schließlich war er den ganzen Tag geritten. Wahrscheinlich war er schon ziemlich geistesabwesend, hat nur noch an sein Abendessen und ein warmes Bett für die Nacht gedacht. Und Ihr habt ihm versprochen, ihn bis zur Hütte eines Lollarden zu bringen, der ihn beherbergen würde. Statt dessen» – ich hielt einen Augenblick inne, um meinen Worten mehr Gewicht zu verleihen – «habt Ihr ihn unter irgendeinem Vorwand überredet, vom Pferd zu steigen, und während er auf dem Boden saß, um seine schmerzenden Glieder auszustrecken, habt Ihr ihn von hinten angegriffen und ihm mit einem Knüppel oder irgendeiner anderen Waffe, die Ihr eigens zu diesem Zweck mitgebracht hattet, einen schweren Schlag auf den Kopf versetzt. Und weil Ihr dachtet, daß niemand einen solchen Schlag überleben kann, habt Ihr ihn im Wald zurückgelassen. Ihr selbst seid nach Gloucester zurückgeritten und habt Euch fest in Euren Mantel gehüllt, um mögliche Blutflecken an Eurer Kleidung zu verbergen.»

«Ich werde diese üble Verleumdung nicht länger dulden!» schrie Edward Herepath und wollte sich aus seinem Sessel erheben, doch Cicely Ford kam ihm zuvor. Sie stand auf und stellte sich zwischen uns. Offenbar fürchtete sie, er könnte mich ein zweites Mal angreifen.

«Ich bitte dich, fahre fort, Master Chapman», sagte sie leise. «Was geschah, als mein Vormund nach Bristol zurückkehrte?» Ihre Augen waren so ängstlich geweitet, als blickten sie in einen Abgrund des Grauens.

«Ich glaube, den Rest wißt Ihr, Mistress Ford. Als erstes ist Master Herepath zum Haus in der Bell Lane gegangen, um nachzusehen, ob der angebliche Mord entdeckt worden war, und – was noch viel wichtiger war – ob Robert tatsächlich das Geld gestohlen hatte. Nachdem er sich überzeugt hatte, daß alles nach Plan verlaufen war, ist er zurück in die Small Street geeilt, um das Zimmer seines Bruders nach den Lederbeuteln zu durchsuchen. Die Blutflecken auf den Beuteln und an Roberts Wams waren vermutlich rein zufällig zustande gekommen, erhöhten die Beweislast jedoch erheblich. Selbst Ihr, Mistress Ford, wart von Roberts Schuld überzeugt, und Euer Verhalten angesichts eines so abscheulichen Verbrechens war genauso, wie Master Herepath es erwartet hatte. Jetzt brauchte er nur noch den gramgebeugten Bruder zu spielen, der am Ende seiner Geduld angekommen war. Margaret Walker sagte, eine Art Wahn habe die Stadt ergriffen. Aber ich glaube, dieser Wahn ist nur deshalb möglich gewesen, weil Edward Herepath bei jeder Gelegenheit hat wissen lassen, daß selbst er, der seinen Bruder bis dahin stets entschuldigt und aus jeder mißlichen Lage befreit hatte, letztendlich von Roberts Schuld überzeugt war.»

«Du bist es, der vom Wahn ergriffen ist!» knurrte Edward. «Ich war der einzige, der Roberts Unschuld verteidigt hat.»

Cicely wandte langsam den Kopf und sah ihm in die Augen. «Aber du hast sehr deutlich gemacht, daß du an deine Worte selbst nicht mehr glaubtest. Vor allem als du vor Gericht ausgesagt hast. Gerade dadurch hat man gespürt, daß du ihn im Grunde für schuldig hieltest.» Sie hob eine Hand an die Stirn. «Du hast mich getröstet. Wir haben einander getröstet, weil wir beide das gleiche verloren hatten – unseren Glauben, daß Robert zwar in vieler Hinsicht verwerflich, aber nicht wirklich böse war. Wir haben unseren großen Kummer miteinander geteilt, und wir sind uns dabei sehr nahe gekommen.» Sie erschauerte. «Manchmal habe ich sogar gedacht, ich könnte dich eines Tages so lieben, wie ich deinen Bruder geliebt habe.»

«Genau darauf war Euer Vormund aus», warf ich schnell ein. «Aber als William Woodward urplötzlich aus der Versenkung auftauchte, geriet sein Plan ins Wanken. – Ihr müßt Euch zutiefst erschrocken haben», sagte ich in Edwards Richtung. «Als Ihr von seiner Rückkehr hörtet, muß Euch klargewesen sein, daß Euer Mordversuch mißlungen war. Aber Ihr hattet Glück. Die Wunden, die Ihr ihm zugefügt hattet, hatten sein Gedächtnis zerstört. Er konnte sich nicht einmal an sein Haus in der Bell

Lane erinnern, sondern ist direkt zu seiner Tochter gegangen. Alles, worauf er sich besinnen konnte, war das, was Ihr ihm eingebleut hattet: daß er auf keinen Fall von seinem Aufenthalt in Wales erzählen durfte, sondern darauf beharren sollte, daß er von Sklavenhändlern entführt und nach Irland verschleppt worden war. Ihr wart erleichtert, aber Ihr konntet Euch noch immer nicht ganz sicher sein.»

Meine Stimme wurde ernster. «Ihr hattet große Angst, daß William seinen Verstand wiedererlangen und die Wahrheit verraten könnte. Ihr habt Euch geweigert, ihn zu besuchen, weil Ihr befürchten mußtet, daß Euer Anblick bei ihm Erinnerungen wachrufen könnte. Als Eure Haushälterin Euch erzählte, daß Mistress Ford dem armen alten Mann Suppe mitbringen wollte, unternahmt Ihr einen zweiten Versuch, William Woodward zu töten. Margaret und Lillis Walker haben mir erzählt, daß die Suppe, die Mistress Ford mitgebracht hatte, so bitter schmeckte, daß sie ungenießbar war. Sie dachten, Eure Köchin habe womöglich verdorbenes Fleisch verwendet, aber ich glaube, der bittere Geschmack kam vom Schierlingskraut, das in Eurem Garten wächst.» Ich holte tief Luft, um mich für eine etwas gewagte Vermutung zu wappnen. «Möglicherweise ist auch Eure Frau auf diese Weise ums Leben gekommen, nachdem Ihr Euch in Mistress Ford verliebt hattet.»

«Du lügst!» krächzte Edward Herepath. «Nichts von alledem kannst du beweisen!»

«Ich kann beweisen, daß William Woodward bei den Bergleuten im Forest of Dean war, daß sie ihn halbtot gefunden und mit viel Liebe gesund gepflegt haben. Der Wirt vom New Inn kann bezeugen, daß Ihr am Freitag erst spät am Abend in die Stadt zurückgekehrt seid. Das allein mag vielleicht nicht ausreichen, Euch nach dem Gesetz zu verurteilen, aber es ist mit Sicherheit dazu angetan, bei Euren Mitbürgern Mißtrauen zu säen.» Ich beschloß, noch eine andere Tatsache einzuflechten, von der er noch nichts wußte. «Alle Eure Verbrechen waren vergebens. Denn Eure Hoffnung, Mistress Ford eines Tages trotz allem doch noch heiraten zu können, ist längst hinfällig geworden. Sie hat sich entschlossen, ins Nonnenkloster zu gehen.»

Ein gequälter Schrei entrang sich seiner Kehle. Entsetzt sah er Cicely an, sprang auf und umklammerte sie. «Das kannst du mir nicht antun! Das darfst du mir nicht antun! Du gehörst mir! Wir gehören zusammen. Ich wußte es vom ersten Augenblick an, als du in mein Haus kamst, um hier bei mir zu leben. Bis dahin warst du für mich bloß ein Kind gewesen, aber inzwischen warst du zur Frau herangewachsen. Ich wußte sofort: Du bist der einzige Mensch auf der Welt, mit dem ich wirklich zusammensein will.» In seinen glühenden Augen spiegelte sich der Wahnsinn, und ich trat näher, um nötigenfalls rasch eingreifen zu können. Cicely starrte ihn an wie einen Fremden.

Edward sagte: «Ich habe mich für dich von Mary freigemacht, aber du hattest nur Augen für Robert, diesen Taugenichts! Ich dachte, wenn ich nur geduldig genug wäre, würdest du seiner verwerflichen Lebensart überdrüssig werden und dich mir zuwenden, um bei mir Trost zu finden. Doch was auch immer er tat, deine Haltung veränderte sich nicht. Am Ende wurde mir klar, daß ich eine solche Veränderung nur erzwingen konnte, indem ich ihn in deinen Augen so verunglimpfte, daß du dich mit Grauen von ihm abwenden würdest. Er hatte es verdient, Cicely. Und ich habe es nur getan, um dich zu beschützen. Beinahe wäre mir alles gelungen. Wenn William dort im Wald gestorben wäre, hätte nie jemand erfahren, daß Robert ihn nicht ermordet hat.» Er drückte sie noch fester an sich. «Du kannst mir nicht wegnehmen, wofür ich getötet habe!»

Cicely sagte mit ruhiger Stimme: «Laß mich los, Edward. Ich kann dir nur sagen, daß du mir von ganzem Herzen leid tust, denn ich glaube, du hast deine Seele dem Teufel verkauft. Nicht Robert war böse. Ja, er war ungebärdig und selbstsüchtig, aber die wahre Bosheit steckte in dir. Ich hatte ohnehin vor, als

Postulantin ins Kloster der Magdalenerinnen einzutreten, und diese Absicht werde ich jetzt so schnell wie möglich in die Tat umsetzen. Ich werde noch heute abend ins Kloster gehen, denn mein Leben in diesem verwünschten Haus ist mit dieser Stunde beendet. Ich werde nichts gegen dich unternehmen, obwohl du mein Leben zerstört hast. Was Master Chapman tut, ist seine Sache.»

Ich wartete ab, wie er ihre Worte aufnahm, bereit, ihn wenn nötig zu zwingen, Cicely gehen zu lassen. Doch der Anblick ihres von Kummer und Abscheu verzerrten Gesichts schien ihn förmlich zu lähmen. Seine Liebe zu ihr war zur Besessenheit geworden und hatte allmählich alle anderen Empfindungen, sogar das Gefühl für Recht und Unrecht, in ihm zerstört. Am Ende war ihm jedes Mittel recht gewesen, um sie für sich zu gewinnen – ja, er war sogar bereit gewesen, seinen leiblichen Bruder und seinen Glaubensbruder dafür zu opfern. Der einzige Mensch, dem er niemals ein Leid hätte zufügen können, war Cicely selbst. Seine Arme fielen herab. Er sank wieder auf seinen Sessel, bedeckte sein Gesicht mit beiden Händen und begann fürchterlich zu schluchzen. Ohne sich noch einmal umzuschauen, ging Cicely Ford hinaus.

Nachdem ich einige Sekunden lang unentschlossen gewartet hatte, folgte ich ihr. Sie war ins obere Stockwerk gegangen, und ich wartete in der Halle auf sie, bis sie wieder herunterkam. Sie trug noch immer ihren Mantel, und in der Hand hielt sie eine große Tasche, die, wie ich vermutete, ihre Nachtgarderobe und ihre Bürsten und Kämme enthielt. Ich begleitete sie zum Kloster der Magdalenerinnen, ehe ich mich auf die Suche nach dem Sheriff und seinen Männern begab. Bis ich sie gefunden, ihnen meine Geschichte erzählt und sie von allen Einzelheiten überzeugt hatte, war es bereits stockfinster geworden. In Begleitung zweier Sergeanten ging ich zurück in die Small Street. Als wir

Edward Herepaths Haus betraten, befand sich die Dienerschaft in heller Aufregung: Dame Freda und Mistress Hardcare kreischten und schrien, und die anderen brachten vor Entsetzen kein Wort heraus. Edward Herepath lag tot in seinem Zimmer. Mit dem Wein, den ihm die Haushälterin zum Abendessen gebracht hatte, hatte er seinen restlichen Vorrat an Schierlingssaft getrunken.

Mehr gibt es kaum zu sagen. Ehe er sich das Leben nahm, hatte Edward Herepath ein volles Geständnis niedergeschrieben, das seine Mitbürger, bei denen er ein so hohes Ansehen genossen hatte, zutiefst erschütterte. Doch wie immer hielt das Staunen nicht lange an. Schon wenige Tage später gab es Leute, die behaupteten, bei Edward Herepath schon immer so ihre Zweifel gehabt zu haben.

Anfang Februar wurden Lillis und ich in der Katharinenkirche, dem Gotteshaus der Weber in der Temple Street getraut. Mein alter Bekannter, Ratsherr Weaver, gab uns die Ehre, uns in der Vorhalle der Kirche zu begrüßen, und er ließ sich sogar dazu herab, mit uns ins Mittelschiff zu treten. Meine Schwiegermutter war zutiefst beeindruckt.

Wie gern würde ich sagen, daß meine Ehe mit Lillis besonders glücklich war – vor allem dir zuliebe, meine liebe Tochter, meine liebe Elizabeth, falls du diese Zeilen jemals lesen solltest. Aber du kennst mich zu gut, um von mir irgend etwas anderes als die Wahrheit zu erwarten. Unsere Ehe war nicht besser oder schlechter als die meisten Ehen, und sie währte so kurz, daß niemand sagen kann, wie es weitergegangen wäre. Es mag genügen, wenn ich dir sage, daß ich mich, als deine Mutter noch an demselben, bitterkalten Novembertag, an dem sie dich zur Welt gebracht hatte, in meinen Armen starb, sehr verlassen fühlte. Lillis war zu einem Teil meines Lebens geworden. Der Herr hatte sie mir gegeben, und in Seinem unergründlichen Ratschluß hat Er sie mir auch wieder genommen.

Anhang

Die religiöse Entwicklung
im spätmittelalterlichen England

Die religiöse Unruhe des 13. und 14. Jahrhunderts ergriff auch England. Hier waren 1221 und 1225 die beiden Bettelorden der Dominikaner und Franziskaner erschienen, die ein belebendes Element in das religiöse und geistige Leben brachten und mit Kritik nicht zurückhielten. Besonders die Franziskaner wurden die Träger einer individuellen Religiosität und eines Spiritualismus, der die Verweltlichung der wohldotierten Kirchen und Klöster und die «Religion der fetten Kühe» (Wyclif) anprangerte. Das eingesessene Mönchswesen konnte sich indessen behaupten. Noch im 14. Jahrhundert wurden zahlreiche neue Häuser gegründet. Die geistig-sittliche Führung der Klöster ging jedoch verloren, während sie sich in Landwirtschaft und Wollproduktion hervortaten. Mit dem Schisma seit 1378 sank die Disziplin; viele Mönche lebten wie Laien und viele Äbte wie Landlords. Ihre Lebensweise und die Kritik der wandernden Observanten unterminierten ihr Ansehen.

Ähnlich wie die Klöster hatte auch die Weltkirche einen Überfluß an Klerikern. Fast zehntausend Priester fanden keine feste Beschäftigung in der Seelsorge. Von den acht- bis neuntausend Pfarrstellen war zudem die Hälfte an Klöster, Kathedralen oder Colleges angeschlossen und wurde nur von Vikaren gegen Hungerlöhne verwaltet. Der Überfluß an Klerikern begünstigte die Unsitte, auch gute Pfarrpfründen von armen Vikaren verwalten zu lassen, während die verantwortlichen Pfründeninhaber abwesend blieben. Gegen diesen Mißbrauch gründeten viele Gilden oder wohlhabende Kaufleute eigene Kapellen mit bezahlten

Priestern, die Messe, Predigt und Gebet pflichtgemäß ausüben mußten. Diese Chantries öffneten sich bereitwillig der Kritik an den kirchlichen Mißständen und begünstigten eine individuelle Religiosität. Die Proteste gegen den Reichtum der Kirche, die Ämterkumulation und die Pflichtvergessenheit vieler Pfarrer, ferner gegen die Eintreibung der Zehnten und Kirchenabgaben mit geistlichen Zwangsmitteln wie Interdikt und Exkommunikation, die Kritik am Wohlleben der Pfründner und an der lockeren Lebensweise des arbeitslosen Klerikerproletariats vereinigten sich mit den Moral- und Strafpredigten der Franziskaner, die mit ihrem Ruf nach Entweltlichung der Kirche, nach christlicher Erweckung und Umkehr besonders nach den Pestkatastrophen willige Ohren fanden. Ihre Kritik erstreckte sich auch auf die sozialen Verhältnisse; sie griffen Zehntenzahlungen und Grundherrschaft an; einige von ihnen traten für Gemeineigentum ein. Sie sangen das Lob der Armen in Christo und setzten das Ideal des schlichten Landmanns gegen die rastlose Gewinnsucht anderer Schichten, wie es im «Piers Plowman» William Langlands (1362/77), einem Chantry-Kleriker, seinen Niederschlag fand. Auch John Gower, ein Landbesitzer in Kent, schrieb in französischer oder lateinischer Sprache gegen Avignon und die Prälatenfaulheit, ebenso wie Geoffrey Chaucer (1340 – 1400) im Dienste der Krone nicht mit Kritik an den Kirchenmännern zurückhielt. Die hier sich regende Unruhe entsprang den tiefgehenden Wandlungen des 14. Jahrhunderts. Sie fand ihren großen Rahmen in dem Autoritätsschwund der Papstkirche. Ihr moralischer Führungsanspruch hatte in der Bulle Unam Sanctam vom Jahre 1302 des Papstes Bonifaz' VIII. ihren letzten übersteigerten Ausdruck gefunden, wonach er sich über die Fürsten und Untertanen der ganzen Christenheit (ratione peccati) erstreckte. Gleichzeitig hatten aber die kuriale Finanzpolitik und der schmähliche Sturz des Papstes durch Philipp den Schönen von Frankreich die mittelalterliche Welt- und Kirchenordnung erschüttert. Die «Babylonische Gefangenschaft»

(1308 – 1377) in Avignon und das Große Schisma (1378 – 1415) untergruben die päpstliche Autorität. Die Parteinahme der Päpste in Avignon für Frankreich führte in England zu einer wachsenden Entfremdung, und das Schisma seit 1378 spaltete die Kirche in die Anhänger Avignons und Roms, wobei England und das nördliche Europa für Rom, Frankreich, Schottland und Spanien sich für Avignon entschieden.

Die Schwächung des Papsttums gab England Gelegenheit, sich gegen Eingriffe der Kurie in Kirchenordnung und Pfründenwesen abzusichern. Dem kam das gegen Frankreich sich entwickelnde Nationalgefühl entgegen. In den Statuten de provisoribus von 1351, 1365 und 1390 wandte sich die Regierung gegen päpstliche Pfründenverleihung und in den Statuten de praemunire von 1353, 1356 und 1393 gegen Appellationen an Rom und gegen Interventionen ausländischer Gerichte überhaupt. In beiden Fällen wurden die Rechte der einheimischen Patrone über Pfründen und Benefizien gegen das päpstliche Ernennungsrecht geschützt.

In England hatten die Bettelorden durch ihre Sonderstellung gegenüber der episkopalen Ordnung den Boden für spontane religiöse Bewegungen vorbereitet. Die von ihnen geförderte spirituelle Unruhe, die moralische Erregung über die Mißstände, die Entfremdung von der Kurie in Avignon, das wachsende Nationalgefühl und die soziale Mobilität vereinigten sich in dem Wirken John Wyclifs (ca. 1320 – 1384), der zeitweilig das Ohr der Zeitgenossen fand und das Kirchenregiment angriff. Wyclif selbst entstammte einer guten Yorkshirefamilie, deren Overlord John von Gaunt sich zeitlebens mit ihm verbunden fühlte. Wyclif unterschied sich anfangs kaum von einem normalen Oxfordkleriker, der die Vorteile der Ämterpatronage und des Ämterpluralismus genießen konnte. Sein erster Konflikt entzündete sich auch nicht an einer persönlichen religiösen Grunderfahrung oder einem sozialen Protest, sondern an den Lehrstreitigkeiten der Scholastiker, hinter denen freilich auch unterschiedliche religiöse Impulse wirksam waren. Er wurde danach in die Kontroverse über das päpstliche Benefizienwesen hineingezogen, wobei er das weltliche Regiment des Papstes angriff, die moralischen Verpflichtungen der Kirche betonte und das Eingriffsrecht der Behörden verteidigte. Der Kampf der Barone gegen das Bischofsregiment Williams von Wykeham fand in seinen Predigten eine starke Stütze.

Der Höhepunkt seines Einflusses lag um 1378, als er zu einer Predigt vor den Commons eingeladen wurde, die Bischöfe ihn hingegen auf Weisung Roms vor ihr Gericht zitierten, um seine Lehren zu untersuchen. Die Regierung untersagte das Verfahren. Die Universitäten und einige führende Minoritäten standen auf Wyclifs Seite. Das Schisma seit 1378 und die Verdammung seiner Ansichten ließ Wyclif nun an der bisherigen Ordnung überhaupt verzweifeln und trieben ihn in einen Radikalismus hinein, der ihn um 1380 in einen klaren Gegensatz zur Kirche brachte. Er lehnte den objektiven Stiftungscharakter von Kirche und Priestertum ab, bestritt die unabhängige Wirkkraft von Amt und Sakrament und spiritualisierte die Kirche zur unsichtbaren Schar der Auserwählten, der er die zur Verdammnis bestimmte, sichtbare Sekte des Antichrist mit Rom an der Spitze entgegensetzte. Um der Ordnung willen müßten zwar Priester sein; aber jeder Auserwählte sei auf Grund seines Gnadenbesitzes Träger des Priestertums. Sündenbekenntnis und Sündennachlaß hätten ebensowenig zu bedeuten wie Exkommunikation und Interdikt. Die Messe bewirke keine materielle Gegenwart Christi, sondern nur eine mystisch-spirituelle Gegenwart in der Seele des begnadeten Kommunikanten. Zwischen Mensch und Gott gebe es keine Hierarchie; der innere Gnadenstand sei allein entscheidend. Priesterweihe, Mönchsgelübde, Ordenswesen, Zölibat und päpstliche Herrschaft seien ebenso verwerflich wie Reichtum und Macht der Kirche. Die unmittelbare Begegnung mit dem Erlösungsgeschehen erwachse allein aus der Bibel, die alle Gläubigen in ihrer Muttersprache lesen sollten. Unter Wyclifs Aufsicht kam es 1380 – 1384 zur ersten vollständigen englischen Bibelübersetzung, deren verbesserte Version aus der Feder seines Sekretärs John Purvey 1396 die bis zur Reformation maßgebliche Übersetzung blieb.

Die Spiritualisierung der Kirche zu einer unsichtbaren Schar der Auserwählten, die Verinnerlichung der Sakramente zu mystischen Seelenzuständen und die Reduktion des Glaubensinhalts auf die Begegnung mit dem Bibelwort griffen die Säulen der Kirchenordnung an. Nur unter dem Schutz des mächtigen John von Gaunt und des antiklerikalen Parlaments konnte Wyclifs Lehre in Oxford Boden gewinnen. Aber die Bauernrevolte von 1381 wurde ihm in die Schuhe geschoben, zumal seine Anhänger von Oxford aus ohne bischöfliche Lizenz und in groben Wollkleidern predigend, kritisierend und polemisierend durch die Lande zogen. Im Jahre 1382 säuberte William Courtenay, Erzbischof von Canterbury, nach einer Verurteilung der wyclifitischen Irrtümer in einer Londoner Kirchenversammlung die Synode und die Universität Oxford. Viele Ordensbrüder trennten sich nun vom Radikalismus der Wyclifiten. Wyclif selbst zog sich auf sein Rektorat Lutterworth zurück, wo er unter dem Schutz seines Gönners unbehelligt 1384 starb. Seine Anhängerschaft verbreitete sich unter Richard II.; viele von ihnen gingen als Wanderprediger mit der Bibel in der Hand von Ort zu Ort. Sie trieben erfolgreiche Mission in Mittelengland von London bis Hertfordshire und Leicester sowie besonders in den walisischen Grenzmarken, wobei sie allgemein Priestertum, Gleichheit aller Sünder, Laienmesse und Bibel verkündeten und sich gegen Bildung, Universitätsgrade, Handelswelt und Reichtum wandten. Sie fanden vorwiegend in den unteren Schichten Anhang und wurden nach einem in den Niederlanden üblichen Schimpfwort für Sektierer als «Lollarden» verschrien, d. h. als Luller (Leisesinger) oder als Anhänger jenes Walter Lollard, der 1322 als Häretiker verbrannt worden war.

Trotz der Unterdrückungsmaßnahmen William Courtenays

blieb der Lollardismus eine revolutionäre Kraft, die sich durch die inneren und äußeren Wirren unter Heinrich IV. und durch den Zufluß böhmischer Studenten in Oxford behauptete. Die rastlose Tätigkeit wandernder Extremisten und Pamphletisten nährten einen oppositionellen Puritanismus.

Andererseits suchte das schwache Lancasterkönigtum sich durch den Bund mit der Kirche zu festigen. Das Statut de heretico comburendo von 1401 war die Frucht dieser Allianz; es gab der Kirche das Recht, häretische Bücher zu verbrennen und überführte Häretiker den weltlichen Gerichten zur Verbrennung zu übergeben. Zum erstenmal flammten jetzt in Smithfield bei London die Scheiterhaufen auf. Aber der untergründige Antiklerikalismus stützte das Lollardentum gegen die Kurie und den Reichtum der Kirche. Die Universität Oxford diskutierte die Berechtigung einer Bibelübersetzung und verlangte Exemtion von den erzbischöflichen Visitatoren; hier übersetzten böhmische Studenten die Werke Wyclifs für ihre Heimat. Petitionen gegen Zölibat, Beichte, Wallfahrtswesen, Bilderverehrung oder auch gegen Tanzlustbarkeiten gingen ans Parlament (1395). Im Jahre 1410 wurde den Commons sogar ein Traktat John Purveys, des Sekretärs von Wyclif und Bibelübersetzers, von antiklerikalen Rittern vorgelegt, verbunden mit der Aufforderung, den Reichtum der Kirche für Krone und Gesellschaft nutzbar zu machen. Aber Thomas Arundel (1353 – 1414), Erzbischof von Canterbury, die kirchliche Stütze Heinrichs IV., verbot nichtgenehmigte Bibelübersetzungen, unlizensiertes Predigen und Lehrstunden über die Sakramente und setzte seine Maßnahmen im gleichen Jahr im Parlament durch. Die Unabhängigkeit Oxfords wurde aufgehoben und der Lollardismus zum Schweigen gebracht.

Der Lollardenaufstand nach dem Regierungsantritt Heinrichs V. bezeugte das Ausmaß des puritanischen Protestes. Anlaß war der Konflikt des jungen Königs mit einem seiner bewährten Hauptleute aus den Kämpfen um Wales, John Oldcastle, Unterhausmitglied für Herefordshire, der sich zum Lollardentum bekannte und verhaftet wurde. Seine Flucht aus dem Tower im Januar 1414 war das Signal für ein Komplott gegen die Person des Königs, das durch Verrat und ein Gefecht in St. Giles Field nördlich von Charing Cross scheiterte. Es folgten etwa vierzig Exekutionen von Rittern, Priestern und Handelsleuten aus London und den Midlands sowie eingehende Inquisitionen in etwa zwanzig Grafschaften. Oldcastle war wiederum entkommen und tauchte in Wocestershire auf, wo er das Banner des Abendmahlskelches entfaltete. Erst 1417 wurde er schwer verwundet an der Grenze von Wales gefaßt und in St. Giles Field verbrannt. Ein Gesetz von 1414 dehnte die Strafgewalt der königlichen Gerichte auf Häresien aus und gab den Friedensrichtern Inquisitionsrechte. Nichtsdestoweniger regten sich in den Hügeln von Surrey und in den entlegenen Tälern des Westens die wandernden Feldprediger; Schrifttum ging von Hand zu Hand, und geheime Zusammenkünfte hielten die Keime der Bewegung lebendig. Heinrichs Gegenaktionen bezeugten, wie weit gestreut der Same des Widerstandes war. Noch einmal erhob sich die Lollardenbewegung in der Verschwörung von 1431; sie wurde in Blut und Feuer erstickt. Sie schwelte im Untergrund weiter, lebte unter Heinrich VII. auf und vereinigte sich schließlich mit dem breiten Strom der Reformation.

Die Verbindung der Lollardenbewegung mit der sozialen Unruhe und die Schwäche der Krone kamen der Stellung der Kirche in England zugute. Die Lancasterkönige gaben ihr erweiterte Ordnungsbefugnisse, und der oberste Amtsträger der Regierung, der Lordkanzler, war bis zum Sturz Kardinal Wolseys 1529 immer ein Mann des Episkopats. Die Krone hatte sich zwar in den verschiedensten Statuten des 14. Jahrhunderts gegen päpstliche Eingriffe in Landeshoheit und Patronage geschützt und Appellationen an die Kurie gegen die Entscheidungskompetenz der königlichen Gerichte als Hochverrat deklariert, ja sogar unerlaubte Einschleusung päpstlicher Entscheidungen in das

Königreich als Majestätsbeleidigung gebrandmarkt, aber eine sachliche Zuständigkeit weltlicher Behörden in kirchlichen Angelegenheiten wurde nicht beansprucht. Die eigenständige kirchliche Herrschafts- und Disziplinarordnung ließ zwar königliche Strafgerichtsbarkeit und Ämterpatronage zu, gab der Krone aber keine Handhabe administrativer Art. Die seit Ende des 13. Jahrhunderts tagenden geistlichen Konvokationen der beiden Kirchenprovinzen Canterbury und York hatten Selbstbesteuerungsrecht und Verordnungsbefugnisse. Das Kanonische Recht galt und blieb als päpstliches Recht anerkannt, von dem nur der Papst absolvieren konnte. Trotz aller Konflikte war die geistliche Lehr- und Jurisdiktionsgewalt Roms unbestritten. Der Erzbischof von Canterbury oder der von York erhielt fast regelmäßig die Rechtsstellung eines päpstlichen Legaten, der die Verbindung mit Rom wahrte, die beiden Kirchenprovinzen zu Nationalkonzilien berufen konnte und den obersten kirchlichen Gerichten präsidierte. Die Kirche war durch das Kanonische Recht und die Verbindung nach Rom über den Legaten eine Einheit und hatte mit einer Landeskirche wenig gemein. Sie war zugleich aber auch der natürliche Bundesgenosse der Krone und gelangte gegen Ende des 16. Jahrhunderts in einer stärkere Stellung als zuvor. Der zahlenmäßige Rückgang der Peerschaft gab dem vom König im Einvernehmen mit Rom bestellten Episkopat das Übergewicht im Oberhaus. Hier saßen neben den beiden Erzbischöfen von Canterbury und York noch 18 Bischöfe, wobei unklar war, ob sie als Häupter der Kirche oder als Inhaber von Baronien anwesend waren. Dazu kamen die Äbte und einige Prioren, deren Zahl allerdings von 75 im Jahre 1305 auf 27 im Jahre 1509 zurückgegangen war. Sie bestanden darauf, daß nur die Inhaber von Baronien unter ihnen ins Oberhaus zu kommen hatten. Immerhin waren die geistlichen Peers in der Mehrzahl, solange die Äbte hinzukamen. Der Niederklerus, der nur zeitweilig und ohne Stimmrecht ins Parlament geladen worden war, schickte seine Vertreter in die Konvokationen, wo sie bei der Abstimmung über die Abgaben an die Krone anwesend sein durften, ihr tacitus consensus jedoch genügte. Die starke Stellung der Kirche im öffentlichen Leben war dadurch bedingt, daß ihre Rechtsprechung sich auf Ehe, Familie, Erbwesen, Eid, Verleumdung, Gotteslästerung, Fälschungen, Schmähschriften, Sozialfürsorge und kirchliches Abgabewesen erstreckte und vielfach keine klare Abgrenzung gegen die weltliche Rechtsprechung möglich war. Die alten Übel der Ämterkumulation, des Pfründenwesens, der oft willkürlichen Kirchenstrafen und dergleichen mehr, die größtenteils aus dem feudalen Ursprung der kirchlichen Wirtschaftsverfassung entsprungen waren, hielten trotz des intensiven religiösen Lebens der Bevölkerung einen Antiklerikalismus wach, der mit der Entfaltung des englischen Humanismus Ende des 15. Jahrhunderts auch die gebildeten Kreise erfaßte und sich mit einer Sozialkritik verband, deren Saat im 16. Jahrhundert aufging.

Glossar

AULNAGER: Tuchprüfer. Bei der von König Richard I. Löwenherz eingeführten Aulnage wurden die zum Handel angebotenen Tücher anhand einer Liste von Standardmaßen geprüft. Entsprach die Ware nicht den Anforderungen, konnte sie vom Aulnager beschlagnahmt werden. Bei mehrmaligen oder schweren Verstößen hatte er auch die Befugnis, Strafen zu verhängen.

BENEDIKTINERREGEL: Die auf den Ordensgründer Benedikt von Nursia (ca. 480–547) zurückgehende, für den Orden der Benediktiner und seine Zweige bis heute gültige Hauptordnung des abendländischen Mönchtums. Gefordert werden darin z. B. Ortsbeständigkeit, Abkehr vom weltlichen Leben, Streben nach Vollkommenheit und unbedingter Gehorsam gegenüber dem Abt.

JOHN CABOT (1461–1498): In Genua gebürtiger Seefahrer, der gemeinsam mit seinem Sohn Sebastian (ca. 1484–1557) von Bristol aus als erster das nordamerikanische Festland erreichte und damit einen See- und Handelsweg schuf, der den reichen Kaufleuten Bristols hochwillkommen war. Der Bürgermeister von Bristol, der Cabots Vorhaben maßgeblich unterstützt hatte, hieß Ameryk – ein triftiger Grund für die Einwohner Bristols, bis heute scherzhaft zu behaupten, der neue Kontinent sei nach einem Sohn ihrer Stadt benannt.

WILLIAM CANYNGES (1399–1474): Reicher Kaufmann, der Bau und Ausschmückung der bekanntesten Kirche Bristols, St. Mary Redcliffe, wesentlich finanzierte. Nach der Fertigstellung des Baus gab er allen weltlichen Besitz auf und wurde Priester in «seiner» Kirche. In Bristol wird am Pfingstsonntag zu seinen Ehren ein besonderer

Gedenkgottesdienst abgehalten, bei dem der Boden der Kirche mit frischem Grün bestreut wird.

FRIESMANTEL: Mantel aus dickem, flauschartigen Woll- und Mischgewebe.

ROBIN GOODFELLOW (auch ‹PUCK› genannt): In der altenglischen Sage ein böser Geist; in späteren Legenden eher ein schalkhaftes Zauberwesen, Shakespeare machte ihn zu einer der Hauptfiguren im «Sommernachtstraum».

HODEKIN: Waldgeist der angelsächsischen Sage.

KINDERBISCHÖFE: Bei den Weihnachtsfeierlichkeiten im mittelalterlichen England, vor allem aber in Salisbury, spielten die Kinderbischöfe eine wichtige Rolle. Es waren Chorknaben, die in der Zeit vom 6. Dezember (St. Nikolaus) bis zum 28. Dezember (Fest der Unschuldigen Kinder) mit allen Insignien eines Bischofs ausgestattet wurden. Der Brauch wurde 1542 von Heinrich VIII. verboten, 12 Jahre später aber wieder zugelassen. Gegen Ende des 16. Jahrhunderts wurde er von Königin Elisabeth I. endgültig abgeschafft.

KOSCHENILLE: Aus der Koschenillelaus gewonnener roter Farbstoff.

LOLLARDEN (Niederländisch «lollaerts» von «lollen» = «murmeln»): Anhänger John Wycliffes, die seine Lehre als Wanderprediger verbreiteten und von der Kirche, aber auch von der weltlichen Macht mit aller Härte verfolgt und schließlich ausgerottet wurden (siehe Anhang: «Die religiöse Entwicklung im spätmittelalterlichen England»).

LORD OF MISRULE: Im mittelalterlichen England und Schottland eine Art Zeremonienmeister für die Festlichkeiten in der Weihnachtszeit.

HARRY OF MONMOUTH: Spitzname des in Monmouth geborenen Prinzen von Wales und späteren Königs Heinrich V. (1387–1422). Während seiner Feldzüge gegen walisische Rebellen schloß er Freundschaft mit dem späteren Lollardenführer Sir John Oldcastle. Seine neunjährige Regierungszeit (1413–1422) war durch beträchtliche Landgewinne in Frankreich geprägt, darunter die Eroberung von Harfleur im Jahre 1415.

SIR JOHN OLDCASTLE (ca. 1378–1417): Anführer und Märtyrer der Lollarden. Jugendfreund des Prinzen von Wales und späteren Königs Heinrich V. Durch seine Heirat mit Lady Cobham stieg er in den Adel auf und erlangte einen Sitz im House of Lords. 1414 wurde er der Ketzerei angeklagt. Seine gesellschaftliche Stellung und seine freundschaftliche Beziehung zum König führten dazu, daß die Todesstrafe zunächst ausgesetzt wurde. Oldcastle gelang die Flucht aus dem Londoner Tower, er plante eine Entführung des Königs und rief einen Aufstand der Lollarden aus. Der Plan wurde verraten, der Aufstand blutig niedergeschlagen. Noch einmal gelang Oldcastle die Flucht. Im November 1417 jedoch wurde er gefangengenommen und als Ketzer verbrannt.

SEILERBAHN (auch REEPERBAHN): Anlage, die der handwerklichen Herstellung stärkerer Seile dient. Für eine Seillänge von 220 Metern wird eine 300 Meter lange Seilerbahn benötigt. Die Garne werden von ihren Spulen durch konzentrisch angeordnete Lochreihen einer Lochplatte gezogen und durch den sich drehenden «Verseilhaken» eines auf Schienen ausfahrenden «Austreibwagens» zu einer «Litze» zusammengedreht. Drei oder vier der auf diese Weise hergestellten Litzen werden anschließend auf derselben Bahn zu einem Seil geschlagen.

STALHOF: Handelszentrum der Hansekaufleute in der Londoner Cannon Street. Er wurde abgerissen, um dem heutigen Bahnhof Platz zu machen.

JOHN WYCLIFFE (WYCLIF) (1320–1384): Englischer Theologe und Reformer, dessen Lehre bereits manche Forderungen der Reformation enthielt. Aufgrund der alleinigen Autorität der Heiligen Schrift verwarf er die Oberherrschaft des Papstes, den Zölibat, die Wandlung von Brot und Wein, die Beichte und die weltliche Herrschaft der Kirche. Vor allem in der ärmeren Bevölkerung fand er zahlreiche Anhänger («Lollarden»). Nachdem ihn der englische Adel der Mitschuld am Bauernaufstand von 1381 bezichtigt hatte, verwarf 1383 eine Synode in Oxford seine Lehre, enthob ihn aller wichtigen Ämter und schickte ihn als Landpfarrer nach Lutterworth. Dort übersetzte er die Bibel in die englische Sprache («Lollardenbibel»). Das Konstanzer Konzil erklärte ihn 1415 posthum zum Ketzer und ordnete 1418 die Verbrennung seiner Gebeine an (siehe Anhang: «Die religiöse Entwicklung im spätmittelalterlichen England»).

Stammtafel der Häuser York und Lancaster

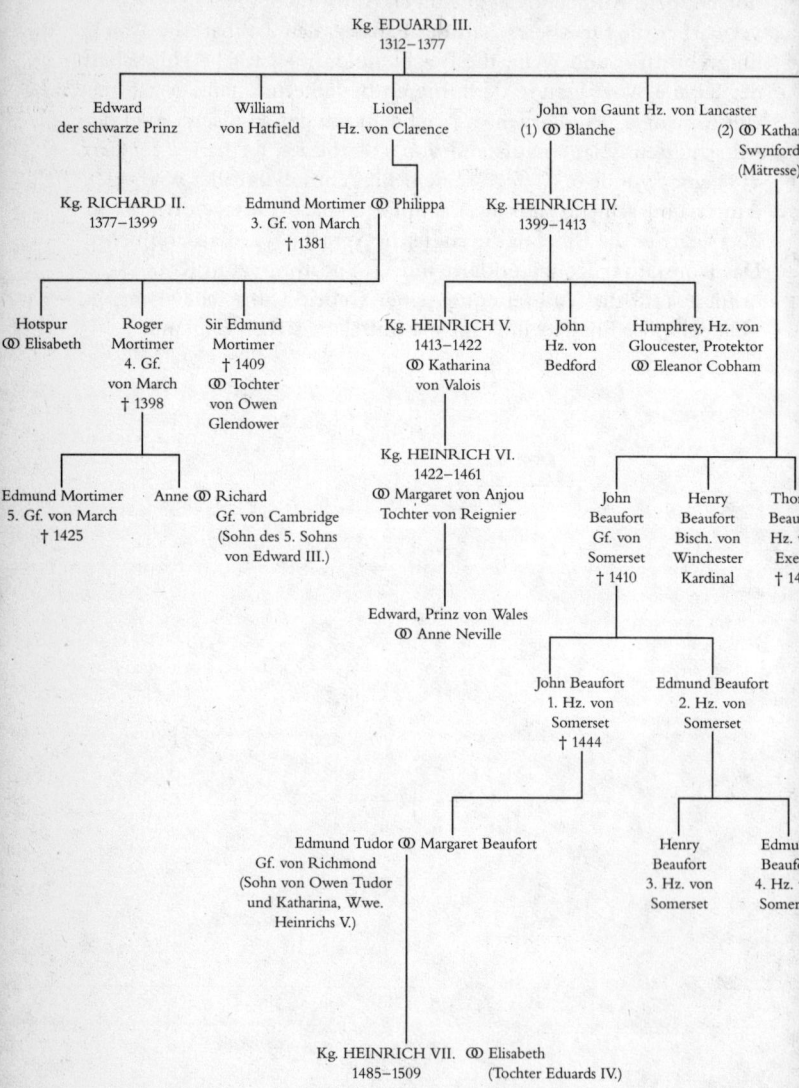

Kg. EDUARD III.
1312–1377

Edward
der schwarze Prinz

William
von Hatfield

Lionel
Hz. von Clarence

John von Gaunt Hz. von Lancaster
(1) ⚭ Blanche   (2) ⚭ Kathar
Swynford
(Mätresse)

Kg. RICHARD II.
1377–1399

Edmund Mortimer ⚭ Philippa
3. Gf. von March
† 1381

Kg. HEINRICH IV.
1399–1413

Hotspur
⚭ Elisabeth

Roger
Mortimer
4. Gf.
von March
† 1398

Sir Edmund
Mortimer
† 1409
⚭ Tochter
von Owen
Glendower

Kg. HEINRICH V.
1413–1422
⚭ Katharina
von Valois

John
Hz. von
Bedford

Humphrey, Hz. von
Gloucester, Protektor
⚭ Eleanor Cobham

Edmund Mortimer
5. Gf. von March
† 1425

Anne ⚭ Richard
Gf. von Cambridge
(Sohn des 5. Sohns
von Edward III.)

Kg. HEINRICH VI.
1422–1461
⚭ Margaret von Anjou
Tochter von Reignier

John
Beaufort
Gf. von
Somerset
† 1410

Henry
Beaufort
Bisch. von
Winchester
Kardinal

Thom
Beau
Hz. v
Exe
† 14

Edward, Prinz von Wales
⚭ Anne Neville

John Beaufort
1. Hz. von
Somerset
† 1444

Edmund Beaufort
2. Hz. von
Somerset

Edmund Tudor ⚭ Margaret Beaufort
Gf. von Richmond
(Sohn von Owen Tudor
und Katharina, Wwe.
Heinrichs V.)

Henry
Beaufort
3. Hz. von
Somerset

Edmu
Beaufo
4. Hz. v
Somer

Kg. HEINRICH VII. ⚭ Elisabeth
1485–1509   (Tochter Eduards IV.)

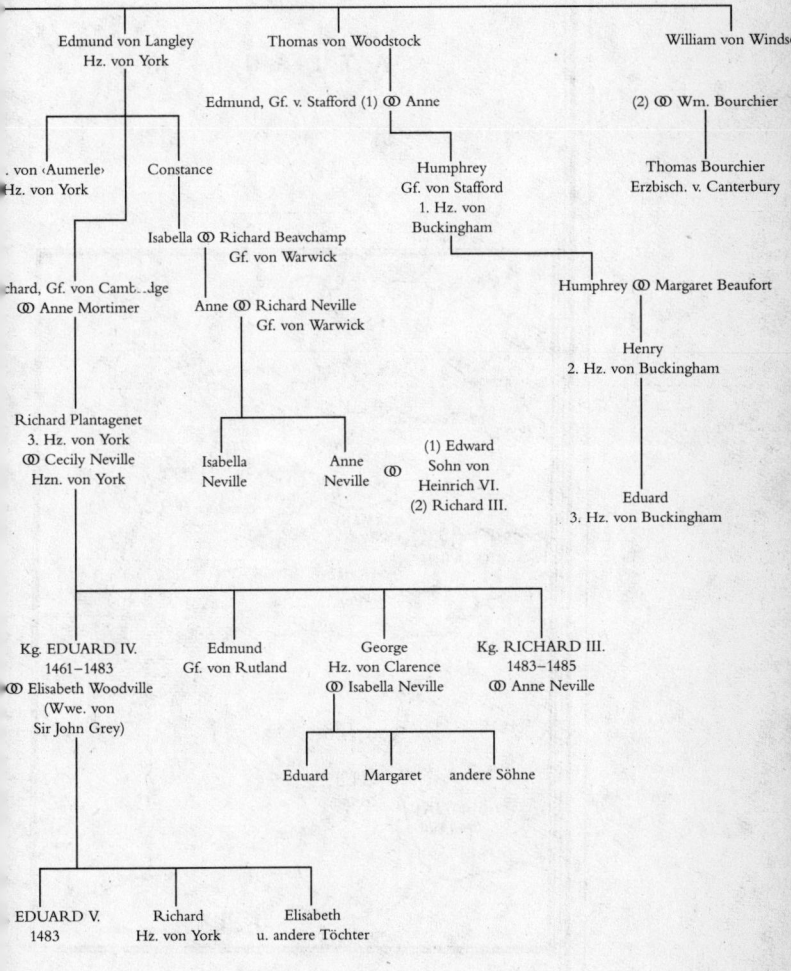

Edmund von Langley Hz. von York	Thomas von Woodstock		William von Windsor

Edmund, Gf. v. Stafford (1) ⚭ Anne   (2) ⚭ Wm. Bourchier

. von ‹Aumerle›   Constance
⊮Hz. von York

Humphrey
Gf. von Stafford
1. Hz. von
Buckingham

Thomas Bourchier
Erzbisch. v. Canterbury

Isabella ⚭ Richard Beavchamp
Gf. von Warwick

Humphrey ⚭ Margaret Beaufort

chard, Gf. von Camb...dge
⚭ Anne Mortimer

Anne ⚭ Richard Neville
Gf. von Warwick

Henry
2. Hz. von Buckingham

Richard Plantagenet
3. Hz. von York
⚭ Cecily Neville
Hzn. von York

Isabella
Neville

Anne
Neville

⚭

(1) Edward
Sohn von
Heinrich VI.
(2) Richard III.

Eduard
3. Hz. von Buckingham

Kg. EDUARD IV.
1461–1483
⚭ Elisabeth Woodville
(Wwe. von
Sir John Grey)

Edmund
Gf. von Rutland

George
Hz. von Clarence
⚭ Isabella Neville

Kg. RICHARD III.
1483–1485
⚭ Anne Neville

Eduard   Margaret   andere Söhne

EDUARD V.
1483

Richard
Hz. von York

Elisabeth
u. andere Töchter

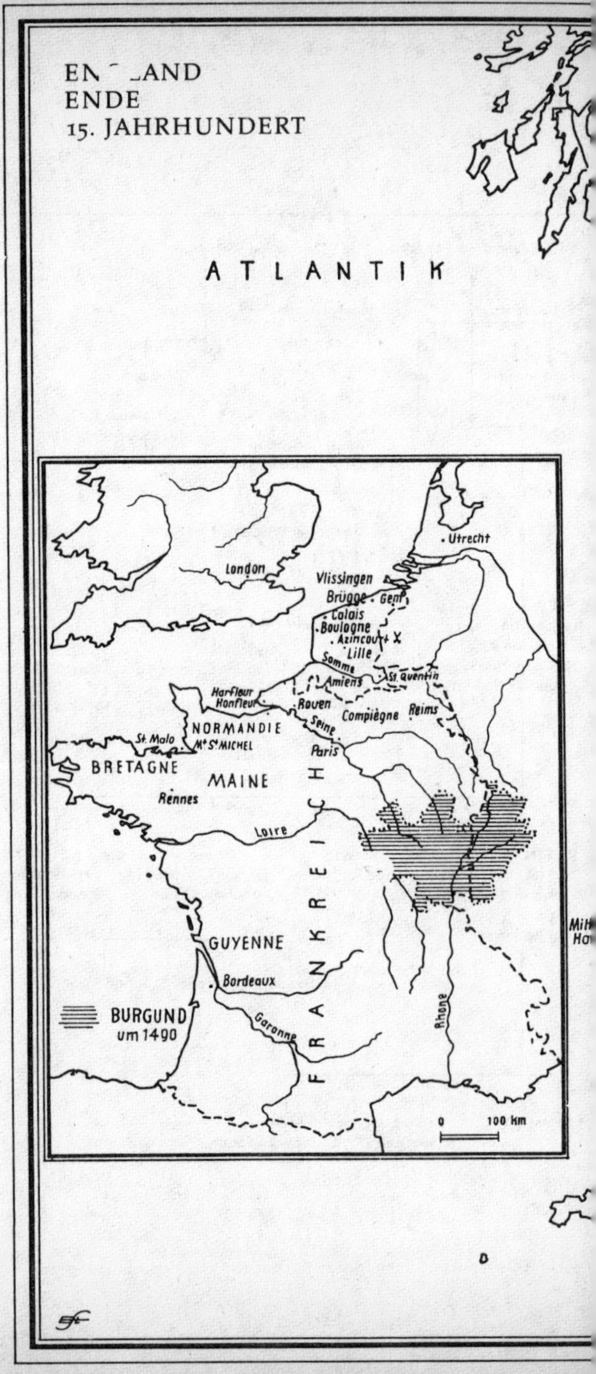

ENGLAND
ENDE
15. JAHRHUNDERT

ATLANTIK

Utrecht

London

Vlissingen
Brügge · Gent
Calais
Boulogne
Azincourt X
Lille
Somme
Amiens · St Quentin
Harfleur
Honfleur
Rouen
Compiègne · Reims
Seine
St Malo
Mt St MICHEL
NORMANDIE
Paris
BRETAGNE
MAINE
Rennes
Loire
FRANKREICH
GUYENNE
Bordeaux
Garonne
BURGUND
um 1490
Rhône

Mitt
Ho

0   100 km

D

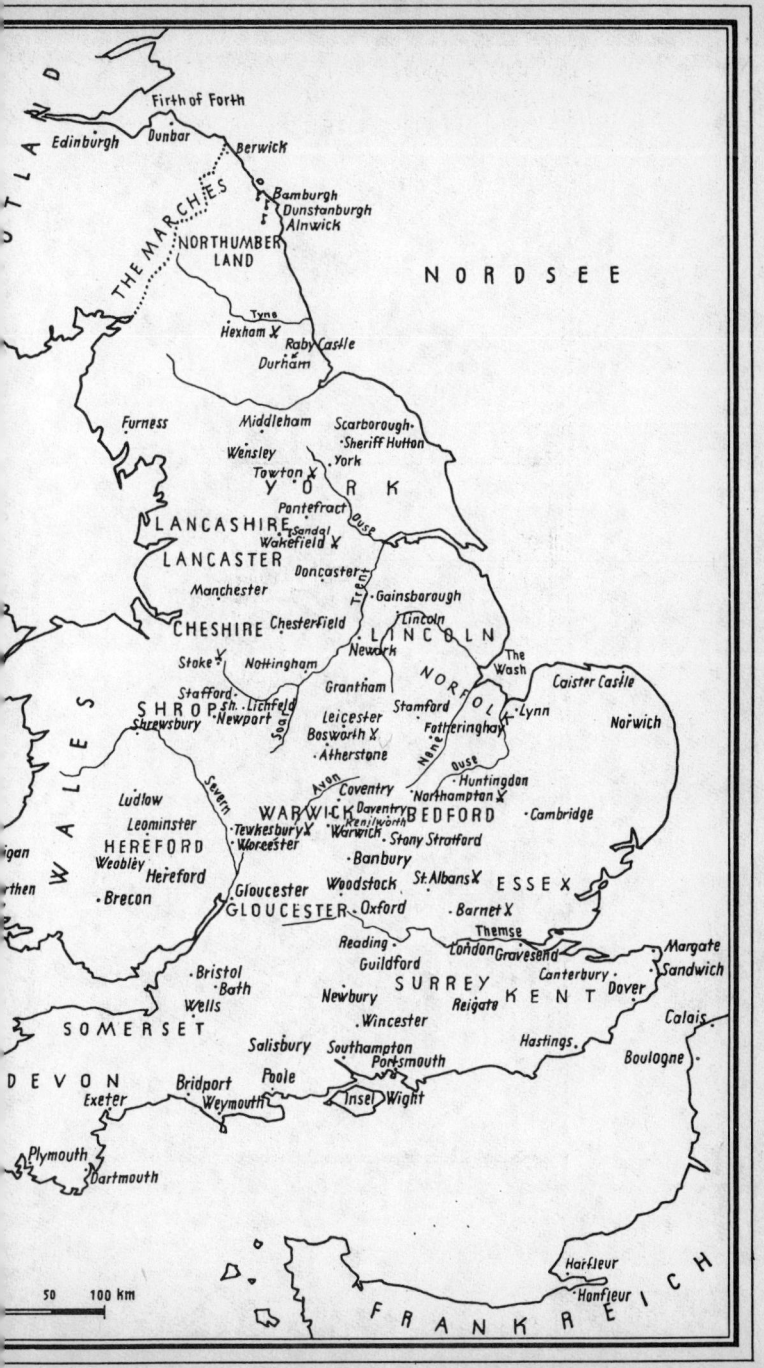

Dorothy Dunnett
Die Farben des Reichtums Der Aufstieg des Hauses Niccolò *Roman*
(rororo 12855)
«Dieser rasante Roman aus der Renaissance ist ein kunstvoll aufgebauter, abenteuerreicher Schmöker über den Aufstieg eines armen Färberlehrlings aus Brügge zum international anerkannten Handelsherrn – einer der schönsten historischen Romane seit langem.» Brigitte

Josef Nyáry
Ich, Aras, habe erlebt... *Ein Roman aus archaischer Zeit*
(rororo 5420)
Aus historischen Tatsachen und alten Legenden erzählt dieser Roman das abenteuerliche Schicksal des Diomedes, König von Argos und Held vor Trojas Mauern.

Pauline Gedge
Pharao *Roman*
(rororo 12335)
«Das heiße Klima, der allgegenwärtige Nil und die faszinierend fremdartigen Rituale prägen die Atmosphäre diese farbenfrohen Romans der Autorin des Welterfolgs ‹Die Herrin vom Nil›.» The New York Times

Pierre Montlaur
Imhotep. Arzt der Pharaonen *Roman*
(rororo 12792)
Ägypten, 2600 Jahre vor Beginn unserer Zeitrechnung. Die Zeit der Sphinx und der Pharaonen. Und die Zeit des legendären Arztes und Baumeisters Imhotep. Ein prachtvolles Zeit- und Sittengemälde der frühen Hochkultur des Niltals.

T. Coraghessan Boyle
Wassermusik *Roman*
(rororo 12580)
Ein wüster, unverschämter, barocker Kultroman über die Entdeckungsreisen des Schotten Mungo Park nach Afrika um 1800. «Eine Scheherazade, in der auch schon mal ein Krokodil Harfe spielt, weil ihm nach Verspeisen des Harfinisten das Instrument in den Zähnen klemmt, oder ein ärgerlich gewordener Kumpan fein verschnürt wie ein Kapaun den Menschenfressern geschenkt wird. Eine unendliche Schnurre.» Fritz J. Raddatz in «Die Zeit»

John Hooker
Wind und Sterne *Roman*
(rororo 12725)
Der abenteuerliche Roman über den großen Seefahrer und Entdecker James Cook.

Mario Puzo
Der Pate *Roman*
(rororo 1442)
Ein atemberaubender Gangsterroman aus der New Yorker Unterwelt, der zum aufsehenerregenden Bestseller wurde. Ein Presseurteil: «Ein Roman wie ein Vulkan. Ein einziger Ausbruch von Vitalität, Intelligenz und Gewalttätigkeit, von Freundschaft, Treue und Verrat, von grausamen Morden, großen Geschäften, Sex und Liebe.»

Mamma Lucia *Roman*
(rororo 1528)
Animalisch in ihrer Sanftmut, aufopfernd in ihrer Fürsorge, streng und wachsam in ihrer Liebe – das ist Lucia Santa Angeluzzi-Corbo, Mamma Lucia, die im italienischen Viertel von New York um das tägliche Brot ihrer sechs Kinder kämpft.

Rudolf Braunburg
Hongkong International *Roman*
(rororo12820)
Ein aufregender Roman aus der Welt der Flieger und Passagiere vom Bestsellerautor und früheren Flugkapitän Rudolf Braunburg.

Rückenflug *Roman*
rororo 12333)
Während der Trainingstage beim internationalen Kunstfliegertreffen stimmt sich der bekannte Journalist Achim Reimers auf die spannungsgeladene Atmosphäre ein und macht auf seinen Streifzügen merkwürdige Beobachtungen. Bald muß er erkennen, daß er sich ahnungslos in einem gefährlichen Spionagenetz verfangen hat.

Josef Martin Bauer
So weit die Füße tragen
(rororo 1667)
Ein Kriegsgefangener auf der Flucht von Sibirien durch den Ural und Kaukasas bis nach Persien. «Diese Odyssee durch Steppe und Eis, durch die Maschen der Wächter und Häscher dauerte volle drei Jahre – wohl einer der aufregendsten und zugleich einsamsten Alleingänge, die die Geschichte des individuellen Abenteuers kennt.»
Saarländischer Rundfunk

James Dickey
Flußfahrt *Roman*
(rororo 12722)
Harmols wie ein Pfadfinderunternehmen beginnt der Wochenendausflug von vier gutsituierten Duchschnittsbürgern - schon am nächsten Tag jedoch verwandelt sich die Kanufahrt in einen Alptraum...
Unter dem Titel «Beim Sterben ist jeder der erste» verfilmt mit Burt Reynolds.

Ulrike Leonhardt
**Prinz von Baden
genannt Kaspar Hauser**
(rororo 13039)
«Ulrike Leonhardt scheint das
Geheimnis um Kaspar Hauser
endgültig gelüftet zu haben.»
Süddeutsche Zeitung

Hans Dieter Zimmermann
Heinrich von Kleist
(rororo 12906)
«Hans Dieter Zimmermanns
einfühlsame wie kenntnis-
reiche Biographie ist ein Pa-
radestück der Interpreta-
tionskunst.» *Stuttgarter
Zeitung*

Rüdiger Safranski
**Schopenhauer und Die wilden
Jahre der Philosophie**
(rororo 12530)
«Über Schopenhauer hat
Safranski ein sehr schönes
Buch geschrieben, das tat-
sächlich so etwas wie ‹eine
Liebeserklärung an die
Philosophie› ist. Wer sie nicht
hören will, dem ist nicht
(mehr) zu helfen.» *Die Zeit*

Werner Fuld
Walter Benjamin
(rororo 12675)
«Ein Versuch, der angesichts
der Bedeutung Benjamins
wohl längst überfällig war.»
Die Presse, Wien

Bernard Gavoty
Chopin
(rororo 12706)
«Ich selbst bin immer noch
Pole genug, um gegen Chopin
den Rest der Musik hinzugeben.» *Friedrich Nietzsche*

Donald A. Prater
**Ein klingendes Glas. Das Leben
Rainer Maria Rilkes**
(rororo 12497)
In diesem Buch wird «ein
Mosaik zusammengetragen,
das als die genaueste Biographie gelten kann, die heute
über Rilke zu schreiben
möglich ist». *Neue Zürcher
Zeitung*

Klaus Harpprecht
**Georg Forster oder Die Liebe zur
Welt**
(rororo 12634)
«Ein exakt dokumentiertes
und lebendig geschriebenes
Buch, das in einem exemplari-
schen Sinne eine deutsche Biographie genannt zu werden
verdient.» *Frankfurter
Allgemeine Zeitung*

**«Das Leben eines jeden
Menschen ist ein von Gottes-
hand geschriebenes Märchen.»
Hans Christian Andersen**

Bruce Chatwin
In Patagonien *Reise in ein fernes Land*
(rororo 12836)
Bruce Chatwin hat auf einer langen Reise dieses malerisch schöne, wilde Land am Ende der Welt erkundet.

Jimmy Burns
Jenseits des silbernen Flusses *Begegnungen in Südamerika*
(rororo12643)
Fünf Jahre lang lebte Jimmy Burns in Buenos Aires und bereiste Argentinien, Brasilien, Peru, Ecuador, Bolivien und Chile.
Burns war 1988 Preisträger des Somerset Maugham-Award.

Amos Elon
Jerusalem *Innenansichten einer Spiegelstadt*
(rororo 12652)

Eddy L. Harris
Mississippi Solo *Mit dem Kanu von Minnesota nach New Orleans*
(rororo 12646)

Katie Kickman
Im Tal des Zauberers *Innenansichten aus Bhutan*
(rororo 12651)
Es gibt nur noch wenige Gegenden auf der Erde, die Geheimnisse geblieben sind, und eine davon ist Bhutan. Als eine der ersten Europäerinnen gelang es Katie Hickman, das Land im Himalaya und das wilde Bergvolk der Bragpas zu besuchen.

Ursula von Kardorff
Adieu Paris *Streifzüge durch die Stadt der Bohème*
(rororo 13159)

Bruce Chatwin
In Patagonien
Reise in ein fernes Land

rororo

John Krich
Wo, bitte, liegt Nirwana? *Eine Reise durch Asien*
(rororo 12642)

John David Morley
Grammatik des Lächelns *Japanische Innenansichten*
(rororo 12641)

Charles Nicholl
Treffpunkt Café «Fruchtpalast» *Erlebnisse in Kolumbien*
(rororo 12582)
«Eines der spannendsten Reisebücher überhaupt – und brillant geschrieben!» *New York Times*
Im Goldenen Dreieck *Eine Reise in Thailand und Burma*
(rororo 13173)

Stuart Stevens
Spuren im heißen Sand *Abenteuer in Afrika*
(rororo 12647)

Theodore Zeldin
«Ich liebe das Leben, und das Leben liebt mich» *Was es heißt, Franzose zu sein*
(rororo 12644)

Carola Stern
In den Netzen der Erinnerung
Lebensgeschichten zweier Menschen
(rororo 12227)
«Wie konnte man, als Deutscher, Nazi oder Kommunist – also mit (vielleicht) treuestem Herzen einem verbrecherischen System dienen? – Wie schwer sich zwei höchstgebildete, gewissenhafte Menschen mit der Bewältigung der Vergangenheit tun, das hat Carola Stern nun jedermann klargemacht. Nicht nur deshalb: ein liebenswertes Buch.»
Gerd Bucerius, Die Zeit

Ernst Toller
Eine Jugend in Deutschland
(rororo 4178)
Als begeisterter Freiwilliger zog er in den Ersten Weltkrieg und als humanitärer Pazifist kehrte er heim. Er schlug sich auf die Seite der Aufständischen und erkannte früh die tragische Grenze der Revolution. Das wahrscheinlich bedeutendste Werk des expressionistischen Autors Ernst Toller, der in Dichtung und Politik keinen unversöhnlichen Gegensatz sah.

Edith Piaf
Mein Leben
(rororo 859)
Die Autobiographie der Piaf, deren Stimme für die Welt zum Inbegriff des französischen Chansons wurde. Die Beichte eines Lebens, gezeichnet von Alkohol, Rauschgift und Liebe. Der Abschied eines großen Herzens – mit dem Fazit: ‹Je ne regrette rien.›

Anja Lundholm
Das Höllentor *Bericht einer Überlebenden. Mit einem Nachwort von Eva Demski*
(rororo 12873 und als gebundene Ausgabe)
Anja Lundholm kam 1944 ins Frauen–KZ Ravensbrück. Als eine von wenigen überlebte sie das Lager, in dem die Nazis Zehntausende weiblicher Gefangener zusammengepfercht hatten.
«Anja Lundholm erklärt nicht; sie kommentiert nicht. Sie entschuldigt nicht. Sie schreibt, was geschah.»
Die Zeit

Barbara Taylor Bradford
Bewahrt den Traum *Roman*
(rororo 12794 und als
gebundene Ausgabe im
Wunderlich Verlag)
Eine bewegende Familien-
saga: die Erfolgsautorin erzählt mit Charme und Ein-
fühlungsvermögen vor allem
die Geschichte zweier Frauen,
die sich ihren Platz in einer
männlichen Welt erkämpfen.
Und greifen nach den Sternen
Roman
(rororo 13064)
Wer Liebe sät *Roman*
(rororo 12865 und als
gebundene Ausgabe im
Wunderlich Verlag)

Barbara Chase-Riboud
Die Frau aus Virginia *Roman*
(rororo 5574)
Die mitreißende Liebesge-
schichte des amerikanischen
Präsidenten Thomas Jefferson
und der schönen Mulattin
Sally Hemings.

Marga Berck
Sommer in Lesmona
(rororo 1818)
Diese Briefe der Jahrhundert-
wende, geschrieben von
einem jungen Mädchen aus
reichem Hanseatenhaus,
fügen sich zusammen zu
einem meisterhaften Roman
zum unerschöpflichen Thema
erste Liebe.

Diane Pearson
Der Sommer der Barschinskys
Roman
(rororo 12540)
Die Erfolgsautorin von
«Csárdás» hat mit diesem
Roman wieder eines jener
seltenen Bücher geschrieben,
die eigentlich keine letzte Seite
haben dürften.

Dorothy Dunnett
Die Farben des Reichtums
*Der Aufstieg des Hauses
Niccolò. Roman*
656 Seiten. Gebunden im
Wunderlich Verlag und als
rororo 12855
«Spionagethriller, Liebesge-
schichte, spannendes Lehr-
buch (wie lebten die Men-
schen vor 500 Jahren?) -
einer der schönsten histo-
rischen Romane seit
langem.» *Brigitte*
Der Frühling des Widders
*Die Machtentfaltung des
Hauseses Niccolò. Roman*
640 Seiten. Gebunden im
Wunderlich Verlag
Das Spiel der Skorpione
*Niccolò und der Kampf um
Zypern. Roman*
784 Seiten. Gebunden im
Wunderlich Verlag

Marti Leimbach
Wen die Götter lieben *Roman*
272 Seiten. Gebunden im
Wunderlich Verlag und als
rororo 13000
Das Buch zum Film
«Entscheidung aus Liebe».
Die Geschichte von Hilary
und Viktor.

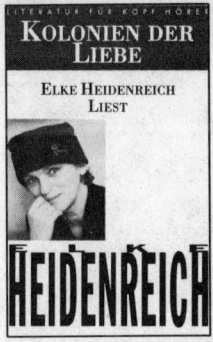